Studienkurs Soziale Arbeit

Lehrbuchreihe für Studierende der Sozialen Arbeit an Universitäten und Fachhochschulen.

Praxisnah und verständlich führen die didaktisch aufbereiteten Bände mit je zwölf bis 15 Lerneinheiten in die zentralen Felder der Sozialen Arbeit ein: Soziologie, Psychologie, empirische Sozialforschung usw. Bestens geeignet zur Prüfungsvorbereitung durch Zusammenfassungen, Prüfungsfragen und hervorgehobene Definitionen.

Band 2

Barbara Jürgens

Psychologie
für die Soziale Arbeit

Die Deutsche Nationalbibliothek verzeichnet diese Publikation in
der Deutschen Nationalbibliografie; detaillierte bibliografische
Daten sind im Internet über http://dnb.d-nb.de abrufbar.

ISBN 978-3-8487-1281-6 (Print)
ISBN 978-3-8452-5996-3 (ePDF)

1. Auflage 2015
© Nomos Verlagsgesellschaft, Baden-Baden 2015. Printed in Germany. Alle Rechte, auch
die des Nachdrucks von Auszügen, der fotomechanischen Wiedergabe und der Über-
setzung, vorbehalten. Gedruckt auf alterungsbeständigem Papier.

Inhaltsverzeichnis

Kapitel 1:	Was müssen Sozialpädagogen/Sozialarbeiter über Psychologie wissen?	11
1.1	Womit beschäftigt sich die Psychologie?	11
1.2	Sozialpädagogik und Psychologie	13
	1.2.1 Grundlagenwissen	14
	1.2.2 Anwendungswissen	15
1.3	Die Kapitel und ihre Inhalte	16
1.4	Zusammenfassung	17
1.5	Wie sollten Sie mit diesem Buch arbeiten?	18
Kapitel 2:	Wie denkt und arbeitet die Psychologie?	20
2.1	Psychologie: eine empirische Wissenschaft	20
	2.1.1 Was ist eine empirische Wissenschaft?	20
2.2	Regeln für das Durchführen einer empirischen Untersuchung	22
	2.2.1 Überprüfbare Vorhersagen ableiten	22
	2.2.2 Vorhersagen überprüfen	23
2.3	Untersuchungsergebnisse auswerten	25
	2.3.1 Mittelwerte vergleichen	26
	2.3.2 Zusammenhänge feststellen	29
2.4	Warum sollten Sozialpädagogen etwas über Regeln und Vorgehensweisen bei empirischen Untersuchungen wissen?	34
2.5	Zusammenfassung	36
Kapitel 3:	Menschen sind lernende Wesen (Lernpsychologie I)	38
3.1	Was verstehen Psychologen unter „Lernen"?	38
3.2	Wie wird gelernt?	39
	3.2.1 Klassisches Konditionieren	40
	3.2.2 Operantes Konditionieren (instrumentelles Lernen)	45
	3.2.3 Verbindung von Klassischem und Operantem Konditionieren	50
3.3	Zusammenfassung	51

Inhaltsverzeichnis

Kapitel 4:	**Menschen sind lernende Wesen mit einem komplexen Innenleben (Lernpsychologie 2)**	**54**
4.1	Kognitive Ansätze zur Beschreibung und Erklärung von Lernprozessen	54
	4.1.1 Das Modell der Selbstregulation und Selbstkontrolle von F. Kanfer	56
	4.1.2 Die sozial-kognitive Lerntheorie von A. Bandura	59
	4.1.3 Die Wirkung situationsbezogener Kognitionen	63
4.2	Ein vereinfachtes kognitives Lernmodell	66
4.3	Zusammenfassung	68
Kapitel 5:	**Menschen verändern sich im Verlauf ihres Lebens – Kindheit (Entwicklungspsychologie 1)**	**71**
5.1	Womit beschäftigt sich die Entwicklungspsychologie?	71
	5.1.1 Fragestellungen und Forschungsmethoden	75
	5.1.2 Denkansätze und Annahmen	76
5.2	Prinzipien und Prozesse der Entwicklung während der Kindheit: Soziale Entwicklung	78
	5.2.1 Emotionsprozesse als Grundlage sozialer Entwicklung	78
	5.2.2 Soziale Kognitionen	82
	5.2.3 Soziales Verhalten	85
	5.2.4 Die Bedeutung der Persönlichkeit	86
5.3	Zusammenfassung	87
Kapitel 6:	**Menschen verändern sich im Verlauf ihres Lebens: Jugendliche und Erwachsene (Entwicklungspsychologie 2)**	**91**
6.1	Jugendalter - eine Krisenzeit?	93
	6.1.1 Entwicklungsaufgaben im Jugendalter	95
	6.1.2 Veränderungen im Jugendalter	97
6.2	Erwachsenenalter: Die Bedeutung von Arbeit und Beruf	99
	6.2.1 Arbeit und Beruf als Entwicklungsaufgabe	100
6.3	Bedingungen für erfolgreiches Altern	108
6.4.	Zusammenfassung	112

Inhaltsverzeichnis

Kapitel 7:	Menschen sind soziale Wesen. Ihr Aufwachsen ist nicht ohne sozialen Kontext denkbar: Familie (Familienpsychologie).	116
7.1	Was ist eine Familie?	116
	7.1.1 Unterschiedliche Familienformen.	117
	7.1.2 Familie als soziales System	119
	7.1.3 Familienentwicklung	120
7.2	Der Umgang von Familien mit Belastungen	126
7.3	Kinder und Familie	128
7.4	Zusammenfassung	131

Kapitel 8:	Menschen sind soziale Wesen. Soziale Netzwerke und soziale Unterstützung (Sozialpsychologie I)	135
8.1	Was versteht die Psychologie unter einem sozialen Netzwerk?	135
	8.1.1 Merkmale sozialer Teilnetzwerke	136
	8.1.2 Unterschiede in den Beziehungen innerhalb sozialer Netzwerke	137
8.2	Soziale Netzwerke im Leben der Menschen	139
8.3	Soziale Unterstützung	140
	8.3.1 Unterschiedliche Bedeutungen sozialer Unterstützung	140
	8.3.2 Formen sozialer Unterstützung	141
	8.3.3 Wie wirkt soziale Unterstützung?	142
	8.3.4 Wirkungsmodelle	146
8.4	Maßnahmen zur Förderung von sozialen Netzwerken und sozialer Unterstützung.	148
8.5	Zusammenfassung	149

Kapitel 9:	Menschen sind soziale Wesen. Wie funktionieren Gruppen? (Sozialpsychologie II)	153
9.1	Was versteht man unter einer Gruppe?	153
9.2	Sozialer Einfluss in Gruppen	157
	9.2.1 Einfluss durch Gruppenmitglieder	157
	9.2.2 Einfluss durch Autoritäten	158
9.3	Leistungen von Gruppen	160
9.4	Beziehungen zwischen Gruppen	162
	9.4.1 Konflikte zwischen Gruppen	162
	9.4.2 Bewältigung von Konflikten zwischen Gruppen	163
9.5	Zusammenfassung	164

Inhaltsverzeichnis

Kapitel 10:	Was sind „psychische Störungen"? (Klinische Psychologie I).	166
10.1	Was versteht man unter einer „psychischen Störung"?	167
10.2	Diagnose psychischer Störungen	171
10.3	Psychische Störungen bei Erwachsenen	175
10.3.1	Demenzen	175
10.3.2	Sucht- und Abhängigkeitsstörungen	176
10.3.3	Schizophrene Psychosen	177
10.3.4	Affektive Störungen: Depressive Störungen	177
10.3.5	Emotionale oder neurotische Störungen: Angststörungen	178
10.3.6	Belastungsstörungen: Posttraumatische Belastungsstörung	179
10.3.7	Persönlichkeitsstörungen: Antisoziale Persönlichkeitsstörung	180
10.3.8	Weitere psychische Funktionsstörungen: Essstörungen	180
10.4	Psychische Störungen bei Kindern und Jugendlichen	180
10.5	Häufigkeit psychischer Störungen	182
10.6	Zusammenfassung	185

Kapitel 11:	Was kann man bei psychischen Problemen unternehmen? Erprobte Therapieverfahren. (Klinische Psychologie II).	188
11.1	Rahmenbedingungen von Psychotherapie	188
11.1.1	Psychotherapie nach dem Psychotherapeutengesetz	188
11.1.2	Psychotherapie nach dem Heilpraktikergesetz	189
11.2	Therapieverfahren	190
11.2.1	Psychoanalytisch und psychodynamisch begründete Verfahren	191
11.2.2	Verhaltenstherapeutisch und kognitiv verhaltenstherapeutisch begründete Therapieverfahren	192
11.2.3	Humanistisch begründete Therapieverfahren	197
11.2.4	Systemisch begründete Therapieverfahren	198
11.3	Wie entscheidet man sich für die „richtige" Therapieform?	201
11.4	Zusammenfassung	201

Kapitel 12:	Ist psychologische Beratung das Gleiche wie Psychotherapie? (Klinische Psychologie, Pädagogische Psychologie).	205
12.1	Professionelle Beratung	206
12.2	Psychologische Beratungsansätze	210

12.3	Zusammenfassung	215
Kapitel 13:	**Die Fähigkeit mit schwierigen Lebensbedingungen fertig zu werden: Resilienzforschung (Entwicklungspsychologie, Sozialpsychologie).**	**218**
13.1	Defizitorientierte Sichtweise: Risikoforschung	219
13.1.1	Ein-Ursache-Modell.	219
13.1.2	Risikomodell	221
13.2	Ressourcenorientierte Sichtweise: Resilienzforschung	227
13.2.1	Begriffe und Konstrukte.	229
13.2.2	Resilienzfördernde Faktoren bei Kindern	231
13.2.3	Resilienzfördernde Faktoren bei Erwachsenen	233
13.3	Mechanismen	236
13.4	Zusammenfassung	239
Kapitel 14:	**Was ist eigentlich „normal"?**	**243**
14.1	Normalität aus psychologischer Sicht	244
14.2	Normalität im Alltag	245
14.2.1	Normen im sozialen Miteinander	246
14.2.2	Normen bei der Einordnung und Bewertung von Personen	248
14.3	Zusammenfassung	250
Kapitel 15:	**Zusammenfassung**	**252**

Kapitel 1: Was müssen Sozialpädagogen/Sozialarbeiter über Psychologie wissen?

Dieses Kapitel führt Sie in das Thema dieses Buches ein und gibt Ihnen einen Überblick über die folgenden Kapitel. Sie erfahren, womit sich die Psychologie beschäftigt und welche Gebiete der Psychologie für Sozialpädagogen besonders wichtig sind. Die Inhalte der einzelnen Kapitel werden kurz vorgestellt und es gibt einige Empfehlungen, wie man am besten mit diesem Buch arbeitet. Wenn an manchen Stellen im Buch der Einfachheit halber nur männliche Bezeichnungen benutzt wurden, sind die weiblichen Pendants selbstverständlich stets mitgemeint.

1.1 Womit beschäftigt sich die Psychologie?

Um entscheiden zu können, welche Bereiche der Psychologie für Sozialpädagogen wichtig sind, muss man wissen, womit sich die Psychologie beschäftigt und welches ihre Teilgebiete sind.

> Psychologie ist die Wissenschaft vom Verhalten und Erleben des Menschen.

Unter „*Verhalten*" versteht man alle unmittelbar beobachtbaren Aktivitäten von Menschen, wie Sprechen, Bewegungen, Mimik, Gestik. Dazu gehören aber auch, wenn es aus psychologischer Sicht interessant ist, messbare körperliche Vorgänge wie Hautwiderstand (als körperliches Zeichen von Erregung) oder Blutdruck. „*Erleben*" beinhaltet die menschlichen Aktivitäten, die man nicht unmittelbar beobachten oder messen kann. Dies sind zum einen die Gefühle, zum anderen kognitive Vorgänge wie Denken und innere Verarbeitung von Ereignissen.

Die Psychologie hat eine Reihe von Teilgebieten, die sich mit unterschiedlichen Fragestellungen beschäftigen. Man unterscheidet zwischen Grundlagengebieten und Anwendungsgebieten.

> In den Grundlagengebieten haben die Forscher ein theoretisches Interesse am Menschen. Sie suchen nach grundsätzlichen Erkenntnissen und Gesetzmäßigkeiten.

Es gibt verschiedene Grundlagengebiete.

- Die *Allgemeine Psychologie* sucht nach Gesetzmäßigkeiten, die für alle Menschen gleichermaßen gelten. Sie möchte beispielsweise wissen, wie Wahrnehmung, Denk- und Lernprozesse beim Menschen funktionieren. Als Untergebiet der Allgemeinen Psychologie untersucht die *Neuro- oder Biopsychologie*, wie sich physiologische Prozesse im Gehirn auf menschliches Verhalten auswirken.

Kapitel 1: Was müssen Sozialpädagogen/Sozialarbeiter über Psychologie wissen?

- Die *Differentielle Psychologie* fragt danach, wo es systematische Unterschiede zwischen Menschen gibt. Zwei wichtige Bereiche sind Forschungen zur Persönlichkeit von Menschen und solche zum Leistungsbereich, insbesondere zur Intelligenz.
- Die *Entwicklungspsychologie* interessiert sich dafür, wie sich Erleben und Verhalten von Menschen im Verlauf der Lebensspanne verändern.
- Die *Sozialpsychologie* beschäftigt sich mit dem Menschen als sozialem Wesen. Ihr geht es darum, wie das Zusammensein mit anderen Menschen Erleben und Verhalten einer Person beeinflussen.

> **In den angewandten Gebieten werden Erkenntnisse aus den Grundlagengebieten genutzt, um Methoden und Verfahren zur Lösung praxisbezogener Fragestellungen zu entwickeln. Die Wirksamkeit dieser Methoden und Verfahren wird überprüft und oft ergeben sich daraus neue Fragestellungen für die Grundlagenforschung.**

Dies sind die wichtigsten angewandten Gebiete.

- Die *Klinische Psychologie* beschäftigt sich mit der Frage nach der Entstehung psychischer Störungen. Sie entwickelt Therapieverfahren und überprüft deren Wirksamkeit.
- Die *Pädagogische Psychologie* hat zwei große Bereiche. Im Bereich „*Lehren und Lernen*" will man wissen, mit welchen Strategien sich Kinder und Erwachsene erfolgreich Wissen aneignen können und welche persönlichen (z.B. Motivation) und Umgebungsvoraussetzungen (z.B. Unterrichtsmethoden) dafür notwendig sind. In der *Erziehungspsychologie* als zweitem Bereich geht es darum, wie das Erzieherverhalten von Eltern, Lehrern, Erziehern und anderen Personen Kinder und Jugendliche beeinflusst und wie man es verbessern kann. Die *Familienpsychologie* als Untergebiet der Erziehungspsychologie betrachtet das Erzieherverhalten nicht isoliert, sondern nimmt die Familie mit allen Mitgliedern in den Blick. Sie untersucht, wie sich Familienmitglieder gegenseitig beeinflussen, wie sich Familien entwickeln und wie man sie unterstützen kann.
- Die *Arbeits- und Organisationspsychologie* erforscht Prozesse und Faktoren, die auf die berufliche Arbeit von Menschen einwirken, um Strategien zur Verbesserung der Arbeitsleistung und der Arbeitsbedingungen zu entwickeln. Sie beschäftigt sich mit so unterschiedlichen Faktoren wie Organisationsstruktur und Führungsprozesse in Betrieben, berufliche Motivation und Berufszufriedenheit, Stress am Arbeitsplatz und Burnout.

Hier finden Sie noch einmal die wichtigsten Gebiete der Psychologie im Überblick.

1.2 Sozialpädagogik und Psychologie

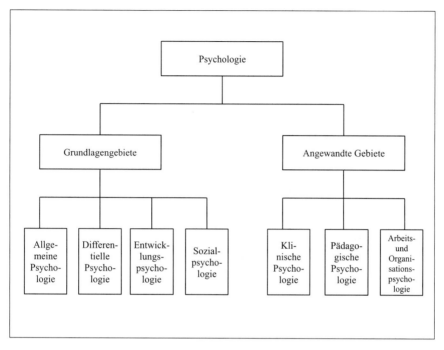

Abbildung 1: Gebiete der Psychologie

Zukünftige Sozialpädagogen müssen sich nicht mit der Psychologie in ihrer gesamten Breite beschäftigen. Sie würden sich nur oberflächliches Wissen aneignen und müssten sich mit vielen Themen auseinandersetzen, die für den Beruf des Sozialpädagogen nicht wichtig sind. Ein Blick auf Aufgaben und Tätigkeitsfelder von Sozialpädagogen kann zeigen, welche Teilgebiete und Themenbereiche der Psychologie aus sozialpädagogischer Sicht besonders interessant sind.

1.2 Sozialpädagogik und Psychologie

„Diplom-Sozialpädagogen/Sozialpädagoginnen befassen sich mit der Prävention und Lösung sozialer Probleme. Sie beraten und betreuen einzelne Personen, Familien und bestimmte Personengruppen in schwierigen Situationen. Darüber hinaus erstellen sie Konzepte für die Erziehungs- und Bildungsarbeit und begleiten deren Umsetzung." (Bundesagentur für Arbeit 2014). Diese Tätigkeit findet in unterschiedlichen Arbeitsfeldern statt. Einige Beispiele dafür finden Sie in den folgenden Ausschnitten aus Stellenanzeigen.

Kapitel 1: Was müssen Sozialpädagogen/Sozialarbeiter über Psychologie wissen?

SozialpädagogInnen/SozialarbeiterInnen gesucht

- **Einrichtungsleitung** für eine Langzeitwohneinrichtung für ältere ehemals wohnungslose Frauen. Die Bewohnerinnen sind vielfach belastet mit körperlichen und seelischen Erkrankungen, Suchterkrankungen und lebenspraktischen Schwierigkeiten. *Aufgaben u.a.*: Führung eines multiprofessionellen Teams, Krisenintervention, Vernetzungsarbeit. (aus: ZEIT Stellenmarkt, 3.5. 2014)

- SozialpädagogIn im Geschäftsbereich **Hilfen für Menschen mit geistiger Behinderung im Bereich ambulant betreute Wohnformen**. *Aufgaben u.a.*: Unterstützung, Begleitung und Assistenz von Menschen mit geistiger Beeinträchtigung in ihrem eigenen häuslichen Umfeld. (aus: monster.de)

- SozialpädagogIn für den **Hort eines Kinderhauses**. *Aufgaben u.a.*: Begleitung und Unterstützung bei den Hausaufgaben, kreative Angebote entwerfen und umsetzen, allgemeine Unterstützung der Kinder, Eltern- und Lehrerarbeit. (aus: Zeitkonzept GmbH)

- **Integrationscoach in einem Berufsförderungswerk**. *Aufgaben u.a.* Begleitung und Unterstützung der Rehabilitanden. Koordination zwischen Teilnehmern, Reha-Einrichtungen und Praktikums bzw. Arbeitgebern. (aus: www.stellenanzeigen.de 24.4. 2014)

- **SozialpädagogIn im Allgemeinen Sozialen Dienst**. *Aufgaben u.a.*: Beratung von hilfesuchenden Eltern, Kindern und Familien, Gewährung von Jugend- und Eingliederungshilfen, Mitwirkung an familiengerichtlichen Verfahren. (aus einer Anzeige auf der Homepage der Stadt Köln)

- **SozialpädagogIn in der ambulanten Familienhilfe**. *Aufgaben u.a:*. Betreuung und Beratung von Familien und Kindern/Jugendlichen. Arbeit auf der Grundlage von Hilfeplänen. Dokumentation. (aus jobbörse Arbeitsagentur 5.5. 2014)

Abbildung 2: Stellenanzeigen Sozialpädagogik/Sozialarbeit

Diskutieren Sie: Welches psychologische Wissen wäre bei den verschiedenen Aufgaben hilfreich?

Psychologisches Wissen kann bei der Tätigkeit von Sozialpädagogen in zweierlei Hinsicht von Nutzen sein, als Grundlagenwissen und als Anwendungswissen.

1.2.1 Grundlagenwissen

Grundlagenwissen kann die Sicht auf das Verhalten und das Leben der Klienten beeinflussen. Man kann Verhaltensweisen und Prozesse besser verstehen und weiß besser, welche Reaktionen der Klienten unter bestimmten Bedingungen zu erwarten sind. Sozialpädagogen benötigen psychologisches Grundlagenwissen in folgenden Bereichen:

- *Lernpsychologie*. Wie die Anzeigen zeigen, sollen Sozialpädagogen in den meisten Tätigkeitsfeldern Menschen in schwierigen Lebenssituationen bei der Lösung von Problemen beraten und unterstützen. Oft bedeutet dies, dass man sie dazu bewegen möchte, ihr Verhalten zu ändern. Die Lernpsychologie fragt danach, unter welchen Bedingungen sich das Verhalten, die Gefühle und die Kognitionen von Menschen dauerhaft verändern.

1.2 Sozialpädagogik und Psychologie

- *Entwicklungspsychologie.* In den Anzeigen geht es um die Arbeit mit Menschen verschiedener Altersstufen. Sozialpädagogen müssen wissen, was sie von Menschen der jeweiligen Altersstufe erwarten können. Die Entwicklungspsychologie beschäftigt sich damit, wie sich Verhalten und Erleben in verschiedenen Altersstufen unterscheiden und welche alterstypischen Probleme es gibt.
- *Soziale Netzwerke und soziale Gruppen* (Sozialpsychologie). In bestimmten Tätigkeitsfeldern (z.b. der Jugendarbeit) gehören nicht nur Einzelpersonen, sondern auch soziale Gruppen zur Klientel von Sozialpädagogen. Darüber hinaus agieren Menschen nicht als isolierte Einzelwesen. Ihr Verhalten, ihre Normen und ihr Erleben werden von dem sozialen Umfeld beeinflusst, in dem sie sich bewegen. Sozialpädagogen müssen daher etwas über diesen Einfluss wissen. Die Sozialpsychologie beschreibt, wie soziale Netzwerke und soziale Gruppen den Einzelnen beeinflussen und welche Dynamik sich innerhalb und zwischen Gruppen entfaltet.

1.2.2 Anwendungswissen

Anwendungswissen hält praktische Methoden zur Analyse und zur Lösung von Problemen bereit. Für Sozialpädagogen sind insbesondere die folgenden Bereiche psychologischen Anwendungswissens von Nutzen:

- *Erziehungspsychologie.* insbesondere Familienpsychologie. Aus den Anzeigen wird deutlich, dass eines der wichtigsten Tätigkeitsfelder von Sozialpädagogen die Beratung und Unterstützung von Familien und Erziehenden in Problemlagen ist. Die Erziehungspsychologie beschäftigt sich mit den Auswirkungen des Erzieherverhaltens von Eltern auf die Kinder und untersucht, wie man es beeinflussen kann. Die Familienpsychologie stellt u.a. Methoden zur Unterstützung von Familien bereit.
- *Resilienzforschung.* Bei fast allen in den Anzeigen genannten Zielgruppen treffen Sozialpädagogen auf Menschen, die sich in besonders schwierigen Lebenssituationen befinden. Die Resilienzforschung, die auf Erkenntnissen der Entwicklungspsychologie, der Erziehungspsychologie, der Sozialpsychologie und der Klinischen Psychologie aufbaut, untersucht, wann schwierige Lebensbedingungen zu negativen Entwicklungen bei Menschen führen und wann Menschen sie einigermaßen „heil" überstehen können. Sie zieht außerdem praktische Konsequenzen aus den gewonnenen Erkenntnissen.
- *Klinische Psychologie.* Aus den Anzeigen geht hervor, dass auch Personen mit psychischen Problemen zur Klientel von Sozialpädagogen gehören. Sozialpädagogen sollten daher über die häufigsten psychischen Störungen und entsprechende Therapieverfahren informiert sein. Dies ist Gegenstand der Klinischen Psychologie.

1.3 Die Kapitel und ihre Inhalte

Dieses Buch will Sie mit den aus sozialpädagogischer Sicht wichtigsten psychologischen Themengebieten bekannt machen. In vierzehn Kapitel finden Sie jeweils einen Einstieg ins Thema, Sie lernen die wichtigsten Begriffe kennen, haben Gelegenheit, sich mit Theorien und Methoden auseinander zu setzen und bekommen Aufgaben und Fragen, anhand derer Sie überprüfen können, ob Sie alles verstanden haben. Die Kapitel 2-15 beschäftigen sich mit folgenden Themen:

Kapitel 2: Wie denkt und arbeitet die Psychologie? Psychologie ist eine empirische Wissenschaft. Damit man psychologische Theorien und Erkenntnisse verstehen kann, muss man wissen, wie eine empirische Wissenschaft zu ihren Erkenntnissen kommt. In diesem Kapitel werden Sie erfahren, was es bedeutet, etwas „an der Realität zu überprüfen", wie man Unterschiede zwischen Gruppen (z.B. Jungen und Mädchen) zuverlässig misst und wie man Zusammenhänge (z.B. zwischen sozialer Schicht und Schulleistung) feststellen kann.

Kapitel 3: Menschen sind lernende Wesen (Lernpsychologie 1). Sie erfahren, was Psychologen im Unterschied zum Alltagsmenschen unter „Lernen" verstehen. Sie lernen klassische psychologische Lerntheorien kennen, die sich hauptsächlich mit dem beobachtbaren Verhalten von Menschen beschäftigen. Sie werden erfahren, unter welchen Bedingungen die von diesen Theorien beschriebenen Formen des Lernens besonders wirksam sind.

Kapitel 4: Menschen sind lernende Wesen mit einem komplexen Innenleben (Lernpsychologie 2). In diesem Kapitel geht es um die Weiterentwicklung der Lerntheorien hin zu Modellen, bei denen auch die Gefühle und Gedanken von Menschen eine Rolle spielen.

Kapitel 5: Menschen verändern sich im Laufe ihres Lebens. Kindheit (Entwicklungspsychologie 1). Im ersten Kapitel zur Entwicklungspsychologie bekommen Sie einen Überblick über wichtige Prinzipien und Aspekte der psychischen Entwicklung vom Säuglings- bis zum Ende des Kindesalters. Besondere Aufmerksamkeit wird der sozialen Entwicklung der Kinder geschenkt.

Kapitel 6: Menschen verändern sich im Laufe ihres Lebens. Jugend- und Erwachsenenalter (Entwicklungspsychologie 2). In diesem Kapitel wird der Frage nachgegangen, ob das Jugendalter wirklich eine Krisenzeit ist. Es wird diskutiert, welche Bedeutung Beruf und Arbeit im Leben von Erwachsenen haben. Außerdem geht es um die Bedingungen unter denen Menschen auch im hohen Alter ein zufriedenes und erfülltes Leben führen können.

Kapitel 7: Menschen sind soziale Wesen. Ihr Aufwachsen ist nicht ohne sozialen Kontext denkbar: Familie (Familienpsychologie). Dieses Kapitel hat zwei Themenbereiche. Beim Thema „Familie als soziales Gebilde" ist der Schwerpunkt die Struktur und das Zusammenleben von Familien aus psychologischer Sicht. Beim Thema „Erziehung in der Familie" wird gefragt, ob es ein optimales Erzieherverhalten gibt.

1.4 Zusammenfassung

Kapitel 8: Menschen sind soziale Wesen. Soziale Netzwerke und soziale Unterstützung (Sozialpsychologie I). In diesem Kapitel wird gezeigt, dass Menschen in vielfältige soziale Netzwerke eingebunden sind. Für Sozialpädagogen dürfte besonders interessant sein, dass soziale Netzwerke oft unterstützend wirken.

Kapitel 9: Menschen sind soziale Wesen: Gruppen (Sozialpsychologie II). In diesem Kapitel erfahren Sie, wie soziale Gruppen die Normen und Einstellungen von Menschen beeinflussen und was wir über Beziehungen zwischen sozialen Gruppen wissen.

Kapitel 10: Was sind „psychische Störungen bzw. psychische Krankheiten"? (Klinische Psychologie I). In diesem Kapitel geht es darum, was man unter einer psychischen Störung versteht und welche Prinzipien bei einer Diagnose berücksichtigt werden müssen. Die klassischen Klassifikationsschemata werden vorgestellt und es gibt einen Überblick über die wichtigsten psychischen Krankheiten.

Kapitel 11: Was kann man bei psychischen Problemen unternehmen? Erprobte Therapieverfahren. (Klinische Psychologie II). Es gibt Therapieverfahren, die auf ihre Wirksamkeit geprüft wurden und zum Teil auch von Krankenkassen anerkannt und bezahlt werden. Das Kapitel informiert über diese Therapieverfahren und ihre Methoden. Es wird diskutiert, wann welches Verfahren sinnvoll ist und woran man „gute" Therapeuten erkennt.

Kapitel 12: Ist Beratung das Gleiche wie Therapie? (Klinische Psychologie, Pädagogische Psychologie). Beratende Tätigkeiten nehmen einen zentralen Platz im Berufsbild von Sozialpädagogen ein. In dieser Kapitel werden Beratungskonzepte vorgestellt und es wird diskutiert, welchen Unterschied es zwischen Beratung und Therapie gibt.

Kapitel 13: Die Fähigkeit mit schwierigen Lebensbedingungen fertig zu werden. Resilienzforschung (Entwicklungspsychologie, Sozialpsychologie). Es gibt Menschen, die trotz sehr schwieriger Lebensbedingungen keine Probleme entwickeln. Die Psychologie interessiert sich seit einiger Zeit für dieses Thema und erforscht, was dazu beiträgt, dass eine Person „resilient" wird.

Kapitel 14: Was ist eigentlich „normal"? Sozialpädagogen haben es überwiegend mit Menschen zu tun, deren Verhalten auffällt oder nicht den üblichen Vorstellungen entspricht. Sie beraten und unterstützen diese Menschen oft mit dem unausgesprochenen Ziel, dass diese ihr Verhalten in eine „normalere" Richtung ändern. Das Kapitel 14 beschäftigt sich mit der Frage, was „Normalität" aus psychologischer Sicht bedeutet.

Kapitel 15: Fragen und Antworten (Zusammenfassung). Kapitel 15 gibt Ihnen Rückmeldung über die „richtigen" Antworten auf die Fragen am Ende jedes Kapitels.

1.4 Zusammenfassung

In der folgenden Abbildung sehen Sie noch einmal alle Themen, mit denen sich dieses Buch beschäftigt.

Kapitel 1: Was müssen Sozialpädagogen/Sozialarbeiter über Psychologie wissen?

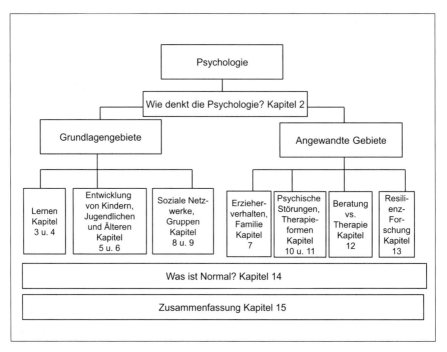

Abbildung 3: Themen und Kapitel

1.5 Wie sollten Sie mit diesem Buch arbeiten?

Kapitel. Dieses Buch ist in 15 Kapitel gegliedert. Jedes Kapitel ist in sich abgeschlossen. Sie müssen die Kapitel nicht unbedingt in der vorgegebenen Reihenfolge erarbeiten. Sie können auch, je nach Interesse, zwischen den Themen „springen".

Gruppenarbeit. Es empfiehlt sich, mit diesem Buch zu zweit oder in einer kleinen Gruppe zu arbeiten. Sie finden in jedem Kapitel Anregungen zum Nachdenken oder Diskutieren, die man leichter bearbeiten kann, wenn man zu zweit oder zu mehreren ist.

Fragen. Am Ende jedes Kapitels gibt es Fragen. Diese Fragen sollen Sie anregen, über einige Inhalte nachzudenken oder Abschnitte noch einmal nachzulesen. Bei vielen Themen, die in diesem Buch angesprochen werden, verfügen Sie schon über alltägliche Erfahrungen und haben selbstverständlich auch eine Meinung oder Theorie. Manche Fragen, die am Ende der Kapitel gestellt werden, sollen Sie anregen, Ihre Alltagstheorien zu überprüfen. Bei manchen Fragen gibt es nur eine richtige Antwort, bei manchen mehrere. Eine Auflösung finden Sie im letzten Kapitel des Buches.

1.5 Wie sollten Sie mit diesem Buch arbeiten?

Literatur. Hinweise auf weiterführende Literatur beschließen jedes Kapitel. Sie werden feststellen, dass es sich manchmal um Bücher handelt, manchmal aber auch nur um Zeitschriftenartikel. Zeitschriftenartikel haben den großen Vorteil, dass man die fragliche Information in komprimierter Form bekommt und daher schnell das Wesentliche erfassen kann. Die Sprache mag manchmal etwas gewöhnungsbedürftig sein, aber ein Versuch lohnt sich.

> **Wichtig!** Bücher oder Artikel, die sich gut zur Vertiefung eignen, sind **fett gedruckt**.

Nun kommt die erste Frage:

Frage

Womit beschäftigen sich die psychologischem *Grundlagengebiete* und womit die psychologischen *Anwendungsgebiete*?

(a) Grundlagengebiete sind Allgemeine und Differentielle Psychologie, der Rest sind Anwendungsgebiete
(b) Psychologisches Grundlagenwissen hilft, Menschen zu durchschauen
(c) Psychologisches Grundlagenwissen macht Aussagen über grundsätzliche Gesetzmäßigkeiten menschlichen Erlebens und Verhaltens. Es hat keinen unmittelbaren praktischen Nutzen
(d) Psychologische Anwendungsgebiete liefern sozialpädagogische Handlungsmethoden
(e) Psychologisches Grundlagenwissen hat wenig mit sozialpädagogischen Handlungsfeldern zu tun
(f) Psychologisches Anwendungswissen gibt Anregungen für Problemlösungen
(g) Psychologische Anwendungsgebiete nutzen Grundlagenwissen um Lösungen für praktische Probleme zu entwickeln
(h) Es ist Aufgabe psychologischer Anwendungsgebiete die Effektivität praktischer Problemlösungen zu überprüfen

Literatur

Nolting, H. -P. & Paulus, P. (2009). Psychologie lernen (10. vollständig überarbeitete Auflage). Weinheim: Beltz

Kapitel 2: Wie denkt und arbeitet die Psychologie?

Man kann psychologische Aussagen und Theorien nur verstehen, wenn man eine Vorstellung davon hat, wie die Psychologie zu ihren Erkenntnissen kommt. In diesem Kapitel erfahren Sie, was sich hinter dem Selbstverständnis der Psychologie als einer „empirischen Wissenschaft" verbirgt. Sie lernen die grundlegenden Regeln kennen, an denen sich psychologische Forschung orientiert und Sie bekommen Gelegenheit, anhand von Beispielen nachzuvollziehen, wie diese Forschung in der Praxis vor sich geht. Wenn Sie sich schon etwas mit Empirie auskennen, können Sie dieses Kapitel überspringen. Sie können auch nur einzelne Abschnitte bearbeiten, die Sie besonders interessieren.

2.1 Psychologie: eine empirische Wissenschaft

Alle Wissenschaften haben interne Regeln, die besagen, wie man zu wissenschaftlichen Erkenntnissen kommt und wann eine Aussage als wissenschaftliche Aussage gilt. Diese Regeln sind bei verschiedenen Wissenschaften unterschiedlich. So gelten beispielsweise für Mathematik, Physik, Erziehungswissenschaft, oder Psychologie jeweils unterschiedliche Regeln.

> In der Psychologie gelten die Regeln einer empirischen Wissenschaft.

2.1.1 Was ist eine empirische Wissenschaft?

Die Grundidee ist: Theorien muss man mit Hilfe *empirischer Untersuchungen* überprüfen. Es reicht nicht, dass man sich Theorien oder theoretische Aussagen ausdenkt und sie einleuchtend findet. Damit sie als wissenschaftliche Aussagen anerkannt werden, müssen sie an der Realität überprüft werden. Eine solche Überprüfung an der Realität nennt man empirische Untersuchung. Wie setzt man diese Grundidee in die Tat um?

Der Kern der Psychologie besteht, wie bei anderen Wissenschaften auch, aus Theorien oder theoretischen Aussagen. Beispiele für Theorien wären etwa die psychologischen Lerntheorien, die in diesem Buch in Kapitel 3 und 4 behandelt werden. Theoretische Aussagen sind allgemein formulierte Aussagen über einen bestimmten Verhaltens- oder Erlebensbereich von Menschen, z.B. „Wenn Eltern ihre Kinder körperlich strafen, werden die Kinder aggressiv" (auch dazu erfahren sie etwas in diesem Buch; Kapitel 7). Theorien oder theoretische Aussagen sind normalerweise so allgemein formuliert, dass man sie nicht direkt an der Realität überprüfen kann. Ein Beispiel aus dem Alltag soll das zeigen (Abb. 4).

2.1 Psychologie: eine empirische Wissenschaft

> Frau Müller und Herr Meier arbeiten im Personalbüro einer Autofabrik. Beide haben einen Ganztagsjob. Ihr Arbeitstag ist gerade beendet. Herr Meier sagt zu Frau Müller: „Schönen Feierabend auch!". Sie antwortet: „Na ja für Dich als Mann vielleicht, bei mir kommt jetzt der Zweitjob." Herr Meier antwortet „ Bei uns ist die Hausarbeit gleich verteilt. Ich halte es im Übrigen für ein Gerücht, dass es heute noch eine traditionelle Rollenverteilung im Haushalt gibt. Unterschiede kommen nur zustande, weil man in entsprechenden Untersuchungen die Leute bittet, subjektiv einzuschätzen, wie viel Zeit sie mit Hausarbeit verbringen. Ich wette, die Frauen überschätzen und die Männer unterschätzen die Zeit, die sie für Hausarbeit benötigen." Frau Müller sagt: „Da seid Ihr eine Ausnahme. Meine Erfahrung im Bekanntenkreis sagt, dass nach wie vor die Frauen den größeren Teil der Hausarbeit erledigen"

Abbildung 4: Frau Müller und Herr Meier reden über die Rollenverteilung zwischen Männern und Frauen

Überlegen Sie in Ihrer Arbeitsgruppe: Um welche theoretische Aussage streiten Frau Müller und Herr Meier? Wie könnte man diese Aussage an der Realität überprüfen?

Theoretische Aussage. Die theoretische Aussage, um die Frau Müller und Herr Meier streiten, lautet: „Die Rollenverteilung im Haushalt ist traditionell, es hat sich nicht viel geändert". Diese Aussage ist sehr allgemein. Um sie überprüfen zu können, müsste man z.B. folgende Fragen klären:

- Was genau ist mit „Rollenverteilung im Haushalt" gemeint? Bedeutet es beispielsweise, dass jeder Person ein festes Aufgabengebiet zugewiesen wird? Bedeutet es, dass einer keine Hausarbeit macht? Bedeutet es, dass Männer und Frauen unterschiedlich viel im Haushalt tun?
- Was ist „traditionell"? Auf welche Familienkonstellationen bezieht sich der Begriff?
- Was bedeutet „nicht viel geändert"?

Überprüfung. Auf den ersten Blick haben die beiden Kontrahenten die strittige theoretische Aussage dann doch noch so formuliert, dass man sie an der Realität überprüfen, also eine empirische Untersuchung durchführen kann: Frau Müller behauptet, Frauen erledigten den größeren Teil der Hausarbeit und Herr Meier widerspricht ihr. Schaut man genauer hin, gibt es wieder Klärungsbedarf:

- Was ist unter „Hausarbeit" zu verstehen? Welche Tätigkeiten zählen genau dazu (z.B. Kochen, Waschen, Putzen, Frühstück machen)? Gehört Aufräumen und Einkaufen dazu? Was ist mit Arbeiten im Garten? Was ist mit Reparaturen im Haus? usw.
- Was bedeutet „größerer Teil"? Wie soll das gemessen werden (z.B. grobe Einschätzung, Unterschiede in der Menge der Tätigkeiten oder in Stunden)? Wer soll Auskunft geben (die Personen selbst, ein „neutraler Beobachter")?
- Was bedeutet „unterschätzen" bzw. „überschätzen". Womit soll die subjektive Einschätzung der Menge der Hausarbeit verglichen werden? Wie groß muss eine Diskrepanz sein, damit man von „Unter"- bzw. „Überschätzen" sprechen kann?

Kapitel 2: Wie denkt und arbeitet die Psychologie?

- Welche Männer und Frauen sind gemeint? Alle Altersstufen oder nur bestimmte? Welche Paare? Paare mit und ohne Kinder? Beide berufstätig? Verheiratet, zusammenlebend?

Stichprobe und Grundgesamtheit. Selbst wenn unsere beiden Kontrahenten ihre Aussagen weiter präzisiert haben (wenn sie sich beispielsweise auf eine Liste von Tätigkeiten geeinigt haben und untersuchen wollen, wie viel Zeit in Stunden pro Woche in einer Paarbeziehung lebende Personen im Alter zwischen 20 und 50 Jahren, mit und ohne Kinder, bei denen beide voll berufstätig sind, jeweils damit verbringen), bleibt ein großes Problem: Es ist unmöglich alle in Frage kommenden Männer und Frauen zu befragen. Man kann nur eine kleinere Gruppe befragen, d.h. eine *Stichprobe* aus der großen Menge der Personen, die eigentlich gemeint sind. In unserem Fall gibt besteht diese Menge aus allen mit Partner lebenden Männern und Frauen zwischen 20 und 50, bei denen beide voll berufstätig sind. Man nennt diese Menge *Grundgesamtheit*. Wieder gibt es Fragen:

- Wenn eine Stichprobe gezogen wird: Wie groß soll sie sein?
- Nach welchen Kriterien wird die Stichprobe ausgewählt?
- Wie sicher sind die Ergebnisse einer Befragung, wenn nur eine kleine Auswahl der eigentlich Gemeinten befragt wurde?

Die Antworten auf diese Fragen geben "Spielregeln" für die Überprüfung an der Realität, also Regeln für das Durchführen empirischer Untersuchungen.

2.2 Regeln für das Durchführen einer empirischen Untersuchung

Zwei Schritte sind allen empirischen Untersuchungen gemeinsam.

- Man muss aus den theoretischen Aussagen *überprüfbare Vorhersagen* ableiten.
- Die abgeleiteten *Vorhersagen* müssen an der Realität *überprüft* werden.

2.2.1 Überprüfbare Vorhersagen ableiten

Der erste Schritt beim wissenschaftlichen „an der Realität Überprüfen" besteht im Ableiten überprüfbarer Vorhersagen aus der jeweiligen Theorie oder theoretischen Aussage. Genauer gesagt: Es müssen Aussagen über beobachtbare Ereignisse gemacht werden, die eintreffen werden, wenn eine Theorie oder theoretische Aussage zutrifft und nicht eintreffen werden, wenn sie nicht zutrifft. Man muss festlegen:

- In welchen Situationen sollen die vorhergesagten Ereignisse eintreffen?
- Bei welchen Personen?
- Woran merkt man, dass die vorhergesagten Ereignisse eingetroffen sind? (Abb. 5)

2.2 Regeln für das Durchführen einer empirischen Untersuchung

> In unserem Beispiel könnte man aus den Aussagen von Frau Müller (sie sagt, es gibt einen Unterschied zwischen Männern und Frauen, was die Hausarbeit angeht) und Herrn Meier (er sagt, wenn es Unterschiede gibt, liegt es an der Messmethode) zwei Vorhersagen ableiten:
> - Bittet man in einer Paarbeziehung lebende Männer und Frauen (beide sind voll berufstätig) zwischen 20 und 50 Jahren einzuschätzen, wie viel Zeit (in Stunden und Minuten) sie in der letzten Woche mit Hausarbeit beschäftigt waren, geben die Frauen mehr Zeit an, als die Männer (Herr Meier).
> - Lässt man die gleiche Gruppe eine Woche lang in der Zeit von 6.00 bis 8.00 und von 16.00 bis 24.00 Uhr jede Viertelstunde auf einem Bogen mit acht verschiedenen Kategorien von Hausarbeiten eintragen, ob und wie lange (in Minuten) sie mit dieser Arbeit gerade beschäftigt waren, wird die in den Protokollen der Frauen vermerkte Zeit insgesamt länger sein als die in den Protokollen der Männer (Frau Müller) bzw. wird es keinen Unterschied in der aufgewendeten Zeit zwischen Männern und Frauen geben (Herr Meier).

Abbildung 5: Vorhersage beobachtbarer Ereignisse

> **Vorhersagen müssen immer so formuliert sein, dass eindeutig erkennbar ist, wann sie eintreffen und wann nicht.**

Formulierungen wie „manchmal", „einige" oder „etwas" haben in überprüfbaren Vorhersagen nichts zu suchen. Vorhersagen zur Überprüfung einer Theorie oder theoretischen Aussage sind immer *enger* formuliert als die Theorie/Aussage selbst. Deswegen gibt es zu vielen Theorien und theoretischen Aussagen nicht nur eine, sondern eine ganze Reihe empirischer Untersuchungen, die jeweils unterschiedliche Aspekte der Theorie oder theoretischen Aussage in Vorhersagen umsetzen. In unserem Beispiel deckt die überprüfbare Vorhersage nur den ersten Teil der theoretischen Aussage ab („Die Rollenverteilung im Haushalt ist traditionell"). Für den zweiten Teil („Es hat sich nicht viel geändert") müsste man eine gesonderte empirische Untersuchung durchführen.

2.2.2 Vorhersagen überprüfen

Im zweiten Schritt müssen die abgeleiteten Vorhersagen an der Realität überprüft werden. Dazu benötigt man einen Untersuchungsplan. In diesem wird festgelegt, auf welche Personengruppe (= Grundgesamtheit) sich die Vorhersage bezieht. Da man nur selten alle in Frage kommenden Personen untersuchen kann, muss man eine oder mehrere *Stichproben festlegen*. Im *Untersuchungsdesign* geht es darum, auf welche Art die Realitätsprüfung vorgenommen wird (macht man ein Experiment? Untersucht man im „Feld", d.h. unter natürlichen Bedingungen?). Bei den *Messmethoden* entscheidet man, ob man eine Beobachtung, Befragung etc. durchführen will.

Stichproben festlegen. Es geht darum zu entscheiden, welche Merkmale die Stichprobe oder die Stichproben haben müssen, damit man wirklich etwas über alle Personen aussagen kann, die mit der Vorhersage gemeint sind (also über die Grundgesamtheit). Man überlegt zu diesem Zweck, welche Merkmale einerseits

Kapitel 2: Wie denkt und arbeitet die Psychologie?

für die Fragestellung relevant sind und andererseits typisch für die Grundgesamtheit, auf die sich die Fragestellung bezieht. Anders ausgedrückt: Eine Stichprobe muss in den für die Grundgesamtheit und für die Fragestellung relevanten Merkmalen *repräsentativ* sein. Stichproben, die nicht repräsentativ sind, erlauben keine Aussagen über die Grundgesamtheit. Man nennt solche Stichproben auch *selegierte* Stichproben (Abb. 6).

> Die Fragestellung (mehr Hausarbeit bei Frauen?) in unserem Beispiel bezieht sich auf Männer und Frauen, die in einer Partnerschaft leben, wobei es unwichtig ist, ob sie verheiratet sind oder nicht. Ebenso ist es für die zwischen Frau Müller und Herrn Meier strittige Frage unwichtig, ob die Paare Kinder haben. Weil sich in den letzten dreißig Jahren vermutlich einiges an der Rollenverteilung zwischen Männern und Frauen geändert hat, werden nur die Altersgruppen berücksichtigt, die diese Veränderung schon als junge Menschen erlebt haben, also Männer und Frauen zwischen 20 und 50 Jahren. Es soll keine äußeren „Rechtfertigungen" für unterschiedliche Anteile an der Hausarbeit geben (z.B. Teilzeit vs. Vollzeit berufstätig). Daher wird die Grundgesamtheit auf Paare begrenzt, bei denen beide voll berufstätig sind. Ein Kriterium wie „beide in gleichem Maß berufstätig" wäre zu ungenau. Man müsste definieren, was „im gleichem Maß" ist. Ansonsten muss die Stichprobe repräsentativ für die deutsche Bevölkerung im entsprechenden Alter sein, wobei es sich bei genauerer Betrachtung nicht um eine, sondern um zwei Stichproben (Männer und Frauen) handelt.

Abbildung 6: Festlegen der Stichproben

> **Je größer die Grundgesamtheit ist und je mehr Merkmale bei der Vorhersage von Bedeutung sind, umso größer muss/müssen die Stichprobe(n) sein.**

Untersuchungsdesign und Messmethode festlegen. Unterschiedliche Untersuchungsdesigns prüfen Vorhersagen auf unterschiedliche Art. *Experimente* stellen eine künstliche Umgebung her, in der das Eintreten der Vorhersage unter genau kontrollierten Bedingungen geprüft wird. In *Felduntersuchungen* geht es um das Eintreffen der vorhergesagten Ereignisse in der normalen Alltagswelt. Wenn Vorhersagen eine Entwicklung über einen gewissen Zeitraum, beinhalten, müssen die in Frage kommenden Personen mehrmals untersucht werden (*Längsschnittuntersuchung*). Kommt es auf Unterschiede oder Zusammenhänge zu nur einem Zeitpunkt an, ist eine einmalige Untersuchung, d.h. eine *Querschnittuntersuchung* hinreichend.

Je weniger strukturiert eine Messmethode ist (z.B. freie Beobachtung), desto abhängiger ist das Ergebnis der Messung von der Person, die sie durchführt und auswertet. *Beobachtungsmethoden* sind sehr aufwendig und können daher in der Regel nur bei kleineren Stichproben verwendet werden. Bei *Fragebögen* geht es darum, Einstellungen oder Meinungen zu äußern oder Personen einzuschätzen oder zu bewerten. Man kann mit Hilfe von Fragebögen beispielsweise Eltern zu ihren Erziehungszielen und -einstellungen befragen, die Einstellung von Lehrern zur Inklusion untersuchen oder die berufliche Belastung von Sozialpädagogen erkunden. Andere Fragebögen, dienen der Erhebung von Persönlichkeitsmerkmalen (z.B. Ängstlichkeit). *Leistungstests* testen die Leistungen von Befragten allgemein (Intelligenztests) oder in bestimmten Bereichen (z.B. Rechentest, Wortschatztest). Das Vorgehen in unserem Beispiel zeigt Abb. 7.

In unserem Beispiel würden wir ein *Experiment* durchführen, wenn wir die Verteilung der Hausarbeit (wieder an einer Stichprobe) untersuchen, indem wir Paare für beispielsweise eine Woche in einer „Laborwohnung" wohnen lassen und dann beobachten (bzw. auf Video aufnehmen) und protokollieren, wie sie die Hausarbeit verteilen. Allerdings könnten wir wegen des hohen Aufwands dieser Methode nur wenige Paare untersuchen. Auch fragt sich, wie typisch das Verhalten in einer künstlichen Situation für das alltägliche Verhalten der Paare ist.

Deswegen findet unsere Untersuchung unter „natürlichen" Bedingungen, d.h. als *Felduntersuchung* statt. Die Paare leben ihr normales Leben und füllen nur den Fragebogen zur subjektiven Einschätzung der Hausarbeit und eine Woche lang den Protokollbogen aus. Da uns nur der augenblickliche Zustand interessiert, machen wir eine *Querschnittuntersuchung*.

Die *Messmethoden* in unserem Beispiel kann man im weitesten Sinn als *Fragebogenuntersuchung* bezeichnen Das gilt sowohl für subjektive Einschätzung des Ausmaßes an Hausarbeit im ersten Teil der Untersuchung als auch für die Minutenprotokolle, die die Männer und Frauen über ihre geleistete Hausarbeit anfertigen sollen. Es wäre zu aufwendig, *Beobachtungsmethoden* einzusetzen, weil wir ca. 600 Paare untersuchen müssen, damit unsere Aussagen für alle Paare der ins Auge gefassten Altersgruppen gelten können.

Abbildung 7: Untersuchungsdesign und Messmethode festlegen

Untersuchungsdesign und Messmethoden müssen objektiv und zuverlässig sein. Sie sollten so beschaffen sein, dass das Ergebnis unabhängig davon ist, wer misst oder auswertet (Objektivität). Die Messinstrumente dürfen keine willkürlichen Ergebnisse liefern (Zuverlässigkeit).

Es gibt Rechenmethoden, mit denen man die Zuverlässigkeit eines Beobachtungsinstruments, Fragebogens oder Leistungstests prüfen kann.

2.3 Untersuchungsergebnisse auswerten

Mit der Durchführung der Untersuchung ist die Arbeit noch nicht getan. Die Daten, die man erhält, sprechen nicht aus sich, sie müssen ausgewertet werden. Der Bereich der Psychologie, der sich mit der Auswertung von Daten beschäftigt, ist die Methodenlehre (in Alltagssprache spricht man auch von „Statistik"). Es gibt viele unterschiedliche Methoden der Datenauswertung. Grundlegende Prinzipien kann man gut an zwei Fragestellungen veranschaulichen:

- Man möchte etwas über die *Unterschiede* zwischen zwei oder mehr Gruppen erfahren (in unserem Beispiel zwischen Männern und Frauen). In einem solchen Fall *vergleicht man Mittelwerte*.
- Man möchte etwas über den *Zusammenhang zwischen Merkmalen* oder Messungen wissen (in unserem Beispiel sind es Tagebucheintrag und Selbsteinschätzung). In einem solchen Fall berechnet man *Korrelationen*.

Kapitel 2: Wie denkt und arbeitet die Psychologie?

2.3.1 Mittelwerte vergleichen

Wenn man wissen möchte, ob sich zwei oder mehr Gruppen voneinander unterscheiden, vergleicht man ihre Mittel- (Durchschnitts-)werte.
Wenn man ein Merkmal, wie z.b. die mit Hausarbeit verbrachte Zeit, bei vielen Personen misst und die Werte aller Personen in einem Koordinatenkreuz abträgt, bekommt man eine Kurve, die etwa so aussieht (Abb. 8):

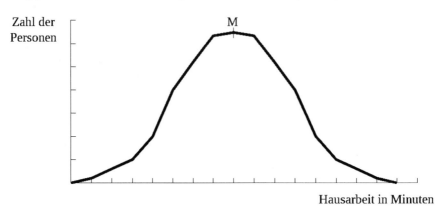

Abbildung 8: Fiktives Beispiel: Verteilung der Hausarbeit bei Männern und Frauen

Sehr viele Personen haben mittelgroße Werte, nur wenige haben sehr hohe oder sehr niedrige Werte. Der Mittelwert (M) liegt am höchsten Punkt der Kurve. Eine solche Kurve nennt man *Normalverteilung*. Auf rechnerischem Weg kommt man zum Mittelwert, indem man die Werte aller Personen aufaddiert und diese Summe durch die Zahl der Personen dividiert.
Unterschiede feststellen. In unserem Beispiel möchten wir feststellen, ob die durch die Protokolle ermittelte Hausarbeitszeit bei Männern und Frauen unterschiedlich ist. Dazu müssen wir den Mittelwert der Frauen in unserer Stichprobe mit dem Mittelwert der Männer vergleichen. Genau genommen vergleichen wir nicht einfach die Mittelwerte, sondern die Kurven um die Mittelwerte herum. Es ist einleuchtend, dass die Kurven sich nicht zu sehr überschneiden dürfen, wenn man von einem Unterschied zwischen beiden Gruppen sprechen möchte. In unserem (fiktiven) Beispiel ist der Fall etwas unklar. Die Kurven haben einen deutlichen Überschneidungsbereich (Abb. 9).

2.3 Untersuchungsergebnisse auswerten

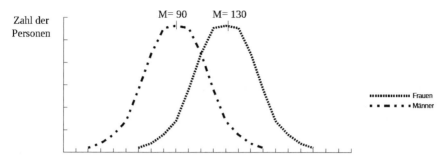

Abbildung 9: Von Männern und Frauen geleistete Hausarbeit: Kurven um den Mittelwert herum (Werte der Stichproben)

Die Werte unserer Stichproben sind aber nur Mittel zum Zweck. Eigentlich interessieren uns Unterschiede in Grundgesamtheiten. Wir wollen wissen, ob *die* Frauen zwischen 20 und 50 mehr Hausarbeit machen, als *die* Männer im entsprechenden Alter. Wenn wir behaupten, zwischen unseren beiden Stichproben (Männer und Frauen) bestünden in Bezug auf ein Merkmal (das Ausmaß an Hausarbeit, das bei Männern geringer sein soll) systematische Unterschiede, sagen wir bei genauerer Betrachtung aus, dass Männer und Frauen in Hinblick auf das Ausmaß an Hausarbeit zwei deutlich getrennte Grundgesamtheiten bilden. Wenn wir alle Frauen und Männer befragen könnten, würden wir direkt sehen können, ob das stimmt. Abbildung 10 zeigt ein fiktives Beispiel für den Fall, dass die Behauptung der unterschiedlichen Verteilung der Hausarbeit stimmt. Es gibt nicht nur einen Unterschied in den Mittelwerten, sondern es sind deutlich zwei weitgehend getrennte Kurven zu erkennen, die nur einen relativ kleinen Überschneidungsbereich haben.

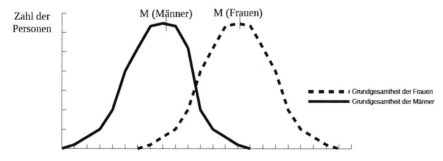

Abbildung 10: Von Frauen und Männern geleistete Hausarbeit (Grundgesamtheit)

27

Ziehen wir aus den beiden Grundgesamtheiten Stichproben, so verteilen sich deren Werte normalerweise nicht exakt genauso wie die der Grundgesamtheit. Die Kurven sehen anders aus oder liegen näher beieinander oder weiter auseinander als die der Grundgesamtheiten. Insbesondere bei kleineren Stichproben ist es kaum möglich, ein genaues Abbild der Zusammensetzung der Personen der Grundgesamtheit zu bekommen. In unserem fiktiven Beispiel liegen z.b. die Kurven der Stichproben (Abb. 9) näher beieinander als die der Grundgesamtheit (Abb. 10).

Je kleiner eine Stichprobe ist, desto größer ist die Gefahr, dass sie sich aus zufälligen Gründen von der Grundgesamtheit unterscheidet, je größer eine Stichprobe ist, desto mehr wird ihre Verteilung der der Grundgesamtheit ähneln. Auch wenn man sehr viele Stichproben ziehen und sie gleichsam übereinander legen würde (rechnerisch: den Durchschnittswert der Mittelwerte errechnen), bekäme man eine immer größere Ähnlichkeit mit der Grundgesamtheit.

> Vergleichen wir nur die Mittelwerte zweier Stichproben, so wissen wir nicht, ob der Unterschied (oder die Ähnlichkeit) zwischen ihnen auch in der dazugehörigen Grundgesamtheit (und über die wollen wir ja eigentlich eine Aussage machen) vorhanden ist!

Unterschiede prüfen. Wie findet man nun heraus, ob zwischen zwei Stichproben ein systematischer Unterschied besteht, d.h. ein Unterschied, der auch auf einen Unterschied in der Grundgesamtheit (genau genommen: unterschiedliche Grundgesamtheiten) schließen lässt?

Man geht einen Umweg: Man kann so tun, als ob man sehr viele Stichproben ziehen würde und dann mit einem entsprechenden Rechenverfahren (wie es genau funktioniert, ist an dieser Stelle unwichtig) schätzen, wo der Mittelwert der entsprechenden Grundgesamtheit liegt und wie die Kurve um den Mittelwert herum aussieht. Auf diesem Wege kann man ermitteln, ob die Werte zweier Stichproben aus der gleichen Grundgesamtheit stammen oder aus unterschiedlichen. Stellt man fest, dass die Werte der Stichproben aus unterschiedlichen Grundgesamtheiten stammen, kann man von einem systematischen Unterschied zwischen den Mittelwerten sprechen. Die Abbildung unseres fiktiven Beispiels (Abb. 11) zeigt die Stichprobe der Frauen bzw. der Männer (gepunktete Linie bzw. Striche und Punkte) und die dazu geschätzten Grundgesamtheiten (gestrichelte bzw. durchgezogene Linie). Männer und Frauen stammen, was die für die Hausarbeit aufgewendete Zeit angeht, in unserem Beispiel tatsächlich aus unterschiedlichen Grundgesamtheiten, ihre Mittelwerte unterscheiden sich demnach systematisch.

2.3 Untersuchungsergebnisse auswerten

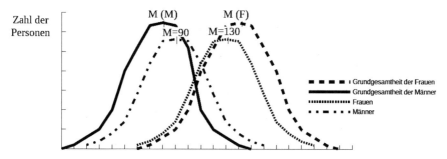

Abbildung 11: Unterschiede in der Hausarbeit zwischen Männern und Frauen – Stichproben und Grundgesamtheiten

Wir können im vorliegenden Beispiel aufgrund der Untersuchung unserer Männer- und Frauenstichprobe sagen: „Es besteht ein systematischer Unterschied zwischen Männern und Frauen in Bezug auf die geleistete Hausarbeit". Frau Müller hätte mit ihrer Behauptung recht gehabt.

Weil man die Werte der Grundgesamtheit nur rechnerisch schätzen, aber nicht exakt ausrechnen kann, gibt es eine gewisse Wahrscheinlichkeit, sich zu irren (man nennt sie *Irrtumswahrscheinlichkeit*). Man kann diese Irrtumswahrscheinlichkeit ausrechnen und man hat sich darauf geeinigt, wie viel Irrtum man bereit ist in Kauf zu nehmen, d.h. wie hoch diese Irrtumswahrscheinlichkeiten maximal sein darf. Man akzeptiert in der Forschung Irrtumswahrscheinlichkeiten von höchstens 5%. Liegt die ausgerechnete Irrtumswahrscheinlichkeit unter dieser Grenze, sprechen wir in der Fachsprache von einem *signifikanten Unterschied*.

> Hat man die Unterschiede zwischen den in den Stichproben ermittelten Mittelwerten geprüft und ist die Irrtumswahrscheinlichkeit geringer als 5 Prozent, spricht man von einem signifikanten Unterschied.

2.3.2 Zusammenhänge feststellen

Theorien und theoretische Aussagen machen nicht nur Aussagen über Unterschiede zwischen Menschen in Bezug auf bestimmte Merkmale, sie können auch Aussagen über Zusammenhänge machen.

Kehren wir zu unserem Beispiel zurück (Abb. 12).

Kapitel 2: Wie denkt und arbeitet die Psychologie?

> Nachdem Herr Meier erfahren hat, dass in unserer Untersuchung ein signifikanter Unterschied zwischen Männern und Frauen in Hinblick auf die geleistete Hausarbeit gefunden wurde, sagt er: „Dieses Ergebnis hätte ich nicht erwartet. Aber in den Familien werden ja keine Tagebuchprotokolle wie in dieser Untersuchung geführt. Wenn es Streit und die Arbeitsverteilung gibt, beruht der auf den subjektiven Einschätzungen der Männer und Frauen, wie viel Zeit sie mit Hausarbeit verbringen, Ich habe Zeitungsberichte gelesen, da wurden Männer und Frauen gebeten, einzuschätzen, wie viel Zeit sie in einer Woche mit Hausarbeit verbringen. Da waren die Werte viel höher als in dieser Untersuchung. Das spricht doch dafür, dass diese Schätzungen völlig willkürlich sind." Frau Müller sagt dagegen: „Vielleicht sind die subjektiven Einschätzungen gar nicht so willkürlich, immerhin findet man bei beiden „Messmethoden" einen Unterschied zwischen Männern und Frauen. Ich glaube, es gibt einen *Zusammenhang* zwischen Tagebuch und subjektiver Einschätzung."

Abbildung 12: Frage nach Zusammenhängen

Frau Müller vermutet, dass es einen Zusammenhang zwischen Tagebuchprotokollen und der subjektiven Einschätzung der Hausarbeitszeit gibt. Um einen solchen Zusammenhang zu ermitteln, sind mehrere Schritte notwendig.

- Zusammenhänge präzise formulieren
- Merkmale erheben
- Zusammenhänge messen bzw. berechnen

Zusammenhang präzise formulieren. In der Alltagssprache drücken wir uns oft allgemein und nicht sehr genau aus. Um Zusammenhänge feststellen zu können, muss man die in Alltagssprache formulierten Vermutungen „übersetzen". Wenn Frau Müller sagt, sie vermute einen Zusammenhang zwischen Tagebuch und subjektiver Einschätzung, meint sie eigentlich, dass es einen Zusammenhang zwischen den Zeitangaben auf der Grundlage von Tagebuchprotokollen und den Zeitangaben auf der Grundlage subjektiver Einschätzung gibt.

Merkmale erheben. Wenn man behauptet, es gebe einen Zusammenhang zwischen zwei Merkmalen (z.B. zwischen Hausarbeitszeit auf der Grundlage von Tagebuchprotokollen und auf der Grundlage subjektiver Einschätzungen), muss man zunächst beide Merkmale erheben.

In unserem Beispiel haben wir bereits von den gleichen Personen Tagebuchprotokolle mit Zeitangaben für Hausarbeit und subjektiv geschätzte Zeitangaben erfragt.

Zusammenhänge messen. Das Prinzip, das dem „Zusammenhänge messen" zugrunde liegt, lässt sich anhand unseres Beispiels in einer Grafik veranschaulichen (Abb. 13). In unserer fiktiven Untersuchung besitzen wir für jede Person eine Zeitangabe für die geleistete Hausarbeit aus dem Tagebuchprotokoll und eine Zeitangabe, die sie geschätzt hat. Man kann diese Angaben in einem Koordinatenkreuz abtragen. Jede Person lässt sich eindeutig in diesem Koordinatenkreuz ansiedeln. Der Ort wird durch die Kombination der Werte für „Tagebuchzeit" und „geschätzte Zeit" bestimmt. Das Ergebnis könnte beispielsweise so aussehen (Abb. 13):

2.3 Untersuchungsergebnisse auswerten

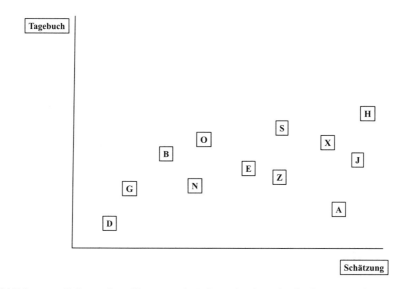

Abbildung 13: Zeitangaben für Hausarbeit (Tagebuch und subjektive Einschätzung). Die Buchstaben stehen für die Angaben einzelner Personen

Man sieht, D gibt sowohl über Tagebuch als auch bei der subjektiven Einschätzung wenig Hausarbeitszeit an, A protokolliert eher wenig Zeit, schätzt aber subjektiv die investierte Zeit sehr hoch ein, bei H sind subjektive Einschätzung und Tagebuchprotokoll hoch usw. Insgesamt scheint die Tendenz zu bestehen: je höher die subjektiv geschätzte Zeit ist, desto höher ist auch die Zeitangabe im Tagebuchprotokoll. Allerdings scheint es sich nicht um einen hundertprozentigen Zusammenhang zu handeln.

Um sich das zu veranschaulichen, kann man eine Linie durch unseren „Personenschwarm" ziehen, die so gelegt ist, dass möglichst viele Personen möglichst nah an ihr, im idealen Fall direkt auf ihr liegen. Wenn alle Personen auf der Linie liegen würden, hätten wir einen *hundertprozentigen Zusammenhang* zwischen den Zeitangaben über Tagebuch und den geschätzten Zeitangaben (Abb. 15). Wenn wir den Tagebuchwert kennen würden, könnten wir exakt vorhersagen, wie hoch der Schätzwert ist und umgekehrt. In unserem Beispiel kann man es drehen und wenden wie man will, man wird es nicht erreichen, dass alle Personen auf dieser Linie liegen. Der Zusammenhang ist nicht hundertprozentig (Abb. 14).

Kapitel 2: Wie denkt und arbeitet die Psychologie?

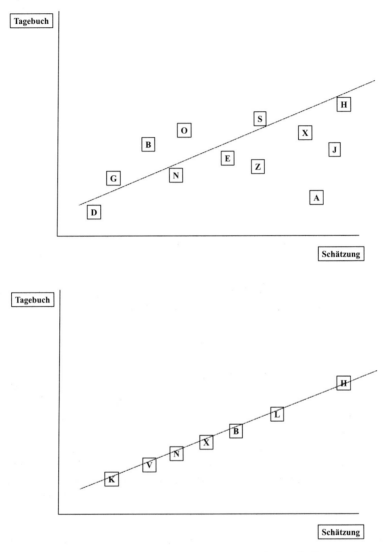

Abbildung 14 und 15: Zusammenhang zwischen Tagebuchprotokoll und subjektiver Schätzung im Beispiel und als Idealfall eines hundertprozentigen Zusammenhangs

Wenn *kein* Zusammenhang zwischen den beiden Merkmalen bestünde, würden sich die Personen wie in Abbildung 16 wahllos auf der Fläche verteilen.

2.3 Untersuchungsergebnisse auswerten

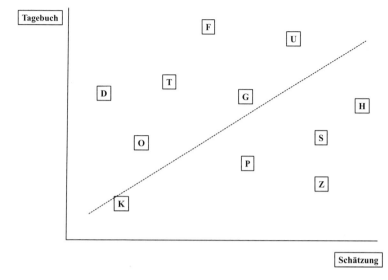

Abbildung 16: Fiktives Beispiel: Kein Zusammenhang zwischen zwei Merkmalen (z.B. Tagebuchangaben und subjektive Schätzung)

Zusammenhänge berechnen (Korrelation). Man kann solche Zusammenhänge nicht nur optisch darstellen, sondern auch ausrechnen. Man bekommt dann einen Wert, der die Enge des Zusammenhangs ausdrückt. Dieser Wert heißt *Korrelation und wird r (englisch: relation)* abgekürzt. Damit man ganz einfach erkennen kann, wie eng ein Zusammenhang ist, kann der Wert nur von *-1 bis + 1* gehen.

- Beträgt der *absolute Wert (also ohne Vorzeichen) 1*, so haben wir einen *hundertprozentigen Zusammenhang* wie in Abb. 15. Bei einer Korrelation von 1 zwischen zwei Merkmalen kann man, wenn man den Wert des einen Merkmals kennt, exakt den Wert des anderen Merkmals bestimmen. Man spricht hier auch von einem eineindeutigen Zusammenhang. Korrelationen von 1 sind in der Realität äußerst selten.
- Beträgt der Wert der *Korrelation 0*, so besteht *kein Zusammenhang* wie in Abb. 16.
- Ansonsten können Korrelationen alle absoluten Werte zwischen 0 und 1 annehmen. Je näher der absolute Wert an 0 ist, desto geringer ist der Zusammenhang. Je näher er an 1 ist, desto höher ist der Zusammenhang. In unserem Beispiel (Abb. 14) dürfte der Zusammenhang bei etwa 0,60 (geschätzt) liegen.

Was bedeutet das Vorzeichen? In unserem Beispiel lautete der Zusammenhang: *Je höher* der Zeitwert auf der Grundlage des Tagebuchprotokolls, *desto höher* ist auch der subjektive Schätzwert. Man nennt dies einen *positiven Zusammen-*

hang. Es gibt aber auch Fälle in denen *je höher* das eine Merkmal ist, das andere Merkmal *umso niedriger* ausfällt. Dies wird als *negativer Zusammenhang* bezeichnet und mit dem negativen Vorzeichen signalisiert.

Ein (wiederum fiktives) Beispiel soll das zeigen. Wir nehmen an, man wolle etwas über den Zusammenhang zwischen Überstunden und Arbeitszufriedenheit herausfinden. Man befrage eine repräsentative Stichprobe von Arbeitnehmern nach der Zahl der in einem Monat durchschnittlich geleisteten Überstunden und ließe sie einen Fragebogen zur Arbeitszufriedenheit ausfüllen. Es ergäbe sich eine negative Korrelation (r= -0,75): je *weniger* Überstunden die Arbeitnehmer machen, *desto zufriedener* sind sie mit ihrer Arbeit (Abb. 17).

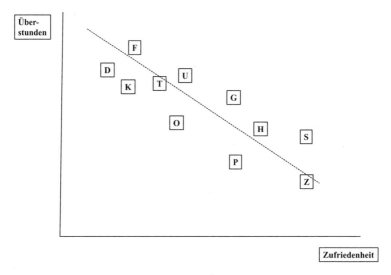

Abbildung 17: negative Korrelation zwischen Überstunden und Arbeitszufriedenheit (fiktives Beispiel)

Je *höher* eine Korrelation (r) ist, desto *enger* ist der Zusammenhang zwischen den gemessenen Merkmalen. Eine *negative* Korrelation bedeutet: Je größer der eine Wert ist, umso kleiner ist der andere.

2.4 Warum sollten Sozialpädagogen etwas über Regeln und Vorgehensweisen bei empirischen Untersuchungen wissen?

Die meisten Sozialpädagogen werden kaum in die Situation kommen, selbst empirische Untersuchungen durchzuführen. Sie werden aber bei verschiedensten Gelegenheiten mit solchen Untersuchungen bzw. deren Ergebnissen konfrontiert. Die Psychologie, teilweise auch die Soziologie und die Erziehungswissenschaft stützen ihre theoretischen Aussagen in starkem Maße auf empirische Un-

2.4 Warum sollten Sozialpädagogen etwas über Regeln und Vorgehensweisen ...

tersuchungen. Man kann solche Aussagen nur verstehen und einordnen, wenn man die grundlegenden Prinzipien empirischen Arbeitens kennt. Außerdem liegt dem empirischen Ansatz eine Denkweise zugrunde, die für die Arbeit als Sozialpädagoge sehr nützlich ist.

- Im Alltag neigen wir dazu, subjektive Erlebnisse zu verallgemeinern und daraus ein „Gesetz" zu machen. Diese Neigung ist besonders groß, wenn es sich um auffällige Ereignisse, Personen und Verhaltensweisen handelt („Scheidungskinder sind besonders schwierig"; „Menschen in sozialen Brennpunkten haben Probleme, ihr Leben in den Griff zu bekommen"; „Arbeitslose Jugendliche sind nicht motiviert" usw.). Wir bedenken dabei nicht, dass die Zahl der Personen, denen wir begegnen, vergleichsweise gering und möglicherweise nicht repräsentativ für die Grundgesamtheit ist, über die wir unsere Aussage machen. Für Sozialpädagogen verschärft sich diese Gefahr unzulässiger Verallgemeinerungen noch. In vielen Arbeitsfeldern ist es ihre Aufgabe, die Personen zu unterstützen, die besonders viele Probleme haben. In der Sprache empirischer Forschung ausgedrückt: Ihre Stichprobe ist höchstwahrscheinlich nicht repräsentativ, sondern selegiert. Die Forderung, Theorien und allgemeine Aussagen in einem geregelten Verfahren an der Realität zu überprüfen, zeigt, wie wichtig es ist, sich bei der Verallgemeinerung subjektiver Erlebnisse und Arbeitserfahrungen kritisch zu fragen, auf welche Stichprobe man seine Aussagen stützt. Sie werden in den nächsten Kapiteln sehen, dass es durchaus Untersuchungsergebnisse gibt, die unserer Alltagsintuition widersprechen.

- Wenn wir im Alltag über ein Erlebnis oder Ereignis berichten, ist unsere Sprache oft wenig präzise. Wir benutzen allgemeine Begriffe („Sie ist in Geldschwierigkeiten") und unterscheiden insbesondere im Umgang mit anderen Menschen nicht zwischen dem, was man unmittelbar beobachten kann und unseren Schlussfolgerungen über Prozesse, die sich in der Person abspielen und die man nicht unmittelbar „sehen" kann („Er war aggressiv"). Im Alltag ist dies meistens kein Problem, weil die Personen, die wir kennen, „wissen" was wir meinen. Uns ist diese Ungenauigkeit unserer Sprache kaum bewusst und wir vergessen, dass die Begriffe, die wir benutzen und die Schlussfolgerungen, die wir ziehen, nicht „objektiv" sind, sondern nur deswegen verstanden werden, weil wir uns mit unseren alltäglichen Interaktionspartnern in einer „Kultur" bewegen, in der Begriffe und Schlussfolgerungen von den beteiligten Personen in gleicher Weise und nach den gleichen Regeln benutzt werden. Anders ist es bei der Tätigkeit von Sozialpädagogen. Ihre Klientel misst oft (unbewusst) Begriffen eine andere Bedeutung bei oder benutzt andere Regeln für Schlussfolgerungen aus beobachtbarem Verhalten. Die Regeln für die Ableitung präziser Vorhersagen über empirisch beobachtbare Sachverhalte zeigen, wie man, wenn es nötig ist, zu präzisen Aussagen kommt. In den nächsten Kapiteln werden Sie noch öfter auf die Forderung nach der Trennung von beobachtbaren und nicht beobachtbaren Verhaltensweisen und Prozessen treffen.

2.5 Zusammenfassung

In der folgenden Abbildung sehen Sie noch einmal, womit sich dieses Kapitel beschäftigt hat.

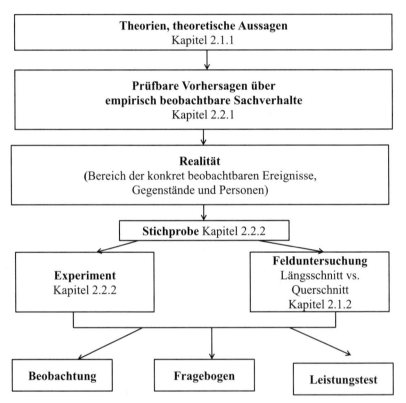

Abbildung 18: Überblick über die Inhalte des Kapitels 2

Fragen

1. Bei welchen Aussagen handelt es sich um die Vorhersage *empirisch beobachtbarer* Ereignisse?
   (a) Scheidungskinder haben mehr Probleme als Kinder aus intakten Familien.
   (b) Wenn sozial ängstliche (gemessen mit einem Fragebogen) Männer und Frauen zwischen 20 und 50 Jahren ein 24-stündiges Training sozialer

Kompetenzen der Art X erhalten, werden sie nach dem Training weniger soziale Angst haben als vorher. Bei einer vergleichbaren Gruppe Erwachsener ohne Training verändern sich die Angstwerte nicht.
(c) Wenn Eltern ihre Kinder schlagen, werden die Kinder aggressiv.
(d) Alleinerziehende Frauen haben ein geringeres Einkommen als alleinerziehende Männer.
(e) Alleinerziehende Frauen im Alter zwischen 20 und 40 Jahren haben ein geringeres Einkommen als Männer, die sich hinsichtlich des Alters, der Kinderzahl und der Schul- und Berufsausbildung nicht von ihnen unterscheiden.
2. Hier wird über die Ergebnisse verschiedener Untersuchungen berichtet. Welches der Ergebnisse sagt aus, dass Mädchen ängstlicher sind als Jungen?
(a) Unsere Untersuchung an den Eltern einer repräsentativen Stichprobe von Mädchen und Jungen ergab, dass die Eltern der Mädchen die Frage „Hat Ihr Kind oft Angst" signifikant häufiger mit „ja" beantworteten.
(b) In unserer Untersuchung von 50 10-jährigen Mädchen und Jungen aus einer Kindertagesstätte zeigte sich, dass die Mädchen in einem Angstfragebogen signifikant höhere Werte hatten als die Jungen.
(c) Wir fragten eine repräsentative Stichprobe von Kinderärzten mit Hilfe eines Fragebogens nach ihrer Einschätzung der Ängstlichkeit der von ihnen behandelten Kinder. Die Ärzte schätzten Mädchen signifikant häufiger als ängstlich ein als die Jungen.
(d) Wir verteilten an eine repräsentative Stichprobe 8-14jähriger Kinder und Heranwachsender einen Angstfragebogen. Die Mädchen hatten signifikant höhere Angstwerte als die Jungen.

Literatur

Rost, D. (2013). Interpretation und Bewertung pädagogisch-psychologischer Studien: Eine Einführung (3. überarbeitete und erweiterte Auflage). Bad Heilbrunn: Klinkhardt UTB

Es gibt tatsächlich eine Untersuchung, in der verschiedene Methoden zur Erhebung der mit Hausarbeit verbrachten Zeit bei Männern und Frauen verglichen wurden:

Schulz, F. & Grunow, D. (2007). Tagebuch versus Zeitschätzung. Ein Vergleich zweier unterschiedlicher Methoden zur Messung der Zeitverwendung für Hausarbeit. Zeitschrift Für Familienforschung-Journal of Family Research, 19(1), 106-128

Kapitel 3: Menschen sind lernende Wesen (Lernpsychologie I)

In diesem Kapitel erfahren Sie, was Psychologen unter „Lernen" verstehen. Sie lernen „behavioristische" Lerntheorien kennen und erfahren, unter welchen Bedingungen die von ihnen beschriebenen Formen des Lernens wirksam sind.

3.1 Was verstehen Psychologen unter „Lernen"?

Im Alltag verbinden wir mit dem Begriff „Lernen" zunächst einmal den Erwerb von Wissen, wie er z.b. in der Schule stattfindet. Wir benutzen ihn auch bei anderen Gelegenheiten, etwa wenn wir davon sprechen, dass ein Kind Fahrradfahren gelernt hat oder jemand einen neuen Tanz gelernt hat. Die Psychologie hat dagegen einen sehr weiten Lernbegriff.

> Aus psychologischer Sicht bezeichnet man mit Lernen alle *Veränderungen* eines Organismus, die auf Erfahrung oder Übung basieren und zeitlich relativ überdauernd sind (vgl. Kiesel & Koch, 2012).

Was bedeutet diese Definition? Gehen wir schrittweise vor:

- „...alle Veränderungen eines Organismus ...". Dies bedeutet zweierlei: 1. Nicht nur Menschen, sondern auch andere Lebewesen lernen. 2. Beim Menschen können diese Veränderungen alle Bereiche des Verhaltens und Erlebens betreffen, also Gefühle, innere Verarbeitung und beobachtbares Verhalten.
- „...die auf Erfahrung oder Übung basieren...". Veränderungen, die durch andere Faktoren bedingt sind, werden nicht als Lernen bezeichnet. Solche Faktoren können beispielsweise Reifungsprozesse, Krankheit oder Drogengenuss sein.
- „...zeitlich relativ überdauernd..". Veränderungen von Verhalten und Erleben, die nur kurz andauern, werden nicht als Lernen bezeichnet, z. B. wenn jemand vorübergehend nicht Radfahren kann, weil er sich den Fuß verstaucht hat oder in einem Gespräch plötzlich verstummt, weil er müde ist.

Versuchen Sie in ihrer Arbeitsgruppe **Beispiele** für Lernprozesse zu finden, die dieser Definition entsprechen.

3.2 Wie wird gelernt?

1. **Frau G.** hat ein großes Problem. Sie wurde vor fünf Jahren von einem Dackel gebissen. In Zeit danach bekam sie jedesmal, wenn sie einen Dackel sah, alle Anzeichen einer Angstreaktion: heftiges Herzklopfen, Schweißausbrüche, Zittern. Mit der Zeit waren es nicht nur Dackel, auf die sie so reagierte, sondern auch etwas größere Hunde und nach und nach erfolgte die Angstreaktion auf alle Hunde. Frau G. begann, nach Möglichkeiten zu suchen, wie sie Hunden ausweichen konnte. Zunächst ging sie nur auf die andere Straßenseite, mittlerweile meidet sie Straßen, von denen sie weiß, dass dort Hundebesitzer wohnen. In den Park geht sie auch nicht mehr, weil dort Hunde frei herumlaufen.

2. Die Sozialarbeiterin Frau S. hat Schwierigkeiten mit ihrer **Klientin, Frau A.** Frau A. hat Schulden angehäuft, weil sie Rechnungen einfach hat liegen lassen und Anträge auf zustehende finanzielle Unterstützungsleistungen nicht gestellt hat, obwohl sie gut lesen und schreiben kann. Mit Hilfe einer Schuldnerberatung wurden Frau A.s Finanzen geordnet, aber es müssen Rechnungen bezahlt, Anträge gestellt und Termine mit Behörden vereinbart werden. Die Sozialarbeiterin möchte erreichen, dass ihre Klientin diese Aufgaben nach und nach selbst übernimmt. Bis jetzt ist in dieser Hinsicht bei Frau A. kaum Fortschritt zu sehen. Es spielt sich jedes Mal das Gleiche ab: Eine Brief mit einer Rechnung ist eingetroffen. Frau A. öffnet den Brief und will ihn weglegen. Die Sozialarbeiterin fordert Frau A. auf, das Überweisungsformular gleich auszufüllen. Frau A. holt einen Stift und schaut auf das Formular, tut aber nichts. Die Sozialarbeiterin wird ungeduldig und ermahnt Frau A., mit dem Ausfüllen zu beginnen und hält ihr vor Augen, was für negative Konsequenzen zu erwarten sind, wenn sie die Dinge nicht endlich in die Hand nimmt. Frau A. hält weiter den Stift in der Hand, ohne das Formular auszufüllen. Die Sozialarbeiterin sagt nichts mehr und schaut weg. Frau A. legt den Stift weg und guckt in die Luft. Der Sozialarbeiterin dauert es zu lang, sie nimmt den Stift und füllt das Formular selbst aus, während Frau A. unbeteiligt daneben sitzt. Bei Anträgen und Terminvereinbarungen ist der Ablauf ähnlich.

Abbildung 19: Beispiele für Lernprozesse

In unserem Beispiel haben sowohl **Frau G.** als auch **Frau A.** gelernt. Überlegen Sie, was und wie sie gelernt haben.

Unterschiedliche Lerntheorien haben sich mit der Frage beschäftigt, wie Lernprozesse entstehen und wie sie verlaufen. In diesem Kapitel lernen Sie die klassischen Lerntheorien kennen. Im nächsten Kapitel geht es um kognitive Lerntheorien.

Man nennt die klassischen Lerntheorien auch *„behavioristische Lerntheorien"*.

- Behavioristische Lerntheorien gehen davon aus, dass man wissenschaftliche Aussagen nur über Dinge machen kann, die *beobachtbar* bzw. *messbar* sind.
- Beim Menschen sind dies: beobachtbares *Verhalten* (daher der Name „Behaviorismus" vom englischen „behavior" = Verhalten) und messbare *körperliche Reaktionen*.

Kapitel 3: Menschen sind lernende Wesen (Lernpsychologie I)

- Nicht wissenschaftlich untersuchbar sind nach Meinung der Behavioristen Prozesse, die *im Menschen* ablaufen und nicht unmittelbar beobachtbar sind wie z.b. Gefühle oder Kognitionen.

Etwas vereinfacht dargestellt, beschäftigen sich behavioristische Lerntheorien mit

- den *Reizen*, die ein Verhalten auslösen können ("*S* ", in unserem zweiten Beispiel das Überweisungsformular)
- den *Reaktionen* (Verhaltensweisen), die auf diese Reize folgen ("*R* ", Frau A. tut gar nichts) und
- den *Konsequenzen*, die auf dieses Verhalten folgen ("*C* ", die Sozialarbeiterin füllt die Überweisung aus)
- Die Existenz der "*Black Box* ", also innerer Prozesse wie Gefühle, Gedanken etc. wird nicht geleugnet, aber sie sind kein Gegenstand der wissenschaftlichen behavioristischen Theorien.

Dies lässt sich schematisch folgendermaßen darstellen:

Abbildung 20: Womit beschäftigen sich behavioristische Lerntheorien?

> Ihrem theoretischen Ansatz folgend beschreiben behavioristische Lerntheorien Lernen als einen Prozess, der in aller Regel *nicht oder wenig bewusst* abläuft und nicht bewusst kontrolliert wird.

Wichtige behavioristische Lerntheorien sind der Ansatz des
- *Klassischen Konditionierens* und das Modell des
- *Operanten Konditionierens.*

3.2.1 Klassisches Konditionieren

Bereits zu Beginn des 20. Jahrhunderts führte Iwan Pawlow seine berühmten Experimente durch, die zur Formulierung der Theorie das klassische Konditionierens führten. Pawlow war Mediziner und Physiologe. Er interessierte sich ursprünglich für physiologische Prozesse bei der Verdauung (1904 erhielt er für seine Forschung in diesem Bereich den Nobelpreis). In einer seiner Versuchsreihen ging es um den Speichelreflex, der (nicht nur) bei Hunden durch Nahrung ausgelöst wird. Es wurde gemessen, wie hoch der reflexhafte Speichelfluss war, wenn man Fleischpulver in das Maul des Hundes brachte. Eher zufällig stieß Pawlow dabei auf ein interessantes Phänomen. Die Hunde zeigten nicht erst Speichelfluss, wenn sie das Futter bekamen, sondern bereits, wenn sie die Schritte des Pflegers hörten. Irgendwie hatten sie wohl das Geräusch der Schritte mit

3.2 Wie wird gelernt?

dem Futter verbunden. Um dieses Phänomen systematischer zu untersuchen, verwendete Pawlow statt der Schrittgeräusche einen Glockenton. Es zeigte sich:

Hunde haben einen *natürlichen Speichelreflex*, d.h. wenn sie Nahrung bekommen, erhöht sich der *Speichelfluss*.

Auf den Glockenton reagieren sie natürlicherweise mit etwas erhöhter Aufmerksamkeit, ansonsten geschieht *nichts*.

Glockenton und Futter werden mehrmals *zusammen* dargeboten. Die Hunde reagieren mit *Speichelfluss*.

Dann wird *nur der Glockenton* dargeboten. Die Hunde reagieren mit *Speichelfluss*.

Abbildung 21: Klassisches Konditionieren nach Pawlow (vgl. Kiesel & Koch 2012)

Das Verhalten der Hunde (der Speichelfluss) hat sich infolge ihrer Erfahrung (Glockenton und Futter erscheinen gleichzeitig) dauerhaft verändert, d.h. sie haben etwas gelernt (man sagt auch: sie wurden „*konditioniert*"): Sie reagieren nicht mehr nur auf den natürlichen Reiz „Futter" mit Speichelfluss, sondern auch auf einen Reiz, der vorher keine derartige Reaktion auslöste, nämlich den

Kapitel 3: Menschen sind lernende Wesen (Lernpsychologie I)

Glockenton. Diese Art von Lernprozess erhielt den Namen *Klassisches Konditionieren*.

In der **Fachsprache** nennt man
- den natürlichen Reiz, der automatisch eine bestimmte Reaktion hervorruft *unkonditionierten Reiz oder Stimulus (US)*. In unserem Fall ist dies das *Futter*.
- die natürliche Reaktion auf den natürlichen Reiz *unkonditionierte Reaktion (UR)*. In unserem Fall ist dies der Speichelfluss.
- den *neutralen Reiz*, der zunächst keine Reaktion auslöst *NS*. In unserem Fall ist dies die Glocke.
- den ursprünglich neutralen Reiz, der nach der Koppelung mit dem natürlichen Reiz eine Reaktion hervorruft, *konditionierten Reiz (CS)*. In unserem Fall ist dies die Glocke nach mehrmaliger Koppelung mit dem Futter.
- die Reaktion, die auf den konditionierten Reiz erfolgt, *konditionierte Reaktion (CR)*. Sie ist von der unkonditionierte Reaktion kaum unterscheidbar, kann aber schwächer sein. In unserem Fall ist dies der Speichelfluss.

Als Schema sieht das so aus (Abb. 22):

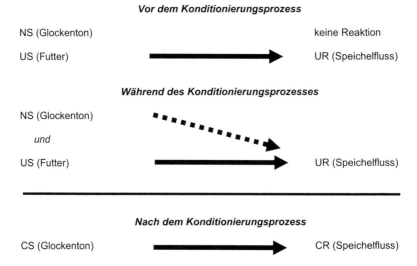

Abbildung 22: Schematische Darstellung des Klassisches Konditionierens

Die Theorie des Klassischen Konditionierens erklärt, wie eine *vorhandene* (auf bestimmte Reize natürlicherweise auftretende) Reaktion an *neue* Reize gekoppelt wird. Es werden also neue Reiz-Reaktions-Verbindungen gelernt (Abb. 23).

3.2 Wie wird gelernt?

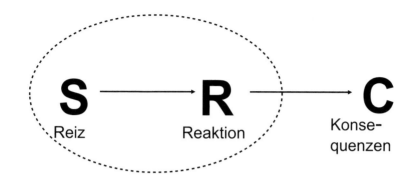

Abbildung 23: Beim Klassischen Konditionieren werden neue Reiz-Reaktions-Verbindungen gelernt

Löschung und Spontanremission. Wenn man den konditionierten Reiz sehr oft ohne den unkonditionierten Reiz darbietet, verschwindet die konditionierte Reaktion wieder. Sie wird *gelöscht*. Nach eine Pause kann die konditionierte Reaktion wieder auftreten, auch wenn weiterhin nur der CS, nicht aber der US dargeboten wird. Man nennt dies *Spontanremission*.

Welche Kombination von CS und US ist am günstigsten? Experimente haben ergeben, dass die Konditionierung am besten funktioniert, wenn der CS *kurz vor* dem US dargeboten wird (die Glocke muss erklingen kurz bevor die Hunde das Futter bekommen). Außerdem zeigte es sich, dass die Konditionierung nur dann stattfindet, wenn *CS und US systematisch* gekoppelt werden.

Welche neutralen Reize eignen sich für eine Konditionierung? Nicht jeder Reiz ist geeignet für den Prozess der Klassischen Konditionierung.

- Der Reiz muss in der Umwelt *informativ* sein, d.h. er muss eigenständige Information für das Lebewesen liefern (wenn man bei Pawlows Hunden nach der Konditionierung auf den Ton noch ein Lichtsignal darbieten würde, käme keine Konditionierung auf das Licht zustande, weil die vorhergehende Konditionierung auf den Ton diesen Prozess blockiert. Das Lichtsignal liefert keine neue Information für den Hund).
- Die Konditionierung gelingt dann besonders gut, wenn sich der neutrale Reiz deutlich von den anderen Reizen der *Umgebung abhebt*. Er sollte also besonders *intensiv* oder *ungewöhnlich* sein.

Klassisches Konditionieren beim Menschen. Auch Menschen können klassisch konditioniert werden. Diese Art zu lernen hat insbesondere bei *emotionalen* Reaktionen eine große Bedeutung.

Diskutieren Sie in Ihrer Arbeitsgruppe, wie das Beispiel von Frau G. in das Schema vom Klassischen Konditionieren passt.

Hier wird die erste Phase des Problems von Frau G. mit dem Modell des Klassischen Konditionierens erklärt:

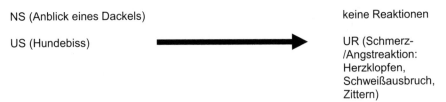

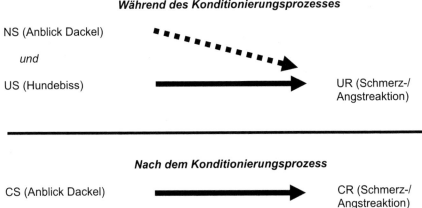

Abbildung 24: Konditionierung einer Angstreaktion auf Dackel

Bei Menschen reicht oft schon eine einmalige Koppelung von US und NS, um die konditionierte Reaktion hervor zu rufen, insbesondere, wenn es um Angst-/Schmerzreaktionen geht. Das Beispiel von Frau G. zeigt weitere Prozesse, die beim Klassischen Konditionieren wichtig sind:

- *Reizgeneralisierung.* Frau G. zeigt nach einiger Zeit ihre Angst-/Schmerzreaktion nicht nur bei Dackeln, sie generalisiert nach und nach auf alle Hunde.
- *Reizdiskrimination.* Sie unterscheidet aber auch zwischen verschiedenen Reizen. Sie zeigt ihre Angstreaktion nur bei Hunden, nicht bei anderen Tieren, wie z.B. Katzen.
- *Konditionierbarkeit.* Es gibt Hinweise, dass sehr ängstliche Personen leichter auf negative Reize (wie hier der Hundebiss) konditionierbar sind als andere, d.h. bei ihnen entsteht schneller durch die Verbindung von US und NS eine

3.2 Wie wird gelernt?

konditionierte Angstreaktion und sie ist weniger leicht zu löschen (Michael & Ehlers 2008).
- *Vermeidungsverhalten.* Sie werden gegen Ende des Kapitels eine lerntheoretische Erklärung dafür finden, warum Frau G. zunehmend Situationen vermeidet, in denen sie möglicherweise auf Hunde treffen könnte.
- *Konditionierung zweiter Ordnung.* Gerade beim Menschen lässt sich nicht selten das beobachten, was wir "Konditionierung zweiter Ordnung" nennen. Wenn der Konditionierungsprozess so verläuft, dass der konditionierte Reiz sehr zuverlässig die konditionierte Reaktion hervorruft, kann er die Rolle eines unkonditionierten Reizes übernehmen. Man kann ihn nun mit einem weiteren zunächst neutralen Reiz koppeln, der dann wieder als konditionierter Reiz die entsprechende Reaktion hervorruft. Ein Beispiel: Frau G. hat eine sehr stabile Verbindung zwischen CS (Anblick von Hunden) und CR (Angst-/Schmerzreaktion) aufgebaut. Man könnte sich vorstellen, dass Freunde und Familie in der Absicht, sie zu beruhigen, immer wenn ein Hund zu sehen ist, so etwas sagen wie „Das ist doch nur ein Hund!". Dieses gut gemeinte Verhalten führt bei Frau G. aber nicht zur Beruhigung, sondern zu einer Konditionierung zweiter Ordnung: Nun reagiert Frau G. schon beim Wort „Hund" mit ihrer Angst-/Schmerzreaktion.

3.2.2 Operantes Konditionieren (instrumentelles Lernen)

In etwa zur gleichen Zeit wie Pawlow führte Lee Thorndike seine Experimente zum Problemlösen bei Tieren durch. Er setzte hungrige Katzen in einen Käfig. Die Nahrung befand sich außerhalb des Käfigs. Der Käfig konnte nur geöffnet werden, indem das Tier mehrere Mechanismen nacheinander betätigte (Strick ziehen, dann Hebel drücken, dann Riegel aufstoßen; vgl. Kiesel & Koch, 2012). Die Tiere versuchten natürlich, aus dem Käfig und zum Futter zu gelangen. Während sie durch den Käfig liefen und versuchten, die Tür zu öffnen, betätigten die Tiere zufällig die notwendigen Mechanismen und erreichten das Futter. Sie wurden wiederholt in den Käfig gesetzt und je öfter sie im Käfig saßen, umso schneller fanden sie die richtigen Mechanismen. Thorndike leitete daraus sein *Gesetz des Effektes* ab.

> Gesetz des Effektes: Verhalten, das zu einem *befriedigenden* Zustand führt (hier: Futter zu sich nehmen), wird in Zukunft häufiger auftreten. Verhalten, das zu einem *unbefriedigenden* Zustand führt, den das Tier *nicht aufsuchen* würde (kein Futter, eingesperrt sein) wird in Zukunft seltener auftreten.

Da Thorndike Behaviorist war, definierte er „befriedigend" bzw. „unbefriedigend" nicht als positiven bzw. negativen inneren Zustand, sondern als Zustand, den das Tier *aufsuchen* bzw. *vermeiden* würde, wenn es die Wahl hätte.
Operantes Konditionieren. B.F. Skinner entwickelte die Ideen Thorndikes weiter. Er prägte den Begriff des operanten Konditionierens. Auch Skinner experi-

Kapitel 3: Menschen sind lernende Wesen (Lernpsychologie I)

mentierte mit Tieren. Er verwendete Versuchskäfige, in denen sich die Tiere bewegen konnten, wie es ihrer Art entsprach. Die Käfige hatten Vorrichtungen, mit denen er die Konsequenzen für das Verhalten der Tiere systematisch variieren konnte (z.B. Futterautomaten für positive Konsequenzen oder eine Vorrichtung für leichte Stromstöße für negative Konsequenzen).

Abbildung 25: Skinner-Box

Diese Versuchskäfige erhielten später den Namen „Skinner-Box". Skinner systematisierte die verschiedenen Arten von Konsequenzen, die auf ein Verhalten folgen können und die damit verbundenen Lernprozesse. Er unterschied grundsätzlich zwischen zwei Arten von Verhaltenskonsequenzen:
- *Verstärkung*, die das Verhalten wahrscheinlicher macht *und*
- *Bestrafung*, nach der die Wahrscheinlichkeit für das Auftreten des Verhaltens sinkt.

3.2 Wie wird gelernt?

> Will man die Logik des operanten Konditionierens nachvollziehen, muss man beachten, dass die Begriffe „Verstärkung" und „Bestrafung" bei Skinner (und in den Lerntheorien generell) anders benutzt werden als im Alltag. Es werden nicht Personen, sondern *Verhaltensweisen* verstärkt oder bestraft. Außerdem sind die Begriffe „Verstärkung" und „Bestrafung" *nicht inhaltlich gefüllt*. Jede Konsequenz, die die Auftretenswahrscheinlichkeit eines Verhaltens erhöht, ist ein Verstärker, unabhängig davon, worin sie inhaltlich besteht. Das Gleiche gilt für Bestrafung: Jede Konsequenz, die die Auftretenswahrscheinlichkeit eines Verhaltens verringert, ist eine Bestrafung.

Skinner unterscheidet folgende Arten von Konsequenzen:

- *Positive Verstärkung.* Bei positiver Verstärkung folgt auf das Verhalten ein im weitesten Sinne angenehmes Ereignis. Beispiele wären Essen, Lob, Geld, Aufmerksamkeit usw. Die Klientin Frau A. der Sozialpädagogin Frau S. in unserem Beispiel erfährt für ihr „Stift weglegen und in die Luft gucken" eine positive Konsequenz: Frau S. füllt für sie die Überweisung aus. Frau A. wird positiv verstärkt.

S (Überweisungsformular) -> R (Stift weg und gucken) -> C+ (Frau S. füllt Formular aus)

- *Negative Verstärkung.* Negative Verstärkung bezeichnet das Ausbleiben eines unangenehmen Ereignisses. Es endet infolge des Verhaltens oder tritt gar nicht erst ein. Dieser Verstärkungsmechanismus wird im Alltag oft übersehen, obwohl er sehr häufig vorkommt. In unserem Beispiel ermahnt Frau S. ihre Klientin und erzählt ihr, was alles Schlimmes geschehen wird. Die Klientin tut nichts. Frau S. hört auf, sie zu ermahnen. Die Klientin wird für Nichtstun negativ verstärkt.

S (Überweisungsformular) ----> R (Nichtstun) ----> C̶- (Ermahnung hört auf)

- *Direkte (positive) Bestrafung.* Auf das Verhalten folgt ein unangenehmes Ereignis. Auch diese Konsequenz findet sich in unserem Beispiel. Die Klientin nimmt den Stift in die Hand und schaut auf das Formular. Frau S. wird ungeduldig und ermahnt sie. Die Klientin wird für den ersten Schritt in Richtung Ausfüllen, nämlich „Stift in die Hand nehmen und auf das Formular schauen" direkt bestraft.

S (Überweisungsformular) ----> R (Stift, auf Formular schauen) ----> C- (Ermahnung)

- *Indirekte (negative) Bestrafung.* Positive Reize werden entzogen. In unserem Beispiel erhält die Klientin auch eine indirekte Bestrafung. Frau S. sagt schließlich, während die Klientin noch den Stift in der Hand hält und auf das Formular schaut, gar nichts mehr und schaut weg. Die Klientin wird für „Stift in die Hand nehmen und auf Formular schauen" indirekt bestraft, weil das positive Ereignis (Anschauen) entzogen wird.

Kapitel 3: Menschen sind lernende Wesen (Lernpsychologie I)

S (Überweisungsformular) -> R (Stift, auf Formular schauen) -> ~~C~~+ (Anschauen stoppt)

Die folgende Tabelle (Abb. 26) fasst noch einmal die verschiedenen Arten von Konsequenzen und ihre Wirkung auf die Auftretenswahrscheinlichkeit des Verhaltens zusammen.

Reiz	Konsequenz	
	Hinzugeben	Wegnehmen
angenehm	C^+ R ↑ Positive Verstärkung	$\cancel{C}^+$ R ↓ indirekte Bestrafung
unangenehm	C^- R ↓ direkte Bestrafung	$\cancel{C}^-$ R ↑ negative Verstärkung

C: Konsequenz
$\cancel{C}$: Konsequenz, die weggenommen wird

R: Reaktion   nimmt zu ↑   nimmt ab ↓

Abbildung 26: Operantes Konditionieren

Eine weitere Art von „Konsequenz" taucht in unserem Beispiel nicht auf, ist aber ebenfalls wichtig.
- *Löschung.* Auf das Verhalten erfolgt keine Konsequenz. Geschieht dies öfter, verschwindet das Verhalten vollständig, es wird gelöscht.

> Die Theorie des operanten Konditionierens erklärt, wie die Konsequenzen, die auf ein Verhalten folgen, dessen Auftretenswahrscheinlichkeit beeinflussen. Es wird also durch die Verbindung zwischen Reaktion und Konsequenz gelernt.

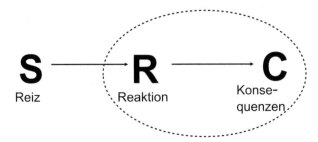

Abbildung 27: Beim Operanten Konditionieren wird durch die Verbindung zwischen Reaktion und Konsequenz gelernt.

3.2 Wie wird gelernt?

Man kann Operantes Konditionieren auch einsetzen, um *schrittweise neues Verhalten lernen*.

Shaping. Beim Shaping werden *schrittweise* Annäherungen an ein Zielverhalten verstärkt. Im Kindergarten soll beispielsweise ein 4-jähriger Junge lernen, mit anderen zusammen Lego zu spielen. Zunächst wird er verstärkt, wenn er in Richtung der anderen Kinder schaut. Wenn er das oft genug macht, wird er verstärkt, wenn er sich in die Nähe der anderen Kinder stellt; dann, wenn er sie anlächelt; dann, wenn er sich zu ihnen an den Tisch setzt und zuguckt; dann, wenn er einem anderen Kind ein Lego reicht; schließlich wenn er mitspielt.

Chaining. Beim Chaining werden einzelne, schon bestehende Verhaltensweisen zu einer neuen Kette *miteinander verbunden*. Man fängt dabei „von hinten" an. In unserem Beispiel könnte die Sozialarbeiterin im ersten Schritt das Überweisungsformular selbst ausfüllen, die Klientin muss nur ihre Unterschrift darunter setzen und wird dafür verstärkt. Im nächsten Schritt füllt die Sozialarbeiterin alles aus bis auf die zu zahlende Summe. Die Klientin schreibt die Summe und ihre Unterschrift in das Formular und wird dafür so oft verstärkt, bis sie diesen Schritt problemlos ausführen kann. Es folgen in der gleichen Weise das Ausfüllen der eigenen Kontonummer; der des Empfängers usw. bis die Klientin die Überweisung selbständig tätigt.

Kurzfristige und langfristige Konsequenzen. Grundsätzlich sind Konsequenzen am *wirksamsten*, wenn sie *unmittelbar* auf das Verhalten folgen. Gibt es unterschiedliche kurz- und langfristige Konsequenzen, sind die kurzfristigen Konsequenzen wirksamer als die längerfristigen. Ein Beispiel ist das Rauchen: Unmittelbar auf das Rauchverhalten erfolgen in der Regel positive Konsequenzen wie z.B. Reduktion von Spannungen. Negative Konsequenzen wie z.B. Erkrankungen erfolgen erst in größerem zeitlichen Abstand.

Verstärkerpläne. Die Auftretenswahrscheinlichkeit eines Verhaltens wird durch die Häufigkeit beeinflusst, mit der es verstärkt wird. Man unterscheidet

- *Kontinuierliche Verstärkung: Jedes* Auftreten des Verhalten wird verstärkt. Verhaltensweisen, die selten auftreten, können durch kontinuierliche Verstärkung in ihrer Häufigkeit gesteigert werden. Kontinuierlich verstärktes Verhalten ist aber anfällig für Löschung, d.h. es verschwindet relativ schnell, wenn keine Verstärkung mehr erfolgt. Wenn man Verstärkung einsetzt, damit eine Person ein Verhalten häufiger zeigt (z.B.: ein Kind soll regelmäßig die Geschirrspülmaschine ausräumen), sollte das Verhalten *zu Beginn* kontinuierlich verstärkt werden.
- *Intermittierende Verstärkung:* Nicht jedes Auftreten des Verhaltens wird verstärkt. Wird ein Verhalten, das bereits eine gewisse Häufigkeit zeigt, intermittierend verstärkt, stabilisiert es sich und kann nicht so schnell gelöscht werden. Es gibt unterschiedliche Möglichkeiten oder *Verstärkerpläne*, um Verhalten intermittierend zu verstärken. Bei *Quotenplänen* wird ein bestimmter Prozentsatz des Verhaltens (z.B. 50%) verstärkt. Dies kann in einer

fixierten Quote (jedes zweite Auftreten) oder einer variablen Quote (im Durchschnitt 50%) geschehen. Bei *Intervallplänen* wird das Verhalten innerhalb eines zeitlichen Intervalls (z.b. 3 Minuten) einmal verstärkt. Auch Intervallpläne können fixiert oder variabel angewendet werden.

Hinweisreize. Reize spielen auch beim operanten Konditionieren eine wichtige Rolle.

- *Positiver diskriminativer Hinweisreiz.* Der Reiz zeigt an, dass auf das Verhalten eine positive Verstärkung folgen wird. So können Großeltern ein Hinweisreiz dafür sein, dass die Bitte um Süßigkeiten verstärkt wird (man bekommt Süßigkeiten).
- *Negativer diskriminativer Hinweisreiz.* Der Reiz zeigt an, dass auf das Verhalten eine negative Konsequenz folgen wird. Ein Polizeiauto, das auf der Autobahn vor einem Autofahrer fährt, ist für diesen ein Hinweisreiz, dass auf zu schnelles Fahren eine negative Konsequenz (angehalten werden, Bußgeld) folgen wird.

3.2.3 Verbindung von Klassischem und Operantem Konditionieren

In unserem Beispiel entwickelt Frau G. nicht nur Angst vor Hunden, sie vermeidet auch möglichst viele Situationen, in denen sie Hunden begegnen könnte. O.H. Mowrer beschäftigte sich mit der Frage, warum die Reaktion von Personen auf Angstreize häufig in Vermeidungsverhalten besteht. Er entwickelte die **2-Phasen-Theorie der Angst.**

Grundsätzlich ist Angst nach Mowrer eine konditionierte *Schmerzreaktion*, die ursprünglich klassisch konditioniert durch die Verbindung eines neutralen Reizes mit einem schmerzauslösenden Reiz gelernt wurde (wie in unserem Beispiel). Sie aktiviert den Organismus und ist die Grundlage für die Verstärkung jedes Verhaltens, das die Angst reduziert.

Vermeidungsverhalten als Reaktion auf Angst-/Schmerzreize wird nach Mowrer in einem 2-phasigen Lernprozess erworben.

- Zunächst wird durch eine klassische Konditionierung eine Angst-/Schmerzreaktion auf einen ursprünglich neutralen Reiz hervorgerufen (in unserem Beispiel: Frau G. „lernt" durch Klassisches Konditionieren Angst vor Hunden).
- Anschließend findet eine negative Verstärkung statt: Frau G. macht die Erfahrung, dass die Angst verschwindet, wenn sie Hunde vermeidet. Wenn im Verlauf der Klassischen Konditionierung eine Generalisierung stattfand, vermeidet die Person alle Reize, auf die sie generalisiert hat (Frau G. vermeidet nicht nur den einen Hund, der gebissen hat, sondern alle Hunde) (Abb. 28).

3.3 Zusammenfassung

Phase 1: Klassisches Konditionieren

NS (Hund)

gekoppelt mit

US (Hundebiss)   **UR** (Schmerz/Angst)

CS (Hund)   **CR** (Schmerz/Angst)

Phase 2: Operantes Konditionieren

S (Hund) ---> **R** (Vermeiden) ---> $\varnothing^{-}$ (Reduktion von Schmerz/Angst)

Abbildung 28: 2-Phasen-Theorie der Angst von Mowrer (vgl. Rink & Becker 2006, S. 96)

3.3 Zusammenfassung

Die folgende Zusammenfassung gibt noch einmal einen Überblick über die Inhalte dieses Kapitels.

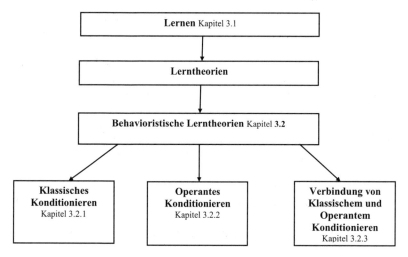

Abbildung 29: Überblick über die Inhalte von Kapitel 3

Kapitel 3: Menschen sind lernende Wesen (Lernpsychologie I)

Fragen

1. Von *"klassischem Konditionieren"* spricht man
   (a) Wenn ein Tier oder ein Mensch für ein Verhalten belohnt wird und es daraufhin öfter zeigt
   (b) Nur bei Tieren, bei Menschen gibt es so etwas nicht
   (c) Wenn eine Reaktion, die natürlicherweise auf einen bestimmten Reiz hin auftritt, an einen neuen Reiz gekoppelt wird
   (d) Wenn ein ursprünglich neutraler und ein unbedingter Reiz über eine gewisse Zeit gemeinsam dargeboten werden und danach der ursprünglich neutrale Reiz eine gleiche oder ähnliche Reaktion hervorruft wie der unbedingte Reiz
2. Was versteht die Psychologie unter *Lernen*?
   (a) Wenn Menschen ihr Wissen und ihre Kenntnisse erweitern
   (b) Die Veränderung von Verhalten und Erleben beim Menschen
   (c) Veränderungen bei Menschen und Tieren, die auf Erfahrung basieren und relativ überdauernd sind
   (d) Veränderungen des beobachtbaren Verhaltens bei Menschen und Tieren, die auf Erfahrung basieren und relativ überdauernd sind
3. Damit eine klassische Konditionierung besonders *erfolgreich* ist
   (a) reicht es aus, wenn unbedingter und ursprünglich neutraler Reiz möglichst oft gekoppelt werden (Kontiguität)
   (b) sollte die Koppelung von ursprünglich neutralem Reiz und unbedingtem Reiz systematisch und vorhersehbar sein (kontingent)
   (c) sollte die Reaktion auf den ursprünglich neutralen Reiz belohnt werden
   (d) sollte der ursprünglich neutrale Reiz ein Reiz sein, der besonders auffällig oder intensiv ist
4. Mutter und Tochter (4 Jahre) warten an der Supermarktkasse, bis sie an der Reihe sind. An der Seite befinden sich Körbe mit "Quengelware": Überraschungseier, kleine Schokoladentäfelchen, Schokoriegel etc. Die Tochter beginnt zu betteln, dass sie etwas Süßes möchte. Die Mutter lehnt ab. Die Tochter beginnt zu weinen und bekommt schließlich einen heftigen Wutanfall. Die Mutter schimpft und kauft ein Überraschungsei für die Tochter. Beim nächsten Supermarktbesuch geschieht das Gleiche. Wer hat hier was gelernt?
   (a) Nach dem Wutanfall bekam die Tochter ein Überraschungsei. Überraschungseier sind etwas Positives. Also wurde die Tochter für ihren Wutanfall verstärkt.
   (b) Die Mutter schimpft mit der Tochter (unangenehm). Daher wurde die Tochter bestraft.
   (c) Auf das Verhalten der Tochter (Wutanfall) folgten zwei Konsequenzen: Schimpfen der Mutter und Überraschungsei. Da das Verhalten der Tochter zunahm (beim nächsten Supermarktbesuch gab es wieder Betteln und

Wutanfall) ist es offensichtlich verstärkt worden. Das Überraschungsei war der Verstärker.

(d) Die Tochter denkt sich: "Wenn ich tobe, setze ich durch, dass ich etwas Süßes bekomme". Ihr Verhalten wurde also verstärkt.

(e) Die Mutter konnte durch das Kaufen des Überraschungseis einen für sie negativen Reiz (Wutanfall der Tochter) beseitigen. Ihr Verhalten wurde negativ verstärkt.

(f) Die Mutter wurde durch den Wutanfall der Tochter bestraft.

Literatur

Kiesel, A. & Koch, I. (2012). *Lernen: Grundlagen der Lernpsychologie.* **Wiesbaden: VS Verlag für Sozialwissenschaften/Springer Fachmedien Wiesbaden GmbH**

Michael, T. & Ehlers, A. (2008). Klassische Konditionierung als Erklärungsprinzip für klinisch bedeutsame Ängste. *Zeitschrift Für Klinische Psychologie Und Psychotherapie,* 37(4), 221-230

Rink, M. & Becker, E. (2006). Lernpsychologische Grundlagen. In U. E. Wittchen & J. Hoyer (Hrsg.), *Klinische Psychologie und Psychotherapie.* (S. 88-108). Berlin, Heidelberg, Tokio: Springer

Zimbardo, P. G. & Gerrig, R. J. (2008). *Psychologie.* München: Pearson Studium, S. 192-206

Kapitel 4: Menschen sind lernende Wesen mit einem komplexen Innenleben (Lernpsychologie 2)

In diesem Kapitel lernen sie lerntheoretische Ansätze kennen, die im Unterschied zu den behavioristischen Lerntheorien auch Aussagen über das Erleben von Menschen, also Gedanken, Gefühle und innere Verarbeitung von Ereignissen machen.

4.1 Kognitive Ansätze zur Beschreibung und Erklärung von Lernprozessen

Man musste bald feststellen, dass behavioristische Lerntheorien nicht alle länger andauernden Veränderungen menschlichen Verhaltens und Erlebens erklären konnten, die der Definition von „Lernen" in Kapitel 3 entsprechen.

> Die Sozialpädagogin Frau N. arbeitet seit einem halben Jahr in einem Jugendtreff. Die überwiegend männlichen Jugendlichen kommen aus schwierigen sozialen Verhältnissen und sind in der Schule wenig erfolgreich. Frau N. macht sich Sorgen um die Jugendlichen. Auf der einen Seite imponiert es ihr, wie aktiv und diszipliniert sie manchmal sind. Kürzlich hatten die Jugendlichen beispielsweise die Gelegenheit, zusammen mit Studierenden einer Medienhochschule einen Kurzfilm zu konzipieren und herzustellen. Das Projekt war außerordentlich aufwendig und am Schluss gab es großen Zeitdruck. Die Jugendlichen verzichteten auf alle sonst sehr beliebten Aktivitäten wie Feiern, Kneipenbesuche etc., um den Film rechtzeitig fertigzustellen. Auf der anderen Seite gibt es Probleme, die sich trotz ihrer Bemühungen nicht ändern. So hat sich die Sprache der Jugendlichen vor etwa drei Monaten plötzlich geändert. Sie machen mehr starke Sprüche als vorher, benutzen mehr Kraftausdrücke etc.. Frau N. hat festgestellt, dass sich die Jugendlichen ähnlich ausdrücken wie ein von ihnen neuerdings sehr geschätzter Rapper. Wenn Frau N. ihnen vor Augen führt, dass sie mit einer solchen Sprachen möglicherweise anecken werden, hören die Jugendlichen nicht hin. Auch mit ihren Bemühungen um die schulische Situation der Jugendlichen kommt sie nicht weiter. Obwohl die Unterstützung bei Hausaufgaben und gezielte Nachhilfe bei Leistungsrückständen zu weniger Ärger in der Schule und geringfügig besseren Noten führten, nehmen sie daran nur unter Protest teil und ihre einzigen Kommentare sind, „was soll das", „bringt doch nichts" usw. Frau N. plant deshalb neue Maßnahmen.

Abbildung 30: Wie und was wird hier gelernt?

Diskutieren Sie in Ihrer Arbeitsgruppe: Warum kommen Sie hier mit behavioristischen Erklärungsansätzen nicht weiter?
Unser Beispiel zeigt exemplarisch einige Bedingungen, unter denen der Erklärungswert behavioristischer Modelle begrenzt ist.
Kurzfristige Verstärker wirken nicht. Obwohl die Theorie des operanten Konditionierens besagt, dass diejenigen Verhaltensweisen häufiger auftreten, die kurzfristig positive Konsequenzen nach sich ziehen, ist dies im Beispiel nicht der Fall. Die Jugendlichen wählen nicht das Verhalten mit kurzfristig positiven

4.1 Kognitive Ansätze zur Beschreibung und Erklärung von Lernprozessen

Konsequenzen (feiern), sondern ein Verhalten, welches nur langfristig positive Konsequenzen hat (Film fertigstellen).

Komplexes oder neues Verhalten tritt plötzlich auf. Der Theorie des operanten Konditionierens folgend müssten neue komplexe Verhaltensweisen allmählich durch Shaping oder Chaining gelernt werden. In unserem Beispiel hat sich die Sprache der Jugendlichen plötzlich geändert.

Orientierung an inneren Bewertungen. Dass die Jugendlichen immer weniger an den Maßnahmen zur Unterstützung bei den Hausaufgaben und der Nachhilfe teilnehmen, wundert aus behavioristischer Sicht wenig. Die positiven Konsequenzen (weniger Ärger in der Schule, etwas bessere Noten) folgen nicht direkt in Anschluss an die Teilnahme, sondern mit zeitlicher Verzögerung. Aber auch die von den Jugendlichen geäußerte Bewertung der Maßnahmen („bringt doch nichts..") dürfte sich auf ihr Erleben und Verhalten auswirken.

Bereits Ende der 60er Jahre des vorigen Jahrhunderts lässt sich eine Veränderung der Theorien und Ansätze zur Erklärung von Verhaltensänderungen beobachten. Neben den behavioristischen Ansätzen werden Theorien und Modelle immer wichtiger, die sich auch mit den Inhalten der "Black Box" beschäftigen.

> **Man spricht in diesem Zusammenhang von einer "kognitiven Wende" lerntheoretischer Ansätze.**

Unter „kognitiv" werden Prozesse verstanden, die in der Person vor sich gehen und *nicht beobachtbar* sind, wie *Interpretationen, Bewertungen, Erwartungen* etc. Kognitive Lerntheorien setzen behavioristische Lerntheorien nicht außer Kraft, sondern ergänzen und erweitern diese um Aussagen darüber, welche Bedeutung Interpretationen, Bewertungen, Erwartungen etc. für den Lernprozess haben. Auch der Einfluss von Gefühlen auf den Lernprozess wird in einigen Ansätzen berücksichtigt. Abb. 31 stellt den Kern des kognitiv lerntheoretischen Ansatzes schematisch dar.

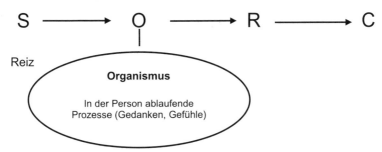

Abbildung 31: Womit beschäftigen sich kognitive Lerntheorien?

Einige dieser kognitiven Ansätze haben eine lange Tradition. Sie entstanden in den 60er und 70er Jahren des vorigen Jahrhunderts. Sie machen nicht nur Aussagen darüber, wie Menschen lernen, sondern bilden auch eine wichtige Grundlage für die Therapiemethoden der kognitiven Verhaltenstherapie (Sie erfahren etwas über dieses Therapieverfahren in Kap. 11). Besonders einflussreich waren:

- Kanfers Modell zu *Selbstregulation und Selbstkontrolle*. Es erklärt, warum Menschen auch ohne äußere Verstärker ihr Verhalten ändern.
- Banduras *sozial-kognitive Theorie des Modelllernens*. Sie erklärt, warum Menschen hochkomplexe Verhaltensweisen sehr schnell lernen können.
- Die Ansätze von Beck, Ellis und Meichenbaum. Sie fragen danach, wie unmittelbar auf eine *Situation bezogene Kognitionen* die Gefühle und das Handeln von Menschen beeinflussen.

4.1.1 Das Modell der Selbstregulation und Selbstkontrolle von F. Kanfer

Sehr oft kann man beobachten, dass Menschen ein bestimmtes Verhalten zeigen und beibehalten, obwohl es keine beobachtbaren positiven Konsequenzen hat. Manchmal zieht das Verhalten sogar kurzfristig negative Konsequenzen nach sich.

- Die Jugendlichen in unserem Beispiel arbeiten weiter an dem Film, obwohl dadurch eine positive Konsequenz (Zusammensein mit anderen beim Feiern) wegfällt.

F. Kanfer (vgl. Kanfer u.a. 2012) entwickelte zur Erklärung solcher Phänomene die Theorie der *Selbstregulation*. In dieser Theorie haben die in der Person ablaufenden Prozesse (er nennt dies die Organismusvariable O) eine zentrale Bedeutung für den Lernprozess. Der Lernprozess bei der Selbstregulation verläuft in drei Phasen. In der ersten Phase (*Selbstbeobachtung*) beobachten sich Personen beim Handeln. In der zweiten Phase (*Selbstbewertung*) messen sie ihr Verhalten an bestimmten Maßstäben (Standards) und in der dritten Phase (*Selbstverstärkung*) versorgen sie sich in Anschluss an ihr Verhalten mit positiven oder negativen Konsequenzen. All dies spielt sich "im Kopf" der betreffenden Person ab. Unser Handeln wird ständig von Selbstregulationsprozessen begleitet, ohne dass wir dies unbedingt merken. Die folgende Abbildung veranschaulicht die Grundideen des Modells der Selbstregulation von F. Kanfer.

4.1 Kognitive Ansätze zur Beschreibung und Erklärung von Lernprozessen

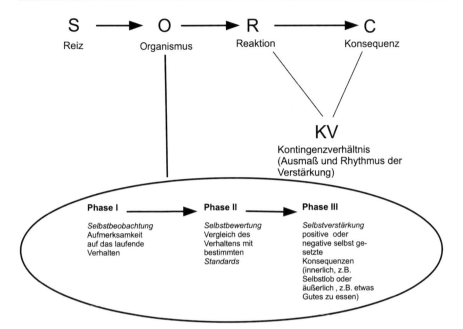

Abbildung 32: Vereinfachtes Modell der Selbstregulation nach F. Kanfer (vgl. Kanfer u.a. 2012, S. 32)

Einen Sonderfall der Selbstregulation bildet die *Selbstkontrolle*. Hier setzt eine Person Selbstbeobachtung, Selbstbewertung und Selbstverstärkung gezielt ein, wenn sie mehrere Verhaltensmöglichkeiten hat, die einen Konflikt auslösen. Dies trifft auch auf unser Beispiel zu: Für die Jugendlichen gibt es zwei Verhaltensmöglichkeiten, die im Konflikt zueinander stehen: Feiern oder Film fertigstellen.

Kapitel 4: Menschen sind lernende Wesen mit einem komplexen Innenleben

	Prinzip	Beispiel
Widerstehen einer Versuchung	Die Person entscheidet sich für den Verzicht auf einen kurzfristigen positiven Verstärker, um langfristige negative Konsequenzen zu vermeiden	• Verzicht auf die Zigarette, um langfristig Gesundheitsschäden zu vermeiden • Verzicht auf den Nachtisch, um langfristig nicht zuzunehmen
Ertragen von aversiven (unangenehmen) Situationen	Die Person entscheidet sich, kurzfristig eine aversive Situation auszuhalten, um langfristig positive Konsequenzen zu erzielen	• Jetzt ein anstrengendes Training auf sich nehmen, um später fit zu sein • Arbeiten statt Feiern, um längerfristig einen fertigen Film zu haben

Abbildung 33: Selbstkontrolle (vgl. Kanfer u.a. 2012, S. 35)

Selbstkontrollsituationen unterscheiden sich, was ihre *zeitliche Dauer* angeht.
- Manche Situationen sind nur von kurzer Dauer. Es gibt einen *Entscheidungspunkt*, danach ist die Konfliktsituation beendet (dies trifft beispielsweise auf den Verzicht auf den Nachtisch zu. Hat man sich dazu durchgerungen, keinen Nachtisch zu essen, ist der Konflikt beendet).
- Andere Situationen dauern länger an. Man muss die unangenehmen Bedingungen über einen *längeren Zeitraum* ertragen oder der Versuchung längere Zeit widerstehen, um seinem Standard zu genügen (in unserem Beispiel: Die Jugendlichen müssen es über einen längeren Zeitraum aushalten, dass sie nicht feiern können, um den Film fertigzustellen).

> Lerntheoretisch gesehen zeigt eine Person bei der Selbstkontrolle ohne unmittelbare äußere Konsequenzen oder äußeren Druck Verhaltensweisen (*kontrollierende Reaktionen*: am Film arbeiten), die ursprünglich eine geringere Auftretenswahrscheinlichkeit hatten als das normalerweise gezeigte Verhalten (*kontrollierte Reaktion*: Feiern).

> Während Selbstkontrolle in aller Regel *bewusst* ausgeübt wird, laufen Prozesse der Selbstregulation nur *teilweise oder gar nicht bewusst* ab.

4.1 Kognitive Ansätze zur Beschreibung und Erklärung von Lernprozessen

4.1.2 Die sozial-kognitive Lerntheorie von A. Bandura

Die behavioristischen Lerntheorien haben Schwierigkeiten, zu erklären, wie Menschen *vollkommen neue und komplexe Verhaltensweisen* lernen. Auf unser Beispiel bezogen: Wie haben die Jugendlichen die „neue Sprache" gelernt? Eine genauere Analyse solcher Lernprozesse legt die Vermutung nahe, dass Menschen hier lernen, indem sie eine andere Person nachahmen, d.h. „am Modell lernen".

Albert Bandura ist der wichtigste Forscher aus der Gruppe derjenigen, die sich mit dem *Modelllernen* beschäftigen. Er führte zahlreiche Experimente zum Modelllernen durch. Eines der berühmtesten ist das „Rocky-Experiment".

> Bandura untersuchte mit zahlreichen Experimenten die Mechanismen des Modelllernens. Anhand eines seiner berühmtesten Experimente kann man sehr gut die Grundprinzipien seiner Theorie des Modelllernens demonstrieren. Das „Rocky-Experiment" lief folgendermaßen ab:
>
> Kindergartenkinder, die alle ein gleiches Ausgangsniveau aggressiven Verhaltens zeigten, wurden zufällig in drei gleich große Gruppen mit gleichem Anteil an Mädchen und Jungen aufgeteilt. Die Kinder sahen einen Film, in dem gegen Ende ein Erwachsener (Rocky) eine Puppe (Bobo) schlug, mit einem Hammer bearbeitete und dabei mit zum Teil erfundenen Worten beschimpfte. Die nächste Phase des Films unterschied sich je nach Gruppe.
>
> - *Belohnungsgruppe*: Ein anderer Erwachsener erscheint und lobt Rocky für sein Verhalten gegenüber der Puppe und bietet ihm Süßigkeiten und Saft an.
> - *Bestrafungsgruppe*: Ein anderer Erwachsener erscheint und tadelt Rocky für sein Verhalten gegenüber Bobo. Als Rocky zurückweicht, schlägt er ihn mit einer Zeitung und sagt, dass er ein solches Verhalten nicht noch einmal sehen möchte.
> - *Keine Konsequenz*: Die dritte Gruppe sah keine Konsequenzen auf Rockys Verhalten.
>
> Anschließend wurden die Kinder in einem Raum mit Spielzeug, Gegenständen zum Schlagen und einer Puppe, die aussah wie Bobo, gebracht und ihr Verhalten durch einen Einweg-Spiegel beobachtet.
>
> In der letzten Phase (Anreizphase) des Experiments erschien der Versuchsleiter mit Stickern und versprach den Kindern für jede Verhaltensweise von Rocky, die sie nachmachen würden, einen Sticker. Der Erwachsene verließ den Raum und das Verhalten der Kinder wurde wieder beobachtet.
>
> Die folgende Abbildung zeigt das Ergebnis des Experiments.

Kapitel 4: Menschen sind lernende Wesen mit einem komplexen Innenleben

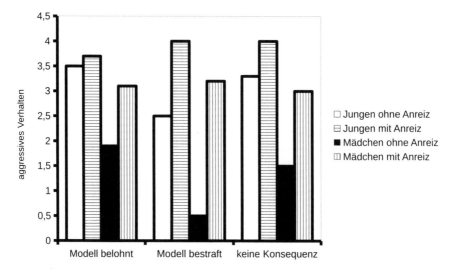

Abbildung 34: Mechanismen des Modelllernens: Das „Rocky-Experiment" (Bandura 1965; vgl. Kreddig & Karimi 2013, S. 45-48)

Diskutieren Sie in Ihrer Arbeitsgruppe: Was sagen die Ergebnisse des Rocky-Experiments aus?

Grundprinzipien des Modelllernens. Die Ergebnisse des Rocky-Experiments zeigen wichtige Grundprinzipien des Modelllernens.

- Komplexes Verhalten wird durch *Nachahmung* gelernt. Die Kinder zeigten nach dem Film gegenüber den Bobo-Puppen im Spielzimmer das gleiche Verhalten wie Rocky. Sie schlugen sie nicht nur, sondern beschimpften sie auch mit den gleichen erfundenen Worten.
- Für den Lernprozess ist es nicht notwendig, dass die nachahmende Person selbst für das Verhalten verstärkt wird. Es reicht aus, wenn das Modell eine Verstärkung bzw. Bestrafung erhält. Dies nennt man *stellvertretende Verstärkung*. Die Wirkung der stellvertretenden Verstärkung lässt sich auch im Rocky-Experiment beobachten.
- Das Verhalten des Modells kann durch den Prozess des Modelllernens im *Reaktionsrepertoire* einer Person *gespeichert* sein, ohne dass diese es sofort zeigt. Wenn die Kinder einen Anreiz bekamen, das Verhalten des Modells nachzuahmen, wurde es auch von denjenigen gezeigt, die sich vorher nicht oder wenig aggressiv verhalten hatten. Dies geschah, ohne dass sie das Modell noch einmal beobachtet hatten.
- Es hängt von zusätzlichen Bedingungen ab, wie stark ein im Prozess des Modelllernens gespeichertes Verhalten tatsächlich gezeigt wird. In allen Versuchsbedingungen zeigten die Jungen mehr aggressives Verhalten als die

4.1 Kognitive Ansätze zur Beschreibung und Erklärung von Lernprozessen

Mädchen. Das Modell im Experiment war ein Mann. Möglicherweise erregt ein männliches Modell stärker die *Aufmerksamkeit* von Jungen als von Mädchen und ist attraktiver für sie. Es kann auch sein, dass im *Reaktionsrepertoire* der Jungen bereits sehr viele aggressive Verhaltensweisen „bereit standen", so dass es ihnen leichter fiel, das Modell zu imitieren. Allerdings stieg bei den Mädchen unter der Anreizbedingung das aggressive Verhalten stärker an als bei den Jungen. Dies könnte dafür sprechen, dass auch *Erwartungen* (im Beispiel: Die Erwartung von negativen Konsequenzen für aggressives Verhalten bei den Mädchen) beeinflussen, ob das im Nachahmungsprozess gespeicherte Verhalten tatsächlich gezeigt wird. Diese Erwartungen waren im Experiment zunächst wirksam (die Mädchen zeigten relativ wenig aggressives Verhalten), wurden dann aber durch den Anreiz (Sticker für Nachahmung) außer Kraft gesetzt.

Abb. 35 zeigt, wie nach Bandura der Prozess des Modelllernens verläuft. Kognitive Prozesse spielen beim Modelllernen eine herausragende Rolle.

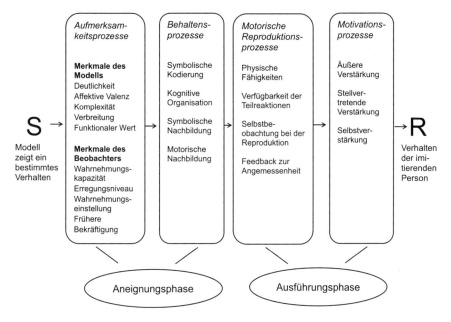

Abbildung 35: Prozess des Modelllernens (Bandura 1976, S. 31; vgl. Kreddig & Karimi 2013, S. 45-48)

Aufmerksamkeitsprozesse. Menschen sind ständig von anderen Personen umgeben, die sich in irgendeiner Weise verhalten und damit potentielle Modelle darstellen. Jedoch nicht jedes Modell erringt die Aufmerksamkeit der beobachtenden Person. Wann dies der Fall ist, hängt einerseits von *Eigenschaften des Modells* ab. Modelle,

- die *auffallen*,
- für die betreffende Person *attraktiv* sind und
- deren Verhalten ideell oder materiell *nützlich* für die Person ist,

werden eher nachgeahmt. Für die Jugendlichen in unserem Beispiel ist der von ihnen bewunderte Rapper ein attraktives Modell, sie wenden ihre Aufmerksamkeit daher seinem Sprachverhalten zu.

Auch die Situation der nachahmenden Person spielt eine Rolle. Wenn eine Person

- sich auf einem *mittleren Erregungsniveau* befindet,
- gerade *nicht mit etwas anderem beschäftigt* ist,
- *unsicher* ist, wie sie sich verhalten soll oder
- das *Bedürfnis nach bestimmten Verhaltensstrategien* hat,

wird sie sich eher einem Modell zuwenden. Die Jugendlichen in unserem Beispiel könnten das Bedürfnis haben, möglichst „cool" oder eindrucksvoll aufzutreten und deshalb ihre Aufmerksamkeit der Sprache des Rappers zuwenden.

Behaltensprozesse. Das Rocky-Experiment hat gezeigt, dass beim Modelllernen das fragliche Verhalten gespeichert wird. Dies geschieht jedoch nicht in Form einer einfachen „Abbildung". Das Verhalten wird *sprachlich und bildlich* codiert und in die kognitive Struktur der jeweiligen Person eingepasst. Dabei kann es Veränderungen erfahren, so dass die Person als Resultat des Lernprozesses nicht exakt das gleiche Verhalten zeigt wie das Modell. Auch die Jugendlichen in unserem Beispiel haben die Sprache des Rappers in ihre individuelle kognitive Struktur eingepasst. Sie zeigen ähnliches, aber nicht identisches Sprachverhalten wie der Rapper.

Motorische Reproduktion. Es hängt von den vorhandenen *motorischen Fähigkeiten* der Person ab, ob sie in der Lage ist, das Modellverhalten zu reproduzieren. Eine durchschnittliche Person kann einen Leistungsturner beim Wettkampf intensiv beobachten, möglicherweise seine Bewegungsabläufe angemessen speichern, trotzdem wird sie nicht in der Lage sein, sein Verhalten zu reproduzieren. Die Jugendlichen im Beispiel andererseits verfügen über ein Reaktionsrepertoire, welches sie in die Lage versetzt, die Sprache des Rappers zu imitieren.

Motivationsprozesse. Auch wenn eine Person ihr Aufmerksamkeit auf ein Modell gerichtet, sein Verhalten gespeichert und die entsprechenden motorischen Fähigkeiten zur Verfügung hat, wird sie es nicht automatisch reproduzieren. Sie muss (wie im letzten Teil des Rocky-Experiments) erwarten, dass das Verhalten auch verstärkt wird. Diese Erwartung kann durch *stellvertretende Verstärkung (Verstärkung des Modells), Selbstverstärkung* und frühere *äußere Verstärkung* unterstützt werden. Die Reproduktion der Rappersprache durch die Jugendlichen wird durch verschiedene Verstärker motiviert: stellvertretende Verstärkung (der Rapper wird für seine Sprache verstärkt, indem er bei Konzerten Beifall bekommt, von Fans bewundert wird etc.), äußere Verstärkung (die Jugendlichen geben sich gegenseitig Anerkennung) und Selbstverstärkung (die Jugendlichen sind stolz auf sich, wenn sie so sprechen können wie der Rapper). Gegen diese massiven Motivationsprozesse kommen die Ermahnungen von Frau N. nicht an.

Modelllernen kann unterschiedliche **Funktionen** haben:
- *Neues Verhalten* kann gelernt werden.
- Verhalten kann *gehemmt oder enthemmt* werden, wenn das Modell für entsprechendes Verhalten belohnt oder bestraft wird.
- Verhalten kann *gebahnt* werden, wenn die Beobachtung des Modellverhaltens ein Auslöser dafür ist, dass ähnliches (nicht gleiches) Verhalten gezeigt wird.

Auf die Jugendlichen in unserem Beispiel treffen möglicherweise alle drei Funktionen zu: Sie haben neue Ausdrücke gelernt; Worte und Ausdrücke, die bereits in ihrem Reaktionsrepertoire vorhanden waren, wurden durch das Modell des Rappers enthemmt; angeregt durch das Modell des Rappers benutzen die Jugendlichen sprachliche Ausdrücke, die denen des Rappers ähneln, nicht aber mit ihnen identisch sind.

Modelllernen geschieht im Alltag oft *„nebenbei"* **und** *nicht bewusst,* **kann aber auch bewusst ablaufen.**

4.1.3 Die Wirkung situationsbezogener Kognitionen

Die Jugendlichen in unserem Beispiel durchlaufen einen weiteren Lernprozess, den sie gleichsam selbst erzeugen. Wenn Frau N. sie dazu bewegen will, an der Hausaufgabenunterstützung oder der Nachhilfe teilzunehmen, äußern sie unmittelbar auf diese Situationen bezogene Bewertungen und Erwartungen („Was soll das"; „Bringt doch nichts"..). Verschiedene Ansätze beschäftigen sich mit der Bedeutung dieser *situationsbezogenen Kognitionen* für den Lernprozess. Unser alltägliches Handeln ist ständig von situationsbezogenen Kognitionen begleitet. Sie treten blitzartig auf, laufen sehr schnell ab, stellen sich unfreiwillig ein und haben die Form kurzer Gedankenfetzen. Sie beinhalten Bewertungen und Interpretationen der Situation und Erwartungen über die weitere Entwicklung. In der kognitiven Verhaltenstherapie hat sich der Begriff *„Selbstverbalisationen"* für diese Kognitionen eingebürgert. Abb. 36 stellt dies schematisch dar.

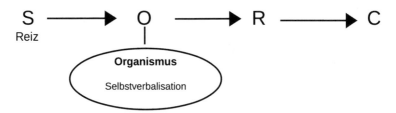

Abbildung 36: Die Bedeutung von Selbstverbalisationen im Lernprozess

Selbstverbalisationen als Selbstinstruktion. D. Meichenbaum (2012) ist einer der Forscher, die sich ausführlich mit dem Einfluss situationsbezogener Kognitionen auf das Verhalten von Menschen beschäftigt haben. Seine Aufmerksamkeit galt vor allem der *verhaltenssteuernden Funktion* von Selbstverbalisationen. Nach Meichenbaum steuern Menschen ihr Verhalten durch selbst erzeugte Instruktionen. In Anlehnung an die Erklärungsmodelle russischer Entwicklungspsychologen geht Meichenbaum davon aus, dass diese selbst erzeugten Instruktionen im Verlauf der kindlichen Entwicklung entstehen. Kinder hören von Beginn an Instruktionen der sie betreuenden Erwachsenen, mit denen diese das Verhalten der Kinder steuern (z.B. beim Füttern: „Noch mal Mund auf, runterschlucken, ja prima." beim Spazierengehen: „Weiterlaufen"..."Lass es fallen, dass ist schmutzig", „Nein, das ist gefährlich!"...). Sobald sie in der Lage sind zu sprechen, übernehmen die Kinder diese Instruktionen und sprechen sie laut aus, wobei sie sie mit der Zeit auch variieren. Die Steuerung des Verhaltens geht dadurch zunehmend vom Erwachsenen auf das Kind über. Nach und nach werden die selbst gegebenen Instruktionen nicht mehr laut ausgesprochen, sondern immer mehr „internalisiert", d.h. sie existieren als innere Instruktionen und Bewertungen im Kopf. Meichenbaum nennt diese inneren Instruktionen Selbstverbalisationen.

Je besser ein Verhalten automatisiert ist, desto weniger ist sich eine Person ihrer Selbstverbalisationen bewusst. Kommt es zu Unterbrechungen im Verhaltensablauf oder ist ein Verhalten besonders schwierig auszuführen, werden die Selbstverbalisationen oft auch bei Erwachsenen wieder „externalisiert". Auch wenn Personen, wie in unserem Beispiel, zu einem bestimmten Verhalten aufgefordert werden, kann dies die Externalisierung von Selbstverbalisationen auslösen („Was soll das", „Bringt doch nichts"..).

Selbstverbalisationen können *funktional* bzw. hilfreich sein, wenn sie die Ausführung eines bestimmten Verhaltens unterstützen oder *dysfunktional* bzw. schädlich, wenn sie die Person an der Ausführung des Verhaltens hindern. In unserem Beispiel machen ihre Selbstverbalisationen es den Jugendlichen nicht nur schwer, an den von Frau N. vorgeschlagenen Maßnahmen teilzunehmen. Sie hindern sie möglicherweise auch daran, sich generell mit Schulangelegenheiten intensiver zu beschäftigen.

4.1 Kognitive Ansätze zur Beschreibung und Erklärung von Lernprozessen

Selbstverbalisationen und Gefühle. Andere Autoren weisen darauf hin, dass Selbstverbalisationen auch die Gefühle der betreffenden Person beeinflussen. A. Ellis und A. Beck (vgl. Urban 2011, Kap. 8) gehörten zu den ersten kognitiven Lerntheoretikern, die sich für den Einfluss der Selbstverbalisationen auf die Gefühle von Personen interessierten. Sie betonen, dass sich Personen mit Hilfe von Selbstverbalisationen nicht nur instruieren, sie bewerten auch die betreffende Situation und ordnen diese ein. Solche Bewertungen beruhen nach Ellis und Beck auf allgemeinen Annahmen und Schemata. Wenn diese Annahmen und Schemata irrational oder fehlerhaft sind, führen sie zu negativen Selbstverbalisationen. Daraus entstehen negative Gefühle und in der Folge psychische Probleme. Man kann dies gut am Beispiel der A-B-C-Theorie der Persönlichkeit von A. Ellis (2006) verdeutlichen.

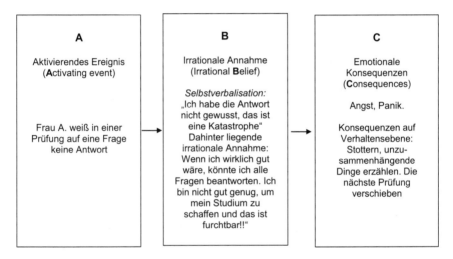

Abbildung 37: A-B-C-Theorie der Persönlichkeit nach A. Ellis (2006)

Angeregt durch Forschungsergebnisse aus anderen Bereichen der Psychologie wurde der Ansatz von Beck und Ellis in der Folgezeit erweitert und man fand vielfältige Belege für den Zusammenhang zwischen Selbstverbalisationen und Gefühlen. Situationsbezogene Kognitionen (Selbstverbalisationen) beeinflussen nach diesen Erkenntnissen die Gefühle und über die Gefühle das Verhalten einer Person.

Kapitel 4: Menschen sind lernende Wesen mit einem komplexen Innenleben

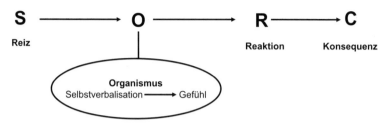

Abbildung 38: Selbstverbalisationen beeinflussen Gefühle und über diese das Verhalten

4.2 Ein vereinfachtes kognitives Lernmodell

Pfingsten (2007) fasste die Forschung zur Bedeutung von Kognitionen im Lernprozess in einem vereinfachten kognitiven Lernmodell zusammen.

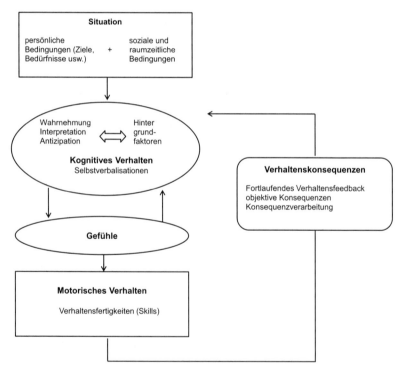

Abbildung 39: Vereinfachtes kognitives Lernmodell (in Anlehnung an Pfingsten 2007, S. 13; vgl. Hinsch & Wittmann 2003)

4.2 Ein vereinfachtes kognitives Lernmodell

Situation. Eine Person befindet sich in einer bestimmten Situation. In unserem Beispiel ist es die Aufforderung, an den Unterstützungsmaßnahmen für die Schule teilzunehmen. Die Situation wird von den *persönlichen Bedingungen* der lernenden Personen beeinflusst, z.b. deren Bedürfnissen, Zielen oder Vorerfahrungen. Die Jugendlichen in unserem Beispiel erleben die Situation „Aufforderung an Unterstützungsmaßnahmen teilzunehmen" vor dem Hintergrund ihrer jahrelangen Vorerfahrungen mit der Schule (z.b. dauerhaft schlechte Noten, Konflikte mit Lehrern usw.). Auch die *raumzeitlichen Bedingungen* prägen die Situation. In unserem Beispiel finden die Unterstützungsmaßnahmen außerhalb der Schule im Jugendtreff statt, den die Jugendlichen möglicherweise mit „Freizeit", aber nicht mit „Schule" verbinden. Das Verhalten der Sozialpädagogin als *soziale Bedingung* ist ebenfalls von Bedeutung. Abhängig von dem Ton, in dem sie die Jugendlichen auffordert, an den Maßnahmen teilzunehmen werden diese die Situation mehr oder weniger positiv wahrnehmen.

Kognitives Verhalten *(Selbstverbalisationen).* Die Person reagiert auf die Situation mit „kognitivem Verhalten", also Selbstverbalisationen. Die Selbstverbalisationen der Jugendlichen beinhalten in knapper Form *Wahrnehmung/Interpretation* („was soll das") als auch *Antizipation* („bringt doch sowieso nichts"). Sie werden möglicherweise durch allgemeine Annahmen beeinflusst, die im Hintergrund stehen und den Jugendlichen nicht bewusst sind („Wenn man einmal schlecht in der Schule ist, bleibt es so").

Gefühle. Hilfreiche bzw. wenig hilfreiche Selbstverbalisationen ziehen angenehme bzw. unangenehme Gefühle nach sich. Man kann sich gut vorstellen, dass die „negativen" Selbstverbalisationen der Jugendlichen Gefühle wie Resignation und Hilflosigkeit, vielleicht auch Ärger zur Folge haben. Gefühle und Selbstverbalisationen beeinflussen sich oft gegenseitig. Ein Jugendlicher sagt sich „Bringt doch nichts" und fühlt sich schlecht, dann schießt ihm durch den Kopf „Wieso kommt sie immer wieder damit an" und er ärgert sich usw.

Verhalten. Die Kombination aus Selbstverbalisationen und Gefühlen führt zu einem bestimmten Verhalten. In unserem Fall nehmen die Jugendlichen nur unter Protest an den Unterstützungsmaßnahmen teil.

Verhaltenskonsequenzen. Verhaltenskonsequenzen können sich auf unterschiedlichen Ebenen abspielen. *Fortlaufendes Verhaltensfeedback* spielt vor allem dann eine Rolle, wenn eine Person ein komplexes Verhalten ausführen muss. Würden die Jugendlichen beispielsweise doch einmal an der Unterstützungsmaßnahme teilnehmen und eine Aufgabe nicht lösen können, würden sie sich fortlaufend negatives Verhaltensfeedback geben („Mir fällt nichts ein", „Ich finde die Lösung nicht", „Das ist schon wieder falsch!"). Am Schluss erhalten die Jugendlichen in diesem Fall für ihre Teilnahme an der Unterstützungsmaßnahme *objektiv* negative *Konsequenzen:* Die Aufgabe bleibt ungelöst, d.h. die Jugendlichen erleben einen Misserfolg. Dagegen sind die Verstärker für „nicht an Unterstützungsmaßnahmen teilnehmen" höchstwahrscheinlich positiv, weil die

Kapitel 4: Menschen sind lernende Wesen mit einem komplexen Innenleben

Jugendlichen angenehme Aktivitäten wie Videos gucken, Computerspiele machen etc. durchführen können. Die *Konsequenzverarbeitung* findet auf der Ebene der Selbstverbalisationen statt. Sie wird bei den Jugendlichen lauten: „Ich wusste doch, es bringt nichts..." o.ä.
Die so erzeugten Selbstverbalisationen beeinflussen im weiteren Verlauf wieder die Gefühle, diese das Verhalten usw. In unserem Beispiel haben die Jugendlichen im Verlauf eines solchen Prozesses gelernt, die schulunterstützenden Maßnahmen möglichst zu vermeiden.

> Menschen befinden sich im Alltag in einem *ständigen Verhaltensfluss*. Sie sind mit Situationen konfrontiert, reagieren mit Selbstverbalisationen, Gefühlen und konkretem Verhalten, erfahren Konsequenzen, diese beeinflussen wiederum ihre Selbstverbalisationen etc. Man kann sich das Modell von Pfingsten wie eine *Momentaufnahme* aus einem fortlaufenden Prozess vorstellen. Dieser Prozess ist der agierenden Person in der Regel nur in Bruchstücken bewusst.

4.3 Zusammenfassung

Hier sehen Sie noch einmal einen Überblick über die Inhalte dieses Kapitels.

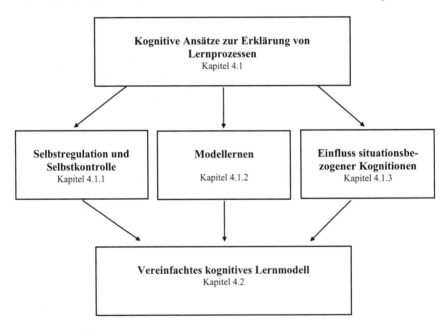

Abbildung 40: Überblick über die Inhalte von Kapitel 4

4.3 Zusammenfassung

Fragen

1. Bei welcher der folgenden Verhaltensweisen handelt es sich um eine *kontrollierende Reaktion*?
   (a) Frau Müller möchte abnehmen. Ihr werden Pralinen angeboten. Sie isst sehr gerne Pralinen. Frau Müller lehnt die Pralinen ab.
   (b) Herr Meier ist Nichtraucher. Ihm wird eine Zigarette angeboten. Er lehnt die Zigarette ab.
   (c) Eigentlich würde Herr T. gerne seinen Feierabend genießen und sich ausruhen. Stattdessen putzt er die Wohnung.
   (d) Peter würde gerne mit seinen Freunden Fußball spielen. Seine Mutter überredet ihn, erst die Hausaufgaben zu machen.
2. Betrachten Sie die Karikatur. Was sagt sie über *Modelllernen* aus?

   (a) Sie hat mit Modelllernen nichts zu tun.
   (b) Beim Modelllernen wird immer exakt das Verhalten des Modells nachgeahmt.
   (c) Beim Modelllernen wird das beobachtete Verhalten in die eigene kognitive Struktur integriert.
   (d) Modelllernen hat nichts mit Kognitionen zu tun.
   (e) Beim Modelllernen muss immer auch eine Instruktion erfolgen.

3. Was versteht man unter *Selbstverbalisationen*?
   (a) Kurze Gedankenschnipsel, die oft nicht bewusst sind. Sie dienen als Selbstinstruktion, beinhalten Erwartungen und Bewertungen und beeinflussen die Gefühle einer Person.
   (b) Bewusste Instruktionen, die sich Personen geben, damit sie ein komplexes Verhalten besser durchführen können.
   (c) Irrationale Annahmen, die zu negativen Gefühlen und psychischen Problemen führen.
   (d) Situationsbezogene Kognitionen zur Wahrnehmung und Antizipation des weiteren Verlaufs einer Situation.

Literatur

Bandura, A. (1965). Influence of models' reinforcement contingencies on the acquisition of imitative responses. *Journal of Personality and Social Psychology, 1*(6), 58.

Bandura, A. (1976). *Lernen am Modell*. Stuttgart: Klett.

Ellis, A. (2006). *Training der Gefühle: Wie Sie sich hartnäckig weigern, unglücklich zu sein.* Heidelberg: mgv Verlag

Hinsch, R., & Wittmann, S. (2003). *Soziale Kompetenz kann man lernen.* **Beltz Weinheim.**

Kanfer, F. H., Reinecker, H., & Schmelzer, D. (2006). *Selbstmanagement-Therapie* (5., korrigierte und durchgesehene Auflage). Berlin, Heidelberg: Springer-Verlag.

Kreddig, N., & Karimi, Z. (2013). *Psychologie für Pflege- und Gesundheitsmanagement.* **Wiesbaden: Springer VS**

Meichenbaum, D. (2012). *Intervention bei Stress: Anwendung und Wirkung des Stressimpfungstrainings* (3. Auflage). Bern: Huber.

Pfingsten, U. (2007). Ein Erklärungsmodell sozialer Kompetenzen und Kompetenzprobleme. In R. Hinsch & U. Pfingsten (Hrsg.), *Gruppentraining Sozialer Kompetenzen GSK (5. Aufl.)* (S. 12-72). Weinheim, Basel: Beltz PVU.

Urban, A. (2011). *Psychotherapie für Dummies.* **Weinheim: John Wiley & Sons.**

Kapitel 5: Menschen verändern sich im Verlauf ihres Lebens – Kindheit (Entwicklungspsychologie 1)

Das Verhalten und das Erleben von Menschen verändern sich im Verlauf ihres Lebens, d.h. Menschen entwickeln sich. In diesem Kapitel erfahren Sie, mit welchen Denkmodellen die Entwicklungspsychologie arbeitet. Das Kapitel beschäftigt sich darüber hinaus mit der Entwicklung vom Säuglingsalter bis zum Ende der Kindheit im Alter von etwa 12 Jahren. Aus sozialpädagogischer Sicht ist die soziale Entwicklung in dieser Altersphase besonders wichtig.

5.1 Womit beschäftigt sich die Entwicklungspsychologie?

Wir nehmen es im Alltag als selbstverständlich hin, dass sich Kinder von Erwachsenen und Kinder verschiedener Altersstufen voneinander unterscheiden. Wir „wissen", dass sich Eineinhalbjährige in der Regel nicht in ganzen Sätzen verständigen können, Fünfjährige dagegen schon; dass 8 Jährige Schwierigkeiten haben, Ironie zu verstehen, 18 Jährige dagegen nicht; dass junge Menschen eher bereit sind, Risiken auf sich zu nehmen als alte Menschen etc. Für die die Entwicklungspsychologie sind solche Unterschiede der Anlass, genauer hinzusehen.

> Die Entwicklungspsychologie beschäftigt sich mit dauerhaften *Veränderungen des Erlebens und Verhaltens* beim Menschen. Ihr Interesse konzentriert sich auf *Veränderungen*, die eine Person im Verlauf ihres Lebens durchmacht. Sie nennt diese Veränderungen *Entwicklung*.

Man spricht allerdings nur dann von Entwicklung, wenn diese Veränderungen einen *inneren Zusammenhang* aufweisen. Vorübergehende Veränderungen, Veränderungen durch abrupt auftretende Ereignisse (z.B. Unfälle) oder Veränderungen aufgrund von Erfahrungen werden nicht als Entwicklung bezeichnet (Pinquart u.a. 2011).

Im folgenden sehen Sie drei verschiedene Beispiele für entwicklungspsychologische Forschung (Abbildung 41-43).

Kapitel 5: Menschen verändern sich im Verlauf ihres Lebens – Kindheit

Tillmann u.a. (1999) untersuchten in einer breit angelegten Studie an 3540 Schülern verschiedener Klassenstufen das Ausmaß gewalttätigen Verhaltens von Kindern und Jugendlichen in der Schule. Unter anderem wurden die Schüler gefragt, wie oft sie im letzten Jahr sich mit jemandem geprügelt, zusammen mit anderen jemanden verprügelt, jemanden mit gemeinen Ausdrücken beschimpft und den Lehrer absichtlich geärgert hatten. Die Antwortmöglichkeiten waren „gar nicht", „alle paar Monate", „mehrmals monatlich", „mehrmals wöchentlich", „fast täglich".

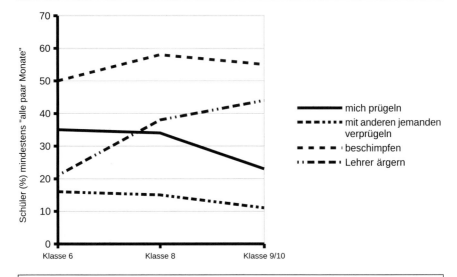

Die Grafik zeigt zusammengefasst die Antworten aller Schüler (in Prozenten), die mindestens „alle paar Monate" angekreuzt haben. Ausgeschlossen waren also die Schüler, die „gar nicht" angekreuzt haben. Die Mehrzahl der Schüler kreuzte „alle paar Monate" an.

Abbildung 41: Gewalttägiges Verhalten in der Schule in unterschiedlichen Klassenstufen (vgl. Tillmann u.a. 1999)

5.1 Womit beschäftigt sich die Entwicklungspsychologie?

Hess (2013) untersuchte in einem Längsschnitt die Fähigkeit von Kindern im Vorschul- und frühen Schulalter zur Perspektivenübernahme. Er untersuchte zwei Aspekte der Perspektivenübernahme: 1. Intentionale Perspektivenübernahme, d.h. die Fähigkeit, die Sichtweise eines Interaktionspartners angemessen einschätzen und bei den eigenen Handlungen berücksichtigen zu können und 2. emotionale Perspektivenübernahme, d.h. die Fähigkeit, die emotionale Situation des Interaktionspartners zu erschließen. Die folgenden Daten beziehen sich auf die Befragung der Kinder zu zwei Messzeitpunkten: Eineinhalb Jahre vor Schuleintritt (Welle 1), und kurz vor der Einschulung (Welle 2). Bei der ersten Befragung waren die Kinder im Durchschnitt 5,4 Jahre alt. Zwischen 108 und 113 Kinder (jeweils ca. 50% Jungen bzw. Mädchen) nahmen an der Befragung teil

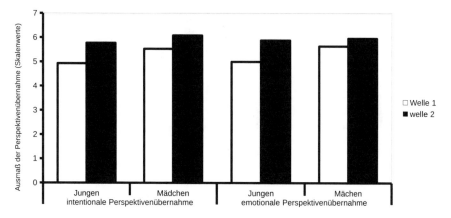

Beide Formen der Perspektivenübernahme stiegen von der ersten zur zweiten Welle signifikant an (1% Irrtumswahrscheinlichkeit). Die Unterschiede zwischen Jungen und Mädchen waren nur bei der ersten Welle bei der intentionalen Perspektivenübernahme signifikant (5% Irrtumswahrscheinlichkeit).

Abbildung 42: Veränderung der Fähigkeit zur Perspektivenübernahme vom Vorschul- zum Grundschulalter (vgl. Hess 2013)

Kapitel 5: Menschen verändern sich im Verlauf ihres Lebens – Kindheit

Keller (2009) beobachtete Kinder von Bauern in Kamerun und Kinder von Familien aus westdeutschen Großstädten und verglich das erstmalige Auftreten bestimmter Gefühle

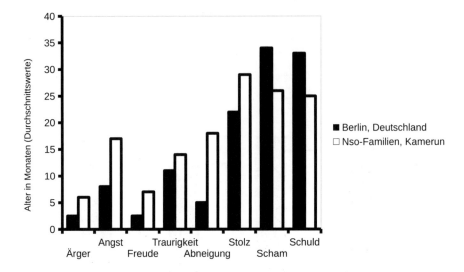

Sie fragte die Eltern außerdem nach ihren Erziehungszielen. Die Eltern konnten für jedes Erziehungsziel angeben, wie unwichtig (-6 bis -1) oder wichtig (0-6) sie es fanden. Das Ergebnis sah so aus:

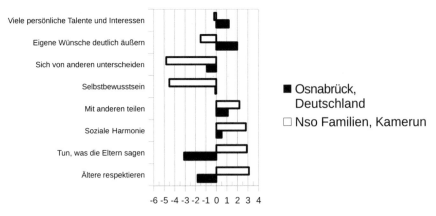

Abbildung 43: Erstes Auftreten von Gefühlen und die Erziehungsziele von Eltern in Deutschland und Kamerun (vgl. Keller 2009)

Diskutieren Sie in Ihrer Arbeitsgruppe: Was genau wollen die Autoren der drei Studien jeweils herausfinden? Worin unterscheiden sich die Studien?

5.1 Womit beschäftigt sich die Entwicklungspsychologie?

5.1.1 Fragestellungen und Forschungsmethoden

Wenn Sie die drei Beispiele anschauen, werden Sie feststellen, dass sie sich hinsichtlich dessen, was die Forscher wissen wollen, unterscheiden.

Beschreibung und **Vorhersage** von Entwicklungsverläufen. In den Anfängen der Entwicklungspsychologie war dies das zentrale Thema. Man versuchte, typische Verläufe zu beschreiben und Altersnormen für verschiedene Entwicklungsbereiche aufzustellen, z.b. wann im Durchschnitt bei der Entwicklung des Sprechens welche Fähigkeiten auftreten. Dabei zeigte sich, dass die Variationsbreite zwischen Kindern sehr groß ist. Heute verfolgt die Entwicklungspsychologie spezifischere Fragestellungen. Die Beispiele am Beginn dieses Kapitels zeigen dies.

Entwicklung eines Merkmals über einen **bestimmten Zeitraum**, Methode: *Querschnitt*. Im ersten Beispiel (Abb. 41) möchte man etwas über die Entwicklung körperlicher und verbaler Gewalt in der Schule zwischen der 6. und 10. Klasse wissen. Man hat den Schülern der verschiedenen Klassenstufen im Querschnitt entsprechende Fragen gestellt und schaut sich den Verlauf der Kurven für die einzelnen Fragen an. Unser Beispiel spricht dafür, dass das Ausmaß des „Prügelns" mit dem Alter abnimmt. Allerdings lässt eine Querschnittsuntersuchung nur begrenzte Aussagen über die tatsächliche Entwicklung zu. Wir wissen nicht sicher, ob nicht die 10. Klässler in der Untersuchung von Tillmann möglicherweise eine besonders friedliche Gruppe sind und deswegen niedrigere Werte haben als die 6. und 8. Klässler. Verlässlichere Auskunft bekommt man durch Längsschnittuntersuchungen.

Stabilität oder **Veränderung** eines Merkmals über einen bestimmten Zeitraum, Methode: *Längsschnitt*. In der zweiten Untersuchung (Abb. 42) hat man deshalb eine Längsschnittuntersuchung gewählt. Man möchte wissen, ob die Fähigkeit der Kinder, sich in die Sichtweise einer anderen Person hineinzudenken vom Vorschul- zum Grundschulalter zunimmt. Zu diesem Zweck hat man die *gleichen* Kinder innerhalb von 1,5 Jahren zweimal befragt. Mit dieser Methode kann man zuverlässig Auskunft bekommen, ob und wie sich ein Merkmal im Laufe des Lebens oder eines Lebensabschnitts verändert. Die Grafik spricht dafür, dass die Fähigkeit zur Perspektivenübernahme zunimmt.

Unterschiede in der Entwicklung von Merkmalen. Methode: *Vergleich*. In der dritten Untersuchung (Abb. 43) möchte man wissen, ob Säuglinge in Kamerun und in westdeutschen Städten zum gleichen Zeitpunkt erstmals bestimmte Emotionen zeigen. Zu diesem Zweck wurden Kinder unterschiedlichen Alters in beiden Kulturen beobachtet, um den Zeitpunkt des ersten Auftretens der die Forscher interessierenden Gefühle festzustellen. Anschließend hat man die Kinder aus beiden Kulturen miteinander verglichen. Die Grafik spricht dafür, dass es deutliche Unterschiede zwischen den Kindern beider Kulturen gibt.

Einflüsse auf und **Erklärung** von Entwicklungsverläufen. Methode: *Erhebung möglicher Einflussfaktoren* Man möchte wissen, ob es Faktoren gibt, die den Entwicklungsverlauf beeinflussen. In unserem Beispiel (Abb. 43) interessiert man sich dafür, ob die Erziehungsziele der Eltern ein möglicher Einflussfaktor für die unterschiedliche Entwicklung im Bereich der Gefühle sind. Wie die Abbildung zeigt, unterscheiden sich die Erziehungsziele der Eltern der beiden Kulturen tatsächlich. In weiteren Auswertungsschritten müsste man herausfinden, wie eng der Zusammenhang zwischen Erziehungszielen und Gefühlsentwicklung ist.

5.1.2 Denkansätze und Annahmen

Im Alltag argumentieren Menschen oft mit entwicklungspsychologischen Annahmen und Denkansätzen. Dies ist der Fall, wenn sie davon ausgehen, dass es so etwas wie eine „normale" Entwicklung gibt, wenn die Meinung vertreten wird, frühe Erfahrungen seien besonders ausschlaggebend für den weiteren Lebenslauf oder wenn Vermutungen über die Erblichkeit bestimmter Erlebens- und Verhaltensweisen angestellt werden.

Die Geschichte der Entwicklungspsychologie kennt ebenfalls viele solcher Denkansätze und Annahmen. Denkansätze und Annahmen, die für die heutige Entwicklungspsychologie besonders wichtig sind, werden im Folgenden vorgestellt.

Entwicklung als **lebenslanger Prozess**. Die frühe Entwicklungspsychologie ging davon aus, mit dem Eintritt ins Erwachsenenalter sei die Entwicklung des Menschen abgeschlossen und beschäftigte sich nur mit Veränderungen im Kindes- und Jugendalter. Heute sieht man Entwicklung als lebenslangen Prozess an und untersucht auch Veränderungsprozesse bei Erwachsenen bis ins hohe Alter. Deswegen informiert das 6. Kapitel über wichtige Entwicklungsaspekte im mittleren und späten Erwachsenenalter.

Gerichtetheit von Veränderungen im Entwicklungsverlauf. Die Frage, worauf hin sich Entwicklung ausrichtet, wird heute anders beantwortet als in früheren Phasen der Entwicklungspsychologie. Während man früher Entwicklung nur als Veränderung in Richtung auf „bessere" Zustände sah, gehen die meisten Entwicklungspsychologen heute davon aus, dass Entwicklungen in beide Richtungen verlaufen, also sowohl günstige als auch ungünstige Entwicklungen möglich sind. Die Schüler in Abb. 41 prügeln sich zwar mit zunehmendem Alter weniger, gleichzeitig ärgern sie aber ihre Lehrer mehr.

Quantitative oder qualitative Veränderungen. Man hat sich lange gestritten, ob Entwicklung in Stufen verläuft, wobei mit jeder Stufe ein qualitativ neues Stadium erreicht wird, oder ob sie kontinuierlich stattfindet, sich also Verhalten und Erleben nur quantitativ verändern. Heute geht man davon aus, dass beide Aspekte bei der Entwicklung eine Rolle spielen. Abb. 42 ist ein Bespiel für quantitative Veränderungen: Die Fähigkeit zur Perspektivenübernahme nimmt vom Vorschul- zum Grundschulalter zu. In Abb. 43 findet man eine qualitative Veränderung: Das Gefühlspektrum der der deutschen Säuglinge unterscheidet sich zu verschiedenen Zeitpunkten in seiner Qualität (der Art der Gefühle) von dem der Säuglinge in Kamerun.

5.1 Womit beschäftigt sich die Entwicklungspsychologie?

Reversible oder **irreversible** Veränderungen. Stufentheorien der Entwicklung nehmen in der Regel an, dass eine einmal eingeschlagene Entwicklung nicht umkehrbar ist. Ein „Zurückfallen" auf ein früheres Stadium ist danach ausgeschlossen. Die Forschung hat ergeben, dass dies nur auf einen Teil der Entwicklungsprozesse zutrifft, z.B. auf die Entwicklung des Laufens. In anderen Bereichen lassen sich durchaus Veränderungen beobachten, die sich wieder zurückbilden. So äußern Säuglinge in den ersten Monaten auch Laute, die es in ihrer Muttersprache nicht gibt. Gegen Ende des ersten Lebensjahrs, verschwinden diese Laute wieder und die Kinder äußern nur noch Laute, die in ihrer Muttersprache eine Bedeutung haben (Pinquart u.a. 2011). Dies zeigt außerdem: Die Umwelt beeinflusst die Entwicklung von Menschen in starkem Maße. Diese Beeinflussbarkeit nennt man auch *Plastizität*. Abb. 43 ist ein Beispiel für den Einfluss der Umwelt.

Universelle und/oder **differenzielle** Entwicklungsprozesse. Zu Beginn interessierte sich die Entwicklungspsychologie vor allem für universelle Veränderungen, d.h. Veränderungen, die für alle Menschen gelten. Mittlerweile beschäftigt man sich stärker mit differenziellen Veränderungen. Man möchte wissen, ob es Unterschiede in der Entwicklung zwischen Personen oder Personengruppen gibt. Abb. 42 und Abb. 43 zeigen Beispiele für die Untersuchung differenzieller Entwicklungen: In Abb. 42 wird über den Unterschied zwischen Mädchen und Jungen berichtet und in Abb. 43 fragt man, ob Kinder unterschiedlicher Kulturen sich im emotionalen Bereich unterschiedlich entwickeln.

Der Einfluss von **Anlage** und **Umwelt**. Menschen sind biologische Wesen. Es ist daher selbstverständlich, dass sowohl genetische Veranlagungen als auch Umwelteinflüsse bei der Entwicklung eine Rolle spielen. Heute weiß man, dass genetische Einflüsse eine ziemlich komplexe Angelegenheit sind. Die Merkmale, an denen die Entwicklungspsychologie interessiert ist, wie Gefühle, Denken oder bestimmte Verhaltensweisen, werden in aller Regel nicht durch ein einzelnes Gen, sondern durch mehrere Gene beeinflusst. Diese Gene können unabhängig voneinander wirken oder sich gegenseitig beeinflussen. Außerdem wirken sie oft mit der Umwelt zusammen oder werden sogar erst im Zusammenspiel mit spezifischen Umweltbedingungen wirksam.

> Es gibt Angaben über den geschätzten Erblichkeitsanteil eines Merkmals, die manchmal auch in den Medien auftauchen. Bei der Intelligenz soll er z.B. bei 35% bis 50% liegen. Letzten Endes kann man damit in der Praxis nicht allzuviel anfangen, da dies eine statistische Aussage ist, die den durchschnittlichen Anteil in großen Gruppen beschreibt. Sie macht keinerlei Aussagen über Einzelpersonen. Man kann also nie wissen, inwieweit das Erleben und Verhalten einer einzelnen Person auf Anlagen oder Umwelteinflüssen beruht!

5.2 Prinzipien und Prozesse der Entwicklung während der Kindheit: Soziale Entwicklung

Überlegen Sie: Was könnten die Beispiele entwicklungspsychologischer Forschung vom Beginn dieses Kapitels mit sozialer Entwicklung zu tun haben?

> Unter sozialer Entwicklung versteht man die *Veränderungen, die bei einer Person im Umgang und im Verhältnis zu anderen Personen* im Verlauf ihres Lebens stattfinden.

Zu diesen Veränderungen gehört nicht nur das beobachtbare *Verhalten*, sondern auch die damit verbundenen *Emotionen* und *Kognitionen*. Auch die *Persönlichkeit* der Kinder beeinflusst die Entwicklung im Umgang mit anderen. Es spricht alles dafür, dass Menschen bereits als „soziale Wesen" auf die Welt kommen. Sie verfügen auf der Verhaltensebene über erste grundlegende Fähigkeiten zur Interaktion mit anderen (schreien, lächeln, Bewegung), sie können in Grenzen Gefühle ausdrücken, sie haben ein Bedürfnis nach Interaktion und es gibt auch Anfänge kognitiver Prozesse, die sie in die Lage versetzen mit anderen zu interagieren, etwa wenn schon junge Säuglinge „wissen", welcher Gesichtsausdruck zu welchem Gefühl gehört (Pinquart u.a. 2011, Kap. 8.2.1).

5.2.1 Emotionsprozesse als Grundlage sozialer Entwicklung

Emotionen sind das erste und grundlegende Mittel für den Austausch mit anderen Menschen. Schon junge Säuglinge haben die Fähigkeit, Gefühle auszudrücken und Gefühle anderer Personen wahrzunehmen (Papousek & Papousek 1999). Auch in späteren Altersphasen stellen Gefühle eine schnelle Verbindung zu anderen Personen her und diese reagieren meistens unmittelbar darauf. Gefühlsentwicklung und soziale Entwicklung sind daher eng verbunden. Die Entwicklung der Emotionsprozesse findet auf unterschiedlichen Ebenen statt.

Gefühle erleben. Neugeborene können von Geburt an zwischen angenehmen und unangenehmen Gefühlen unterscheiden und diese Gefühle auch zeigen. Bis zum Alter von drei bis sechs Monaten entwickeln Säuglinge dann grundlegende Emotionen wie Freude, Ärger, Traurigkeit, Angst, Überraschung und Interesse und drücken sie in ihrem Verhalten und ihrer Mimik unterschiedlich aus. Abb. 43 zeigt, dass je nach kulturellem Hintergrund diese grundlegenden Gefühle in etwas unterschiedlicher Reihenfolge und zu unterschiedlichen Zeitpunkten auftreten. Wenn die Kinder älter werden, differenzieren sich das Empfinden und der Ausdruck der Gefühle weiter aus. So zeigen die Kinder ab dem Alter von etwa 2 Jahren Gefühle, die nur möglich sind, wenn sich Kinder ihrer selbst bewusst sind und Reaktionen ihres sozialen Umfelds und soziale Verhaltensregeln kognitiv verarbeiten: Sie erleben erstmals auf die eigene Person und auf das soziale Umfeld bezogene Emotionen wie Stolz, Scham, Schuld, Neid oder Verlegenheit (Petermann & Wiedebusch 2001). Bis zum Ende der Kindheit setzt sich

5.2 Prinzipien und Prozesse der Entwicklung während der Kindheit

diese Entwicklung weiter fort. Die erlebten Gefühle werden komplexer und oft auch widersprüchlicher (z.B. Eifersucht). Gleichzeitig empfinden ältere Kinder ihre Gefühle weniger intensiv als jüngere Kinder.

Gefühle wahrnehmen und benennen. Um mit den Personen des Umfelds interagieren zu können, reicht es nicht aus, wenn Kinder differenzierte Gefühle empfinden und diesen Ausdruck verleihen können. Sie müssen auch in der Lage sein, die Gefühle anderer wahrzunehmen und angemessen darauf zu reagieren. Auch hier scheint es so etwas wie eine „erste Grundausstattung" der Säuglinge zu geben, die sich im weiteren Entwicklungsverlauf erweitert und ausdifferenziert. Schon mit ungefähr zehn Wochen reagieren Säuglinge deutlich unterschiedlich, je nachdem ob eine vertraute Person mit ihnen in trauriger, fröhlicher oder wütender Stimmung spricht. Mit 5 Monaten können sie traurige bzw. fröhliche Lautäußerungen anderer Babys entsprechenden Gesichtsausdrücken zuordnen und mit sieben Monaten „wissen" sie auch bei Erwachsenen, welcher Gesichtsausdruck zu welchem Gefühl gehört (Wüstenberg 2013). Die Fähigkeit, die Gefühle anderer Personen zu erkennen, steigt in der Folgezeit an und nimmt noch einmal einen deutlichen Aufschwung, wenn die Kinder anfangen zu sprechen. Äußerungen über innere Zustände nehmen zwischen 1,6 und 2,4 Jahren zu und werden zunehmend komplexer. Zwei- bis Dreijährige verfügen über erste Emotionswörter und können typische Emotionen bei anderen identifizieren, wobei ihre Fähigkeiten zunächst noch eingeschränkt sind. Sie erkennen negative Emotionen (Angst, Trauer, Ärger) schlechter als positive und ihr passives Gefühlswissen ist größer als ihr aktives: Es fällt ihnen leichter, Gefühle Bildern oder Worten zuzuordnen („Wer freut sich", „Wer fühlt sich so wie auf diesem Bild?") als sie selbst zu benennen. Bis zur späten Kindheit steigen beide Fähigkeiten deutlich an (Abb. 44). Parallel nimmt der Emotionswortschatz weiter zu: Bis zum 6. Lebensjahr differenziert er sich stärker aus und auch komplexe Emotionen wie Eifersucht können benannt werden. Danach erweitert sich der Wortschatz vor allem um Synonyme für vorhandene Gefühlswörter.

Kapitel 5: Menschen verändern sich im Verlauf ihres Lebens – Kindheit

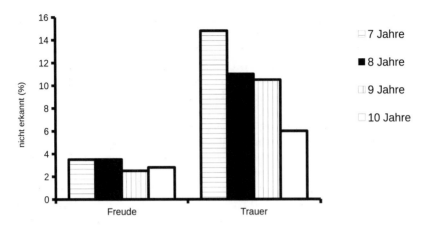

Altersunterschiede beim Benennen von Freude und Trauer auf Vorlagen (in Anlehnung an Pinquart u.a. 2011, Kap. 8.2.1, Abb. 25b)

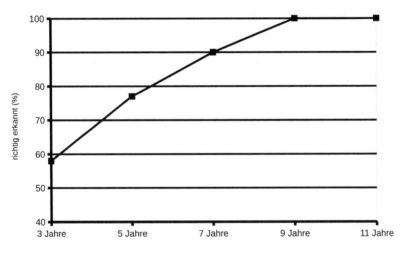

Die Entwicklung des Erkennens von Emotionen zwischen 3 und 11 Jahren (in Anlehnung an Pinquart u.a. 2011, Kap. 8.2.9 Abb.26)

Abbildung 44: Entwicklung der Fähigkeiten zum Benennen und zum Erkennen von Gefühlen

Gefühle ausdrücken und regulieren. Durch den Ausdruck ihrer Gefühle teilen Kinder ihren Interaktionspartnern etwas über ihren eigenen inneren Zustand mit. Die Interaktionspartner können sich dadurch auf das Kind einstellen und angemessen reagieren. Säuglinge drücken ihre Gefühle noch unmittelbar und di-

5.2 Prinzipien und Prozesse der Entwicklung während der Kindheit

rekt so heftig aus, wie sie sie erleben. Mit etwa drei Jahren beginnen die Kinder, zwischen ihrem inneren Erleben und dem Ausdruck eines Gefühls zu unterscheiden. Sie schwächen den Ausdruck eines Gefühls ab (z.b. wenn sie sich geärgert haben), verstärken ihn willentlich (z.b. den Ausdruck von Schmerz bei der Rangelei mit einem Geschwister) oder täuschen Gefühle vor, die sie nicht haben. Bis zum 6. Lebensjahr ist diese Fähigkeit voll entwickelt. Die Kinder orientieren sich dabei zunehmend an den interfamiliären und kulturellen Normen und Konventionen dafür, wann und in welcher Intensität man welche Gefühle zeigen darf oder soll (z.b. Freude, wenn man etwas geschenkt bekam).

Sie lernen aber nicht nur, den *Ausdruck* ihrer Gefühle zu beeinflussen. Sie regulieren auch die Intensität und Qualität, mit der sie ihre Gefühle *erleben* und die *Handlungsimpulse*, die durch diese Gefühle ausgelöst werden. Auch hier kann man erste Anfänge während der Säuglingszeit erkennen, wenn etwa 3-4 Monate alte Säuglinge sich von unangenehmen Reizen abwenden oder am Schnuller saugen, um sich zu beruhigen. Sobald sich die Kinder selbstständig bewegen können, haben sie die Möglichkeit, sich aktiv aus unangenehmen Situationen zurückzuziehen oder angenehme aufzusuchen. Trotzdem sind sie vor allem bei der Regulation ihrer negativen Gefühle noch sehr auf die Unterstützung ihrer Umwelt angewiesen. Klein-und Vorschulkinder werden mit der Zeit immer unabhängiger von dieser Unterstützung. Mit 6 Jahren verfügen Kinder bereits über ein großes Repertoire an Möglichkeiten, die eigenen Emotionen zu regulieren. Anfänglich benutzen sie hauptsächlich handlungsbezogene Strategien wie Unterstützung bei anderen Personen suchen, Rückzug aus der Situation, Veränderung der Aufmerksamkeit („Weggucken"). Je älter sie sind, umso wichtiger werden sprachliche Strategien wie Selbstgespräche, Selbstinstruktionen oder Neubewertung der Situation („Ist doch nicht so schlimm, wie ich gedacht habe") (v. Salisch 2000). Auch hier gibt es einen Unterschied zwischen passivem Wissen über angemessene Strategien und der Fähigkeit, Strategien aktiv einzusetzen. Schon ab dem Alter von 4 Jahren schätzen Kinder mehr kognitive als handlungsbezogene Regulationsstrategien als nützlich oder angemessen ein (Janke 2010), obwohl sie diese aktiv wenig nutzen. Insgesamt steigt die Zahl unterschiedlicher Regulationsstrategien an und die verwendeten Strategien passen immer besser zur jeweiligen Situation und zum erlebten Gefühl. Wie Abb. 45 zeigt, verändern sich Strategien zur Regulation von Emotionen über die Kindheit hinaus bis ins Jugendalter.

Kapitel 5: Menschen verändern sich im Verlauf ihres Lebens – Kindheit

v. Salisch & Vogelsang (2005) befragten Kindern zwischen 9 und 13 Jahren, wie sie ihre Gefühle regulieren würden, wenn sie wütend auf eine(n) gute(n) gleichgeschlechtliche(n) Freund(in) sind. Nach 5 Jahren wiederholten sie die Befragung.

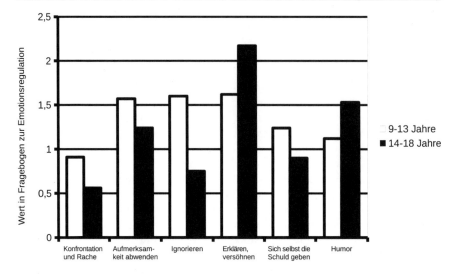

Abbildung 45: Veränderung der Strategien zur Regulierung von Wut/Ärger auf einen guten Freund (in Anlehnung an v. Salisch & Vogelsang 2005)

5.2.2 Soziale Kognitionen

Kognitionen beeinflussen nicht nur den Ablauf und die Entwicklung von Gefühlsprozessen, sondern auch das Verhalten von Kindern im Umgang mit anderen Personen. Für die soziale Entwicklung der Kinder sind zwei Kategorien von Kognitionen wichtig.

- Das Verständnis der Kinder dafür, dass Menschen mit Bedürfnissen, Gefühlen, Absichten, Meinungen etc. ausgestattet sind und dass die eigenen inneren Prozesse sich von denen anderer Personen unterscheiden können *(Theory of Mind)*
- Die Fähigkeit, sich emotional und kognitiv in die Situation einer anderen Person hineinzuversetzen *(Soziale Perspektivenübernahme)*

Unter *Theory of Mind* versteht man das Wissen darum, dass es bei anderen Personen psychische Prozesse gibt wie Denken, Überzeugungen, Fühlen, Planen oder Wünschen und die Fähigkeit, dieses Wissen in konkreten sozialen Situationen anzuwenden (Hauser 2011).

Erste Anfänge solcher Kognitionen finden sich bereits bei Säuglingen. Sie können schon im frühen Säuglingsalter zwischen sich und ihrer Umwelt unterschei-

5.2 Prinzipien und Prozesse der Entwicklung während der Kindheit

den und wissen z.B. ob sie selbst einen Ton erzeugt haben oder eine andere Person. Sie „wissen", dass Personen und Objekte nicht einfach verschwinden und dass Personen, nicht aber Objekte sich ohne äußeren Anstoß bewegen können. Mit etwa 6 Monaten verstehen sie, dass Tätigkeiten von bestimmten Zielen geleitet sind. Ab etwa einem Jahr schreiben sie anderen Menschen immer stärker Absichten und Wünsche zu. Dreijährige statten in ihren Fantasiespielen Personen mit Wünschen, Absichten und Bedürfnissen aus und wissen, dass Wünsche und Bedürfnisse verschiedener Personen sich oft unterscheiden. Sie verstehen den Zusammenhang zwischen Handlungsentscheidungen und Bedürfnissen und können die Handlungen anderer Personen vorhersagen, wenn sie deren Ziele und Wünsche kennen. Im Alter von etwa 4 Jahren findet dann die bedeutsame Weiterentwicklung zur Theory of Mind statt. Abb. 46 illustriert dies.

Maxi und die Schokolade. Ein Experiment von Wimmer und Perner (1983) nach Pinquart u.a. 2011, Kap. 4.2.2

Kindern zwischen 3 und 5 Jahren wurde die Geschichte von Maxi erzählt. Maxi kommt mit seiner Mutter vom Einkaufen und legt zuhause eine eingekaufte Schokolade in einen *grünen* Schrank. Während Maxi beim Spielen ist, räumt die Mutter die Schokolade in den *blauen* Schrank. Die Kinder sollen nun sagen, in welchem Schrank Maxi nach seiner Schokolade suchen wird, wenn er vom Spielen zurückkommt. Fast alle 3-Jährigen sagten, dass Maxi die Schokolade da suchen wird, wo sie tatsächlich war (im blauen Schrank), bei den 4-5 Jährigen antworteten je nach experimenteller Bedingung mehr als die Hälfte, dass Maxi im grünen Schrank suchen wird.

Abbildung 46: Experiment zur Entwicklung der Theory of Mind

Die Kinder verstehen nun, dass nicht nur Wünsche und Absichten, sondern auch *Überzeugungen* Handlungen anleiten, und das sogar, wenn sie falsch sind. Analog zum Vorgehen von Wissenschaftlern entwickeln sie *subjektive Theorien* über Menschen mit Annahmen darüber, was einen Menschen ausmacht, wie Menschen „funktionieren" etc. Die Theory of Mind entwickelt sich bis zur mittleren Kindheit weiter und wird vielfältiger und flexibler (Pinquart u.a. 2011).

Soziale Perspektivenübernahme bezeichnet die Fähigkeit von Kindern, sich in die Situation einer anderen Person zu versetzen und die Situation mit deren Augen zu sehen.

Man unterscheidet *affektive* Perspektivenübernahme, bei der sich die Kinder in die Situation der anderen Person *einfühlen* und *kognitive* oder *intentionale* Perspektivenübernahme, bei der sie die Situation anderer *kognitiv nachvollziehen* können.

Empathie oder affektive Perspektivenübernahme. Ähnlich wie die Wahrnehmung von Emotionen tritt die affektive Perspektivenübernahme früh auf. Gegen Ende des ersten Lebensjahres findet man erste Anzeichen für Empathie mit Per-

sonen, die unglücklich sind. Hoffmann (1990; zit. nach Jürgens 2014 b) beschreibt vier Phasen der Empathieentwicklung.
- *Globale Empathie:* Säuglinge reagieren auf die Gefühle anderer, als ob es ihre eigenen wären. Sie weinen z. B., wenn ein anderes Kind weint.
- *Egozentrische Empathie:* Kleinkinder im Alter von etwa einem Jahr beginnen zu erkennen, dass ihr unangenehmes Gefühl daher rührt, dass nicht sie selbst, sondern jemand anderes Schmerzen hat, in Gefahr ist etc.
- *Empathie für die Gefühle* anderer: Zwei- bis Dreijährige sind in der Lage, die Gefühle anderer nachzuempfinden, auch wenn sie sich von ihren eigenen unterscheiden. Sie verstehen, dass die Gefühle anderer Personen etwas mit deren Wahrnehmungen und Wünschen zu tun haben.
- *Empathie mit den Lebensbedingungen* anderer. Kinder in der späten Kindheit (etwa zehn Jahre) verstehen, dass Personen Gefühle nicht nur als Reaktion auf die aktuelle Situation, sondern auf ihre Lebensbedingungen erleben (z. B. bei chronischer Krankheit) und können dies nachempfinden. (Hoffmann 1990 zit. nach Jürgens 2014b, S. 25; vgl. Kienbaum 2014)

Kognitive Perspektivenübernahme. Selman (zit. nach Jürgens 2014b) hat mit seinem Phasenmodell der kognitiven Perspektivenübernahme die Forschung zu diesem Thema nachhaltig geprägt. Er beschreibt die Entwicklung der kognitiven Perspektivenübernahme in fünf Phasen.
- Auf **Level 0** (3–5 Jahre) fangen Kinder an, zwischen der eigenen und der *Sichtweise* anderer zu *trennen*. Sie können erkennen, dass andere Personen andere Motive, Interessen, Gefühle und Vorlieben haben als sie selbst. Sie gehen allerdings davon aus, dass ihre eigenen Motive und Bedürfnisse und die anderer Personen sich gleichen, wenn sie sich in identischen Situationen befinden.
- Auf **Level 1** (6–8 Jahre) erkennen die Kinder, dass jede Person eine *einzigartige Sichtweise* der Welt hat und daher die Sicht auf die gleiche Situation bei verschiedenen Personen unterschiedlich sein kann.
- Auf **Level 2** (8–10 Jahre) erweitert sich diese Fähigkeit zur Perspektivenübernahme. Die Kinder verstehen nun, dass ihr *Gegenüber* genau das Gleiche tut wie sie selbst: Er nimmt ihre Einstellungen, Gefühle und Motive als von seinen eigenen verschieden wahr.
- Auf **Level 3** (11–13 Jahre) verstehen die Kinder, dass sie selbst und die andere Person *gleichzeitig* den eigenen und den Standpunkt des anderen berücksichtigen.
- Auf **Level 4** (Jugendliche) erweitert und differenziert sich dieses Verständnis. Die Jugendlichen können „*von außen*" auf sich und die andere Person blicken. Sie sehen beide Akteure als komplexe psychische Systeme mit Wünschen, Einstellungen, Gefühlen etc. Ihnen ist klar, dass die gegenseitige Wahrnehmung und das Verständnis füreinander je nach Bezugsgruppe

(Freunde, Familienmitglieder etc.) unterschiedlich aussehen können. (Jürgens 2014b, S. 25)

5.2.3 Soziales Verhalten

Das *Verhalten* der Kinder anderen gegenüber wird im Laufe der Zeit differenzierter und sie können es genauer auf die andere Person und die Situation abstimmen. Außerdem macht es sich bemerkbar, dass die Kinder ihre Gefühle immer besser regulieren können. Besonders deutlich wird dies im Umgang mit Gleichaltrigen und Freunden, im Verhalten der Kinder bei Konflikten und beim prosozialen Verhalten.

Gleichaltrige. Gleichaltrige haben schon für Säuglinge eine große Anziehungskraft. Sie verhalten sich zunächst noch relativ undifferenziert und einseitig. Sie schauen zum anderen Kind hin, machen Geräusche, bewegen sich stärker oder berühren es. 1- Jährige beginnen schon damit, sich in ihrem Verhalten auf das andere Kind einzustellen, etwa wenn sie ihm ein Spielzeug reichen. Bei 1-2Jährigen kann man beobachten, dass sie keineswegs nur nebeneinander her spielen, wie man lange dachte, sondern sich bereits aufeinander abstimmen. Dies geschieht sehr oft durch Nachahmung (Wüstenberg 2013; Abb. 47).

Zwei Einjährige spielen mit Holzautos, die man hinter sich herziehen kann. Zunächst schiebt jedes Kind für sich das Auto am Boden hin und her. Dann steht eins der Kinder auf und zieht das Auto hinter sich her. Dabei läuft es mehrmals am anderen Kind vorbei und schaut es an. Das andere Kind lacht, steht auf und zieht sein Auto ebenfalls hinter sich her. Nun ziehen beide die Autos hinter sich her. Dabei vergewissern sie sich mit Blicken, ob der andere noch mitmacht.

Abbildung 47: Gemeinsames Spiel durch Nachahmung bei jungen Kleinkindern.

Kindergartenkinder können ihr Verhalten auch in komplexeren Situationen gut koordinieren. Dies zeigen die ab dem 2. Lebensjahr weit verbreiteten Rollenspiele. Die Kinder müssen sich in ihrem Verhalten in den verschiedenen Rollen (z.B. Vater, Mutter) und Szenarios (z.B. Abendessen) aufeinander einstellen. Je älter die Kinder werden, umso häufiger sind auch Gedanken und Gefühle der gespielten Figuren Gegenstand des Rollenspiels (z.B. das „Kind" muss ins Krankenhaus und hat Angst). Die beteiligten Kinder müssen diese verstehen und angemessen darauf reagieren (Jürgens 2014a). Bis zum Schulalter werden die Kinder immer geschickter im Umgang mit anderen. Ihre Spiele erfordern nun oft sehr differenzierte Abstimmungsprozesse, etwa wenn komplizierte Regeln befolgt werden müssen oder unterschiedliche Funktionen zu verteilen und auszuüben sind (z.B. Anführer, Spezialist, Schiedsrichter etc.). Mit dem Schulalter steigt die Zahl der Gleichaltrigen, denen die Kinder begegnen, deutlich an. Es entstehen hierarchisch organisierte Gruppen mit oft impliziten Regeln und Normen. Die meisten Kinder haben ein starkes Bedürfnis, zu einer dieser Gruppen zu gehören und es erfordert zusätzliche Fähigkeiten zur Regulation des eigenen

Verhaltens im Umgang mit anderen, um sich in diesen Gruppen bewegen zu können (Pinquart u.a. 2011; Schmidt-Denter 2005).

Freunde. Erste Formen von Freundschaft kann man schon bei Kleinkindern beobachten. Sie suchen die gegenseitige Nähe, spielen öfter miteinander als mit anderen Kindern und fühlen sich offensichtlich in der Gegenwart des anderen Kindes besonders wohl. Die Freundschaften der Kindergarten- und Vorschulkinder sind von gemeinsamen Aktivitäten geprägt. Kinder im Alter von 8-9 Jahren unterscheiden deutlich zwischen guten Freunden und Spielkameraden. Gute Freunde sind für sie Personen, mit denen sie viel Spaß haben und die ihnen bei Bedarf auch helfen (Traub 2008). Bis zur späten Kindheit hin nimmt die Zahl der Freunde etwas ab und die Inhalte der Freundschaften ändern sich. Neben gemeinsamen Aktivitäten werden nicht nur gegenseitige Unterstützung, sondern auch das Verständnis füreinander immer wichtiger (Schmidt-Denter 2005).

Konflikte. Kindergartenkinder haben noch große Schwierigkeiten, ihre Gefühle zu regulieren. Auch ihre sprachlichen Möglichkeiten sind zunächst noch unzureichend und ihre Fähigkeit zur Perspektivenübernahme ist begrenzt. Aus diesem Grund gibt es in dieser Altersphase zahlreiche Streitigkeiten zwischen den Kindern, die oft auch körperlich ausgetragen werden. Vom Beginn des Schulalters an bis in die Jugendzeit nimmt die Zahl der Konflikte ab und sie werden auch anders gelöst. Das Beispiel in Abb. 41 zeigt, was auch andere Untersuchungen ergaben: körperliche Auseinandersetzungen werden weniger, verbale Strategien nehmen zu.

Prosoziales Verhalten. Sehr junge Kinder fühlen nicht nur mit anderen mit, sie beginnen auch etwa im Alter von einem Jahr andere zu trösten. Auch andere prosoziale Verhaltensweisen wie z.B. etwas für andere holen, Dinge teilen und verschenken treten früh auf (Kappeler & Simoni 2009). Kleinkinder teilen und verschenken vor allem, wenn sie dazu aufgefordert werden. Schulkinder verhalten sich sehr viel häufiger und meistens aus eigenem Antrieb prosozial. Am Ende der Kindheit ist das prosoziale Verhalten der Kinder sehr vielfältig, intrinsisch motiviert und gut auf den jeweiligen Anlass abgestimmt (Ulich u.a. 2001; Schmidt-Denter 2005).

5.2.4 Die Bedeutung der Persönlichkeit

Die Persönlichkeit der Kinder beeinflusst die Entwicklung ihres Umgangs mit anderen. Dies wird im Vorschul- und Schulalter bei drei Gruppen von Kindern besonders deutlich.

Schüchterne Kinder. Manche Kinder haben vom Kleinkind- bis ins frühe Schulalter in unvertrauten sozialen Situationen (z.B. wenn sie Kinder treffen, die sie nicht kennen) Schwierigkeiten. Sie sind schweigsam, zurückhaltend und trauen sich nicht, auf andere zuzugehen. In vertrauten sozialen Situationen ähnelt ihr Verhalten dagegen dem der anderen Kinder. Diese Kinder werden als *schüchterne* Kinder bezeichnet. Kennzeichnend für schüchterne Kinder ist ihre Angst vor unvertrauten sozialen Situationen. Sie haben grundsätzlich ausreichende soziale Fähigkeiten und mögen die Gesellschaft anderer Kinder. In unvertrauten sozialen Situationen ist ihre Angst aber so groß, dass sie ihre Fähigkeiten nicht zeigen können. Viele dieser Kinder lernen mit der Zeit, etwas von ihrer Zurückhaltung aufzugeben und ihre Schüchternheit vermindert sich.

Bewertungsschüchterne Kinder. Eine zweite Gruppe von Kindern bildet sich etwa ab dem Alter von 5 Jahren heraus. Diese Kinder sind nicht nur in unvertrauten, sondern in *allen* sozialen Situationen zurückhaltend und gehemmt. Kennzeichnend für diese Kinder ist nicht die Angst vor unvertrauten sozialen Situationen, sondern die *Befürchtung, von anderen negativ bewertet zu werden*. Sie werden daher als *bewertungsschüchtern* bezeichnet. Diese Befürchtung, negativ bewertet zu werden, tritt in allen sozialen Situationen auf und verleitet die Kinder dazu, soziale Situationen zu vermeiden. Sie haben dadurch weniger Gelegenheit, ihre sozialen Fähigkeiten weiter zu entwickeln und es besteht eine gewisse Wahrscheinlichkeit, dass sie im Verlauf der Zeit massive soziale Ängste entwickeln.

Sozial wenig interessierte Kinder. Von beiden Gruppen müssen die Kinder unterschieden werden, die grundsätzlich *weniger Interesse* an anderen Kindern haben und öfter als der Durchschnitt allein sein wollen, also *sozial wenig interessiert* sind. Ihre sozialen Fähigkeiten sind gut entwickelt, sie fürchten sich auch nicht vor sozialen Situationen, aber ihr Bedürfnis nach Gesellschaft ist begrenzt. Viele von ihnen behalten diese Neigung bis ins Jugendalter bei (Glöggler 2005).

5.3 Zusammenfassung

Hier finden Sie noch einmal einen Überblick über die Inhalte dieses Kapitels.

Kapitel 5: Menschen verändern sich im Verlauf ihres Lebens – Kindheit

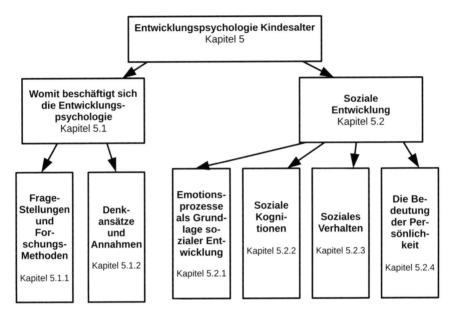

Abbildung 48: Inhalte des Kapitels 5

Fragen

1. Womit beschäftigt sich die Entwicklungspsychologie?
   (a) Mit allen Veränderungen im gesamten Lebenslauf
   (b) Veränderungen im gesamten Lebenslauf, die überdauernd sind und nicht durch Krankheit etc. hervorgerufen werden
   (c) Nur mit der Entwicklung von Kindern
   (d) Mit Veränderungen, die eine positive Entwicklung bedeuten
2. Welche der folgenden Annahmen und Aussagen werden von der Entwicklungspsychologie gemacht?
   (a) Entwicklung hat nichts mit Vererbung zu tun
   (b) Entwicklung verläuft ausschließlich in Stufen
   (c) Einmal eingetroffene Veränderungen können nicht rückgängig gemacht werden
   (d) Es gibt sowohl quantitative als auch qualitative Veränderungen bei der Entwicklung
3. Welche Aussagen sind richtig?
   (a) Soziale Entwicklung bezieht sich ausschließlich auf die Veränderung des Verhaltens von Kindern.
   (b) Babys können die Gefühle anderer Personen noch nicht erkennen.

5.3 Zusammenfassung

(c) Ab etwa vier Jahren können Kinder erkennen, dass andere Personen eine Situation anders wahrnehmen als sie selbst.

(d) Wenn Kinder sich aus sozialen Situationen zurückziehen, beruht dass ausschließlich auf Schüchternheit.

(e) Im Alter von etwa 10 Jahren ist die Zahl körperlicher Auseinandersetzungen höher als in allen anderen Altersstufen.

(f) Soziale Entwicklung ist ein sehr komplexer Vorgang. Gefühle, Kognitionen und Verhalten sind daran beteiligt.

(g) Unter sozialer Perspektivenübernahme versteht man die Fähigkeit, sich auf emotionaler oder kognitiver Ebene in die Situation einer anderen Person hinein zu versetzen.

Literatur

Glöggler, B. (2005). *Entwicklung von Emotionsregulationsstrategien im Kleinkindalter: Zusammenhänge zum frühkindlichen Temperament und Merkmalen der primären Bezugsperson*. Dissertation. Gießen: Universität Gießen

Hess, M. (2011). *Soziale Partizipation und Persönlichkeitsentwicklung im Vorschulalter: Begriffsklärung und Ergebnisse einer Längsschnittstudie*. Dissertation. Potsdam: Universität Potsdam

Hauser, A. (2011). Soziale Perspektivenübernahme. In A. Freiburghaus et al. (Hrsg.), *Sozioemotionale Entwicklung im Kindesalter* (S. 83-95). Bern: Praxisforschung der Erziehungsberatung des Kantons Bern

Janke, B. (2010). Was kannst du tun, um dich nicht mehr zu fürchten? Strategien zur Furchtregulation im Kindergartenalter. *Praxis Der Kinderpsychologie und Kinderpsychiatrie, 59*(7), 561-575.

Jürgens, B. (2014a). Soziale Entwicklung von Säuglingen, Klein- und Vorschulkindern. In D. H. Vanier (Hrsg.), *Kooperativ lernen in der Kita. Oder: Wie man gemeinsam klüger wird* (S. 52-65). Braunschweig: Westermann

Jürgens, B. (2014b). Soziale Kompetenz bei Kindern und Jugendlichen. In Jürgens B. & K. Lübben (Hrsg.), *Gruppentraining sozialer Kompetenzen für Kinder und Jugendliche (GSK-KJ)* (S. 15-30). Weinheim, Basel: Beltz

Kappeler, S., & Simoni, H. (2009). Die Entwicklung prosozialen Verhaltens in den ersten zwei Lebensjahren. *Revue Suisse des Sciences de l'Education, 31*(3), 603-624

Keller, H., & Otto, H. (2009). The cultural socialization of emotion regulation during infancy. *Journal of Cross-Cultural Psychology, 40*(6), 996-1011.

Kienbaum, J., Malti, T., & Perren, S. (2014). Entwicklungsbedingungen von Mitgefühl in der Kindheit. *GESTALT THEORY, 36*(2).

Papousek, H., & Papousek, M. (1999). Symbolbildung, Emotionsregulation und soziale Interaktion. In W. Friedlmeier & M. Holodynski (Hrsg.), *Emotionale Entwicklung. Funktion, Regulation und soziokultureller Kontext von Emotionen* (S. 135-155). Heidelberg, Berlin: Spektrum Akademischer Verlag.

Petermann, F., & Wiedebusch, S. (2001). Entwicklung emotionaler Kompetenz in den ersten sechs Lebensjahren. *Kindheit und Entwicklung, 10*(3), 189-200.

Pinquart, M., Schwarzer, G., & Zimmermann, P. (2011). *Entwicklungspsychologie - Kindes- und Jugendalter*. Göttingen: Hogrefe Verlag.

Schmidt-Denter, U. (2005). *Soziale Beziehungen im Lebenslauf. Lehrbuch der sozialen Entwicklung*. 4., vollständig überarbeitete Auflage. Weinheim und Basel: Beltz Verlag.

Kapitel 5: Menschen verändern sich im Verlauf ihres Lebens – Kindheit

Tillmann, K.-J. et al. (1999). *Schülergewalt als Schulproblem, Verursachende Bedingungen, Erscheinungsformen und pädagogische Handlungsperspektiven.* Weinheim und München: Juventa

Traub, A. (2008). *Die Welt der Gleichaltrigen. DJI Kinderpanel. Deskription der Daten der ersten Welle.* München: DJI.

Ulich, D., Kienbaum, J., & Volland, C. (2001). *Wie entwickelt sich Mitgefühl? Ergebnisse der Forschungsgruppe „Mitgefühl".* Augsburg: Forschungsstelle für Pädagogische Psychologie und Entwicklungspsychologie. http://psydok.sulb.uni-saarland.de/volltexte/2003/78/pdf/nr87.pdf, abgerufen am 30.7. 2014

v. Salisch, M. (2000). *Wenn Kinder sich ärgern. Emotionsregulierung in der Entwicklung.* Göttingen: Hogrefe.

v. Salisch, M., & Vogelgesang, J. (2005). Anger regulation among friends: Assessment and development from childhood to adolescence. *Journal of Social and Personal Relationships,* 22(6), 837-855.

Wüstenberg, W. (2013): Gleichaltrige im Krippenalter entwickeln Humor, eigene Themen und Freundschaften untereinander. Nützt das ihrer Entwicklung. *Kindergartenpädagogik, Online-Handbuch.* www.kindergartenpaedagogik.de/1813.html, abgerufen am 30.10.2013

Kapitel 6: Menschen verändern sich im Verlauf ihres Lebens: Jugendliche und Erwachsene (Entwicklungspsychologie 2)

In diesem Kapitel geht es um die Entwicklung im Jugendlichen- und im Erwachsenenalter. Drei Themenbereiche sind aus sozialpädagogischer Sicht besonders wichtig. Wir fragen, ob man das Jugendalter als Krisenzeit betrachten muss. Wir erörtern die Bedeutung der Arbeit für die Entwicklung im Erwachsenenalter und diskutieren die Frage, welche Bedingungen eine positive Entwicklung im Alter ermöglichen.

Zur Einstimmung finden Sie einige Beispiele aus der Forschung zur Entwicklung im Jugendlichen- und Erwachsenenalter.

Fend (1998) befragte Jugendliche zwischen 12 und 16 Jahren, an wen sie sich am ehesten wenden würden, wenn sie persönliche Probleme hätten.

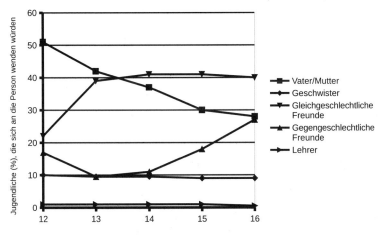

Abbildung 49: An wen wenden sich Jugendliche unterschiedlichen Alters bei persönlichen Problemen? (in Anlehnung an Fend 1998)

Kapitel 6: Menschen verändern sich im Verlauf ihres Lebens: Erwachsene

Thurnherr u.a. (2013) fragten 470 Jugendliche der 8. und 9. Klasse, wie oft sie die Unterstützungsangebote der folgenden Personen während der Berufsorientierung in Anspruch nahmen. Angeführt ist der Prozentsatz der Jugendlichen, die „2 – 4mal oder mehr" angaben.

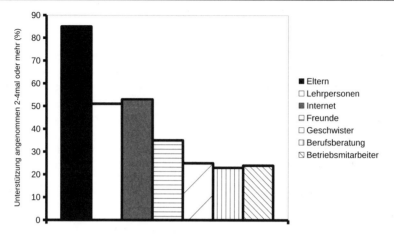

Abbildung 50: An wen wenden sich Jugendliche, wenn es um die berufliche Orientierung geht? (in Anlehnung an Thurnherr u.a. 2013)

Berth u.a. (2011) führten über 20 Jahre eine Längsschnittstudie mit jungen Ostdeutschen durch. Sie fragten unter anderem nach Arbeitslosigkeit und psychischem Befinden. Die Abbildung zeigt für den Zeitraum von 2002 bis 2008 die Depressions- und Angstwerte bei Personen mit einem unterschiedlichen Ausmaß an Arbeitslosigkeit.

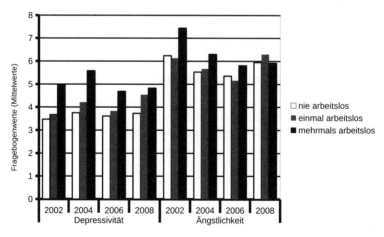

Abbildung 51: Arbeitslosigkeit und psychische Probleme (in Anlehnung an Berth u.a. 2011)

6.1 Jugendalter - eine Krisenzeit?

Tesch-Römer und Wurm (2006) untersuchten Personen in unterschiedlichen Altersphasen an zwei Stichproben von 4034 (1996 erhoben) bzw. 2778 Personen (2002 erhoben). Die Personen erhielten Fragebögen mit Aussagen zu Lebenszufriedenheit, positiven und negativen Gefühlen. Jede Aussage konnte in Abstufungen zwischen 5 (trifft genau zu) und 1 (trifft gar nicht zu) beantwortet werden. Die Abbildung zeigt die Mittel-(Durchschnitts-)werte für die verschiedenen Altersgruppen.

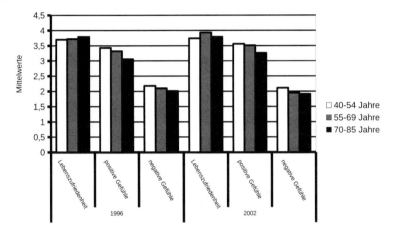

Abbildung 52: Zufriedenheit und Gefühle in unterschiedlichen Altersphasen (nach Tesch-Römer & Wurm 2006).

Diskutieren Sie bitte in ihrer Arbeitsgruppe: Welche Antworten auf die Fragestellungen dieses Kapitels können Sie aus den Grafiken entnehmen?

6.1 Jugendalter - eine Krisenzeit?

Entwicklungspsychologen sind sich nicht ganz einig, welche Zeitspanne das Jugendalter umfassen soll. Über den Beginn gibt es weitgehende Übereinstimmung, er wird an biologischen Prozessen festgemacht. Demnach beginnt das Jugendalter mit dem Eintreten der Pubertät, also zwischen 10 und 13 Jahren bei den Mädchen und 11 und 14 Jahren bei den Jungen. Das Ende ist nicht so einfach festzulegen. Kriterien, die vor einigen Jahrzehnten noch allgemein gültig und einfach anzuwenden waren, sind heute nicht mehr eindeutig. In den westlichen Gesellschaften dauert die Ausbildungsphase sehr lang, wirtschaftliche Selbständigkeit wird oft erst am Ende des dritten Lebensjahrzehnts erreicht. Der Auszug aus dem Elternhaus markiert nicht mehr unbedingt das Ende einer Lebensphase und ist auch nicht immer endgültig, etwa wenn erwachsene "Kinder" aus wirtschaftlichen Gründen wieder im Elternhaus wohnen. Man ist also gezwungen, sich auf einen Zeitraum zu einigen.

Kapitel 6: Menschen verändern sich im Verlauf ihres Lebens: Erwachsene

Im Allgemeinen wird unter dem Jugendalter die Zeit von der beginnenden *Pubertät* bis zum Alter von 18 Jahren verstanden. Viele Autoren unterteilen diese Zeit noch einmal in die *frühe* und die *mittlere Adoleszenz*. Der Übergang ins Erwachsenenalter stellt nicht mehr wie früher eine scharfe Zäsur dar. Man spricht daher vom Beginn des Erwachsenenalters als der *späten Adoleszenz* (vgl. Abb. 53).

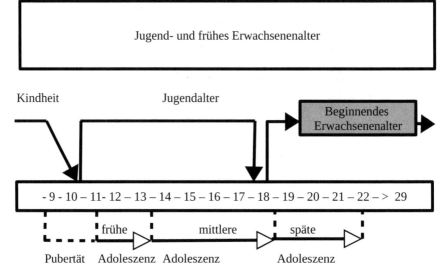

Abbildung 53: Lebensphasen aus entwicklungspsychologischer Sicht (in Anlehnung an Dreher 2010)

Die Entwicklungspsychologie ging lange davon aus, dass das Jugendalter eine besondere Krisenzeit darstelle. Jugendliche erleben sehr große körperliche Veränderungen. Diese betreffen sowohl die hormonelle Umstellung und das Wachstum der primären und sekundären Geschlechtsorgane als auch das äußere Erscheinungsbild. Es wandelt sich und nähert sich immer mehr dem der Erwachsenen an. Man nahm an, dass diesen deutlichen körperlichen Veränderungen auch eine Umbruchsituation auf psychischer Ebene entsprechen müsse. Insgesamt befänden sich die Jugendlichen in einer Krisensituation, die sie in vermehrte Konflikte mit sich selbst und ihrer Umwelt bringen und sie damit labiler und verwundbarer machen würde als dies in anderen Entwicklungsphasen der Fall sei. Inzwischen relativiert die Forschung zur Entwicklung Jugendlicher das Bild von der Jugendzeit als Krisenzeit.

6.1.1 Entwicklungsaufgaben im Jugendalter

Havighurst ermöglichte bereits 1972 mit seinem Konzept der "Entwicklungsaufgaben" eine differenzierte Sicht auf die Jugendzeit (Lohaus & Vierhaus 2013, 264).

> Unter Entwicklungsaufgaben versteht man Herausforderungen oder Probleme, die für eine bestimmte Lebensphase typisch sind. Entwicklungsaufgaben haben drei Quellen: die *körperliche* Entwicklung, den Druck oder die Erwartungen der umgebenden *Kultur* und die dadurch bei der *Person* ausgelösten individuellen Zielsetzungen und Werte (Lohaus & Vierhaus 2013, 264).

Bewältigt ein Jugendlicher die Entwicklungsaufgaben seiner Altersphase erfolgreich, wird seine psychische Entwicklung günstig verlaufen und er kann in der nächsten Lebensphase die dann anstehenden Entwicklungsaufgaben problemlos in Angriff nehmen. Bewältigt er die Entwicklungsaufgaben nicht, wird seine psychische Entwicklung ungünstig verlaufen und er wird Schwierigkeiten mit den Entwicklungsaufgaben der nächsten Lebensphase bekommen. Man hat für die verschiedenen Altersphasen Listen typischer Entwicklungsaufgaben aufgestellt. Eine weit verbreitete Liste für das Jugendalter zeigt Abb. 54.

> Die folgende Liste von Entwicklungsaufgaben geht auf Havighurst (1972) (vgl. Lohaus & Vierhaus 2013, 264) zurück und wird heute noch in vielen Untersuchungen verwendet.
> - Aufbau neuer und reifer Beziehungen zu Gleichaltrigen des eigenen und anderen Geschlechts
> - Übernahme der männlichen bzw. weiblichen Geschlechtsrolle
> - Akzeptieren des eigenen Körpers und dessen effektive Nutzung
> - Loslösung und emotionale Unabhängigkeit von den Eltern
> - Berufswahl und -ausbildung
> - Vorbereitung auf Heirat und Familie
> - Entwicklung sozial verantwortlichen Verhaltens
> - Aneignung von Werten und eines ethischen Systems, das einen Leitfaden für das eigene Verhalten darstellt
>
> Dreher & Dreher (1985, zit. nach Oerter 2002) haben dieser Liste noch drei weitere Entwicklungsaufgaben hinzugefügt:
> - Sexualität, Intimität
> - Über sich selbst im Bilde sein
> - Entwicklung einer Zukunftsperspektive

Abbildung 54: Entwicklungsaufgaben (in Anlehnung an Lohaus & Vierhaus 2013, S. 264 und Oerter & Dreher 2002)

Kapitel 6: Menschen verändern sich im Verlauf ihres Lebens: Erwachsene

Das Konzept der Entwicklungsaufgaben, insbesondere die Aufzählung konkreter Entwicklungsaufgaben für bestimmten Altersphasen fand unter Forschern keine vorbehaltlose Zustimmung. Man betonte, dass es nicht möglich sei, Entwicklungsaufgaben zu beschreiben, die allgemeingültig sind. In verschiedenen Kulturen gibt es unterschiedliche Entwicklungsaufgaben und auch innerhalb einer Kultur können sich Entwicklungsaufgaben im Verlauf der Zeit ändern oder je nach Gruppe (z.B. männlich bzw. weiblich) unterschiedlich sein, wie Abb. 55 zeigt.

Dreher & Dreher (1985, zit. nach Oerter 2002, 268-273) befragten männliche und weibliche Jugendliche 1985 und 1997, wie wichtig für sie bestimmte Entwicklungsaufgaben sind. Die Abbildung zeigt die Einschätzung als bedeutsam („wichtig" oder „sehr wichtig") in Prozentangaben.

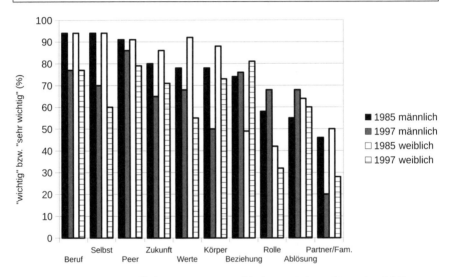

Abbildung 55: Von Jugendlichen zu zwei verschiedenen Zeitpunkten als wichtig erachtete Entwicklungsaufgaben (in Anlehnung an Oerter 2002, S. 268-273)

Diskutieren Sie: Welche der Entwicklungsaufgaben in Abb. 55 werden von männlichen bzw. weiblichen Jugendlichen als unterschiedlich wichtig angesehen? Bei welchen gibt es Unterschiede zwischen Jugendlichen aus dem Jahr 1985 und dem Jahr 1997?

> Das Konzept der Entwicklungsaufgaben ist trotz aller Einwände sehr hilfreich. Es relativiert die Vorstellung vom Jugendalter als Krisenzeit, weil es darauf aufmerksam macht, dass Entwicklung nicht in einem problemlosen Übergang von einem Zustand in den nächsten besteht. Neue Situationen, Herausforderungen und Schwierigkeiten gehören zu einer normalen Entwicklung und die Mehrzahl aller Jugendlichen besitzt ausreichende Fähigkeiten, um diese zu bewältigen.

6.1.2 Veränderungen im Jugendalter

Wenn Jugendliche die für ihr Alter typischen Entwicklungsaufgaben erfolgreich bewältigen, bringt dies Veränderungen mit sich, von denen auch die Personen im Umfeld der Jugendlichen betroffen sind. Drei Beispiele sollen dies zeigen.

Neue und reifere Beziehungen zu Gleichaltrigen. Jugendliche orientieren sich zunehmend weniger an den Eltern und wenden sich verstärkt Gleichaltrigen zu. Sie verbringen weniger Zeit mit der Familie und der Rat und die Unterstützung der Gleichaltrigen ist sehr wichtig für sie (Pinquart u.a. 2011). Manche Eltern sind über diese Entwicklung beunruhigt. Sie übersehen, dass Eltern und Gleichaltrige in den Augen der Jugendlichen keinen Gegensatz darstellen. Beide Bezugsgruppen sind wichtig und ergänzen einander. Wie Abb. 49 und 50 zeigen, wird bei persönlichen Problemen die Unterstützung der Eltern weniger wichtig und die der Gleichaltrigen nimmt an Bedeutung zu. Geht es aber um berufliche Fragen, stehen die Eltern nach wie vor an erster Stelle.

Aneignung von Werten als Leitfaden für das eigene Handeln. Jugendliche in den individualisierten westlichen Gesellschaften können nicht einfach die Werte und Normen ihrer Eltern übernehmen. Sie müssen ein eigenes ethisches System entwickeln und geraten dabei manchmal in Konflikt mit den Personen ihres Umfelds. Die Entwicklung der Werte und Normen der Jugendlichen in den letzten 20 Jahren zeigt aber, dass Jugendliche heute sehr verantwortungsbewusst sind. Die Neigung, Vergnügen und Zerstreuung als bedeutsam anzusehen, hat abgenommen. Soziale Werte (z.B. Rücksicht auf andere nehmen) und Selbstentfaltung (z.B. eigene Fähigkeiten entwickeln) sind wichtiger geworden. Außerdem würdigen die Jugendlichen stärker auch konventionelle Werte wie „sich anpassen" und „etwas leisten" (Abb. 56).

Kapitel 6: Menschen verändern sich im Verlauf ihres Lebens: Erwachsene

> Gille (2006, S. 164) verglich die Wertorientierungen von Jugendlichen und jungen Erwachsenen zwischen 16 und 29 Jahren zu drei Zeitpunkten (1992, 1997 und 2003). Die Abbildung zeigt den Vergleich von vier Wertegruppen. Angeführt ist der Prozentsatz der Jugendlichen und jungen Erwachsenen, die diesen Werten eine *hohe* Bedeutung zumaßen.

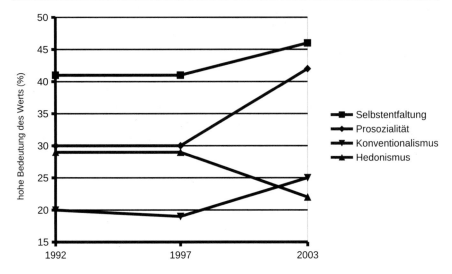

Abbildung 56: Veränderung der Wertorientierungen von Jugendlichen und jungen Erwachsenen zwischen 1992 und 2003 (Gille 2006, S. 164)

Das politische und gesellschaftliche Engagement der Jugendlichen zeigt ebenfalls eine leichte Zunahme, wobei Aktivitäten in informellen Gruppierungen heute wichtiger sind als früher (Gaiser & Gille 2012).

Riskantes oder normabweichendes Verhalten als Reaktion auf Entwicklungsaufgaben. Um Entwicklungsaufgaben wie z.B. „über sich selbst im Bilde sein", also herausfinden, wer man ist, „sich mit der Geschlechterrolle auseinandersetzen", „zu eigenen Werten gelangen" oder „neue Beziehungen zu Gleichaltrigen" zu bewältigen, ist es sinnvoll, dass Jugendliche mit neuen und ungewohnten Verhaltensweisen experimentieren. Neben akzeptiertem Verhalten wird von vielen Jugendlichen dabei auch Verbotenes und Riskantes ausprobiert. Dazu gehören z.B. Substanzkonsum wie Rauchen oder Alkoholkonsum, delinquentes Verhalten oder Vandalismus und Mutproben. Ob und welche Verhaltensweisen die Jugendlichen ausprobieren, hängt von verschiedenen Faktoren wie Geschlecht oder Bezugsgruppe ab. Riskantes bzw. normabweichendes Verhaltens hat seinen Höhepunkt zwischen dem 17. und 20. Lebensjahr. Bei der überwiegenden Mehrzahl der Jugendlichen ist dies eine vorübergehende Phase, nach der sich das Verhalten wieder normalisiert (Bühler 2003).

6.2 Erwachsenenalter: Die Bedeutung von Arbeit und Beruf

Ähnlich wie bei den Schwierigkeiten mit der Bestimmung des Endes des Jugendalters ist es beim Erwachsenenalter nicht so einfach, festzulegen, wann genau es beginnt. Dies spiegelt sich auch im subjektiven Empfinden der Menschen wider (vgl. Abb. 57).

Bitte diskutieren Sie in Ihrer Arbeitsgruppe: Fühlen Sie sich schon als Erwachsene/r oder noch als Jugendliche/r? Vergleichen Sie Ihr Diskussionsergebnis mit Abb. 57.

Arnett (2001; zit. nach Lang u.a. 2012) befragte 13-19-Jährige (N=171), 20-29-Jährige (N=179) und 30-55-Jährige (N=165), ob sie schon das Erwachsenenalter erreicht hätten. Die Abbildung zeigt für jede Altersgruppe den Prozentsatz derjenigen, die sich schon als Erwachsene betrachten.

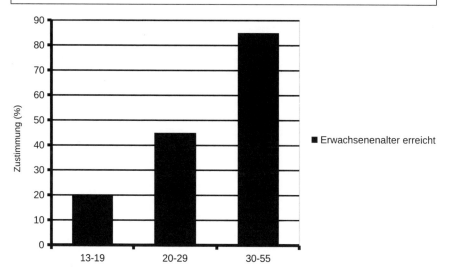

Abbildung 57: Antworten unterschiedlicher Altersgruppen auf die Frage, ob sie schon das Erwachsenenalter erreicht hätten (in Anlehnung an Lang u.a. 2012). 50% der 20-29-Jährigen antworteten: „ja und nein".

Entwicklungspsychologen sehen das Erwachsenenalter nicht als einheitliche Lebensphase, sondern schlagen vor, es in verschiedene Phasen zu unterteilen (Abb. 58).

Kapitel 6: Menschen verändern sich im Verlauf ihres Lebens: Erwachsene

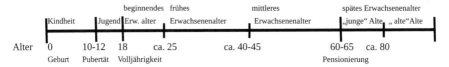

Abbildung 58: Vorschlag zur Einteilung des Erwachsenenalters (nach Lang u.a. 2012)

6.2.1 Arbeit und Beruf als Entwicklungsaufgabe

Entsprechend der Unterteilung des Erwachsenenalters in verschiedene Phasen, werden auch die Entwicklungsaufgaben im Erwachsenenalter getrennt nach Entwicklungsphasen beschrieben (Abb. 59).

Frühes Erwachsenenalter (ca. 10-30 Jahre)	• Partnerwahl • Zusammenleben mit Partner lernen • Familiengründung • Kinder aufziehen • Berufseinstieg • Sorge für das Gemeinwohl
Mittleres Erwachsenenalter (ca. 30-60 Jahre)	• Akzeptieren physiologischer Veränderungen • Befriedigende berufliche Leistungen erreichen und aufrechterhalten • Seinen Kindern helfen, verantwortungsvolle Erwachsene zu werden • Gestaltung der Beziehung zum (Ehe)partner • Gestaltung der Beziehung zu alten Eltern • Übernahme sozialer und öffentlicher Verantwortung • Freizeitinteressen und -aktivitäten aufbauen
Spätes Erwachsenenalter (> 60 Jahre)	• Anpassung an Pensionierung und vermindertes Einkommen • Anpassung an Nachlassen der körperlichen Stärke und Gesundheit • Anpassung an Tod des Lebenspartners • Aufbau von Beziehungen zu Gleichaltrigen • Übernahme und flexible Anpassung sozialer Rollen, Aufbau altersgerechten Wohnens

Abbildung 59: Entwicklungsaufgaben im Erwachsenenalter (nach Lang u.a. 2012)

Die Auseinandersetzung mit Beruf und Arbeit stellt eine durchgängige Entwicklungsaufgabe in allen drei Altersphasen dar. Die Anforderungen an die Bewältigung dieser Entwicklungsaufgabe sind in den letzten Jahren gestiegen. Es ist schwieriger geworden, die Bedingungen für die eigene Berufstätigkeit zu durchschauen und vorherzusehen. Das Angebot an Arbeitsplätzen schwankt zwischen Zeiten hoher Arbeitslosigkeit und hinreichendem Arbeitsplatzangebot. Schnelle Veränderungen in Technologien und Produktionsweisen wirken sich auf die Art der Arbeitsplätze aus. Zugänge zu Ausbildungsmöglichkeiten sind zeitweise (Lehrstellen) oder dauerhaft (Studienplätze) beschränkt. Vor diesem Hintergrund stellen sich einige Fragen:

6.2 Erwachsenenalter: Die Bedeutung von Arbeit und Beruf

- Welche *Bedeutung* hat die Arbeit für Zufriedenheit und Wohlbefinden in unterschiedlichen Altersgruppen und für Personen mit unterschiedlichem Erwerbsstatus?
- Wie *kontinuierlich* verläuft die Entwicklung zwischen Berufswünschen am Ende der Schulzeit und beruflichen Tätigkeiten im Laufe des Lebens?
- Wie bewältigen Menschen unterschiedlicher Altersgruppen die *Balance* zwischen Arbeit und anderen Lebenskontexten?

Arbeit und Wohlbefinden. Die Zufriedenheit mit der Arbeit beeinflusst die generelle Zufriedenheit mit dem Leben. Die Arbeitszufriedenheit nimmt vom jungen Erwachsenenalter bis zu etwa dreißig Jahren ab, dann steigt sie wieder an und erreicht bei der Pensionierung ein höheres Niveau als im jungen Erwachsenenalter (Lang u.a. 2012). Auch das psychische Wohlbefinden wird von der Erwerbstätigkeit beeinflusst. Generell geben Personen zwischen 18 und 65 Jahren ein relativ hohes Wohlbefinden an, wobei die Werte der Männer höher sind als die der Frauen. Das Alter spielt dabei keine Rolle (Thielen & Koch 2013). Die Reaktionen von Männern und Frauen auf prekäre Beschäftigungsverhältnisse unterscheiden sich. Zwar fühlen sich beide Gruppen am wohlsten, wenn sie voll erwerbstätig sind und reagieren in ähnlicher Weise mit vermindertem Wohlbefinden auf Arbeitslosigkeit. Teilzeit, geringfügige Beschäftigung und Hausarbeit vermindern jedoch nur bei Männern das Wohlbefinden (Thielen & Koch 2013). Für sie ist offensichtlich ausschlaggebend, ob sie dem Bild des „voll berufstätigen Mannes" entsprechen.

Kapitel 6: Menschen verändern sich im Verlauf ihres Lebens: Erwachsene

Thielen & Koch (2013) werteten die Daten der Gesundheitsstudie 2010 des Robert Koch Instituts in Bezug auf psychisches Wohlbefinden und Erwerbstätigkeit aus. Psychisches Wohlbefinden wurde mit fünf Fragen zu negativen und positiven Stimmungen erfasst. Aus den Antworten wurde ein Gesamtwert gebildet, der zwischen 0 (niedrigstes) und 100 (höchstes Wohlbefinden) liegen konnte. Die Abbildung zeigt die Mittelwerte je nach Beschäftigungsstatus bei Männern und Frauen.

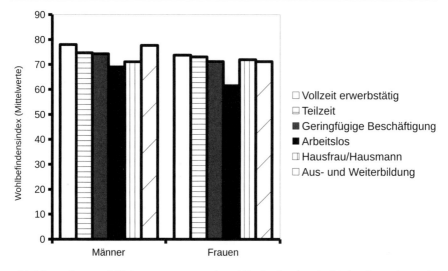

Abbildung 60: Beschäftigungsstatus und Wohlbefinden (nach Thielen & Koch 2013)

Die Art des Berufes spielt sowohl bei Männern als auch bei Frauen eine Rolle. Männer und Frauen in Berufen mit hoher Qualifikation und Entscheidungsbefugnis fühlen sich wohler als gering Qualifizierte. Die Entwicklung über die Zeit verläuft bei gering qualifizierten Männern und Frauen etwas unterschiedlich. Während die Männer sich zum Ende ihrer Berufstätigkeit eher wohler fühlen, nimmt das Wohlbefinden der Frauen zur Rente hin ab (Abb. 61).

6.2 Erwachsenenalter: Die Bedeutung von Arbeit und Beruf

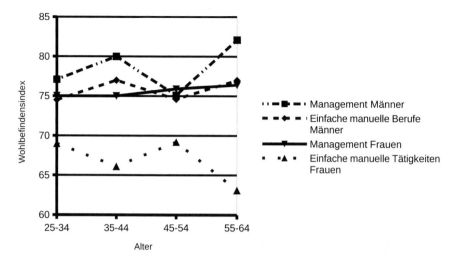

Abbildung 61: Wohlbefinden in verschiedenen Altersgruppen abhängig von der Qualifikation und Entscheidungsbefugnis im Beruf am Beispiel von Management und einfachen manuellen Berufen (nach Thielen & Kroll 2013).

Arbeitslosigkeit stellt besondere Anforderungen an die Bewältigungsfähigkeiten der Betroffenen. Wie Abb. 51 zeigt, erleben vor allem Personen, die wiederholt oder über einen längeren Zeitraum arbeitslos sind, psychische und körperliche Beeinträchtigungen (vgl. Kroll & Lampert 2012; Berth u.a. 2011). Nicht nur die Arbeitslosigkeit selbst, sondern bereits die Sorge um den Arbeitsplatz hat negative Auswirkungen (Abb. 62).

Kapitel 6: Menschen verändern sich im Verlauf ihres Lebens: Erwachsene

> Albani u.a. (2008) befragten 2473 Personen zwischen 14 und 60 Jahren, ob sie arbeitslos seien bzw. sich Sorgen um ihren Arbeitsplatz machten und erfassten deren körperliche bzw. psychische Belastung und deren Lebensqualität. Die Abbildung zeigt die Durchschnittswerte in den verschiedenen Kategorien für die drei Gruppen.

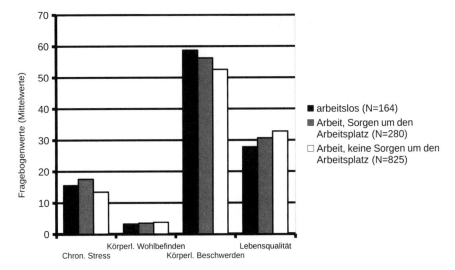

Abbildung 62: Auswirkungen von Arbeitslosigkeit bzw. Sorgen um den Arbeitsplatz (nach Albani u.a. 2008)

Kontinuität von Berufswünschen und Berufsausübung. Trotz der veränderten Rahmenbedingungen verläuft die berufliche Entwicklung relativ kontinuierlich. Bei der Mehrzahl der Berufstätigen stimmt nach etwa 20 Jahren ihre berufliche Tätigkeit zumindest teilweise mit den in der Jugend geäußerten beruflichen Interessen und Wünschen überein (Abb. 63; Stuhlmann 2009; Häfeli u.a. 2014).

6.2 Erwachsenenalter: Die Bedeutung von Arbeit und Beruf

Stuhlmann (2010) untersuchte in einer Längsschnittuntersuchung über 23 Jahre an 1036 Personen, wie konstant sich berufliche Wünsche und Interessen im Jugendalter in der Berufsausbildung und der späteren Berufstätigkeit fortsetzten. Zu diesem Zweck ordnete sie einzelne Berufswünsche und Berufe anhand einer Kombination aus drei verschiedenen Codes in unterschiedliche Interessenbereiche. Starke Kontinuität zwischen zwei Zeitpunkten beinhaltet eine vollständige Übereinstimmung aller drei Codes, bei mittlerer Übereinstimmung stimmen 2 Codes überein und bei schwacher ein oder kein Code. Vier Kontinuitätszeitpunkte werden dargestellt: Zeitpunkt 1 Übereinstimmung zwischen Berufsideal mit 12 Jahren und konkretem Berufswunsch mit 15 Jahren; Zeitpunkt 2 Übereinstimmung zwischen Berufswunsch mit 15 Jahren und erster Berufsausbildung; Zeitpunkt 3 Übereinstimmung zwischen erster Berufsausbildung und erster Anstellung; Zeitpunkt 4 Übereinstimmung zwischen erster Anstellung und Anstellung mit 35 Jahren.

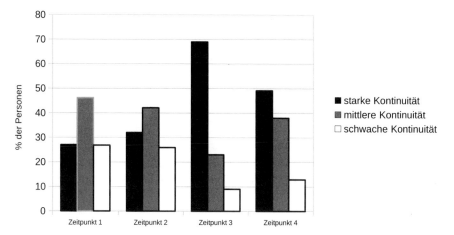

Abbildung 63: Kontinuität von Berufswünschen zu Beginn der Ausbildung und Berufstätigkeit über 20 Jahre (Prozentangaben; nach Stuhlmann 2010)

Work-Life-Balance. Eine der Folgen der veränderten Rahmenbedingungen für Arbeit und Beruf scheint zu sein, dass Menschen sich stärker mit dem Verhältnis von Beruf und Privatleben beschäftigen. Auch die Forschung widmet sich seit einiger Zeit diesem Thema. Insbesondere Fragen der Vereinbarkeit von Beruf und Familie wurden intensiv untersucht. Dabei handelt es sich keineswegs um vollkommen getrennte Lebensbereiche. Im Beruf erworbene Kompetenzen können im familiären Kontext nützlich sein und umgekehrt. Positive (und negative) Stimmungen aus einem Bereich können sich in den anderen übertragen und der eine Bereich kann negative Erfahrungen aus dem anderen Bereich kompensieren bzw. abpuffern (Ulich & Wiese 2011). Fragt man Personen nach ihrer Idealvorstellung, gibt die Mehrzahl ein ausgewogenes Verhältnis von Beruf und Privatleben an (Ulich & Wiese 2011, S. 54). Betrachtet man die alltägliche Realität, lassen sich idealtypisch drei Hauptformen der Lebensgestaltung unterscheiden (Abb. 64).

Kapitel 6: Menschen verändern sich im Verlauf ihres Lebens: Erwachsene

Hoff u.a. (2005) entwickelten im Rahmen des Forschungsprojekts PROFIL eine Systematik von Strategien zur Balance von verschiedenen Lebensbereichen. Die wichtigsten Strategien werden in der Abbildung dargestellt.

Ent-grenzung	Berufliches und privates Leben verschmelzen zu einer Einheit. Privatleben wird oft von Beruf „verschluckt"	E-V	Entgrenzung als Verschmelzung	Arbeit= Leben=Selbstverwirklichung
		E-A	Arbeitszentrierte Entgrenzung	Arbeit als zentraler Lebensinhalt
		E-R	Relativierte Entgrenzung	Privatleben gewinnt an Bedeutung
Seg-mentation	Kein Konflikt zwischen Lebenssphären, da deutliche Trennung	S-AR	Arbeitszentrierte Segmentation	Arbeit dominant auf Handlungsebene
		S-AB	Ausbalancierte Segmentation	Zentralität von Arbeitsleben reduziert
Inte-gration	Berufliche und private Ziele werden aufeinander abgestimmt	I-A	Arbeitszentrierte Integration	Arbeit dominiert auf Handlungsebene
		I-AB	Ausbalancierte Integration	Zentralität von Arbeitsleben reduziert

Abbildung 64: Balance zwischen Privatleben und Beruf (nach Hoff u.a. 2005 und Ewers 2005)

Verschiedene Faktoren wie Art des Berufs, Situation im Lebenslauf und Geschlecht beeinflussen, welche Strategien gewählt werden (Abb. 65).

In vielen Untersuchungen zeigt sich, dass Frauen eher als Männer dazu neigen, im alltäglichen Handeln den beruflichen Bereich zugunsten des Privatlebens zu begrenzen, insbesondere wenn sie Kinder haben (Abb. 65; vgl. Ulich & Wiese 2011).

6.2 Erwachsenenalter: Die Bedeutung von Arbeit und Beruf

Im Forschungsprojekt KOMPETENT wurden 85 Mitarbeiter und Mitarbeiterinnen innovativer klein- und mittelständische IT-Unternehmen u.a. zu ihren Strategien zur Balance von Beruf und Privatleben befragt (Schraps 2007). Die Abbildung bezieht sich auf die in Abb. 64 genannten Strategien der Lebensgestaltung. Aufgeführt wird der Prozentsatz der Männer bzw. Frauen, die die jeweilige Strategie gewählt haben.

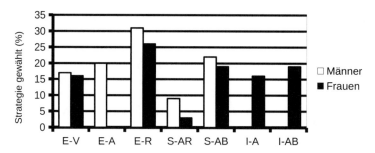

Ewers (2005) verglich die Strategien der IT-Fachleute mit denen von Psychologen und Medizinern.

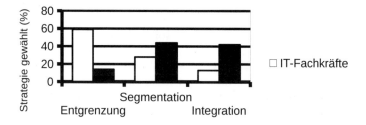

Die befragten Psychologen und Mediziner waren im Schnitt etwa 10 Jahre älter als die IT-Fachleute. Schraps konnte 53 IT-Fachleute nach 5 Jahren erneut befragen. Die Strategien veränderten sich deutlich und ähnelten nun etwas mehr denen der Psychologen und Mediziner.

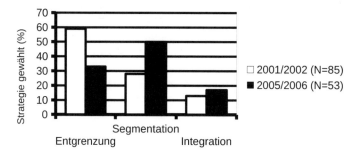

Abbildung 65: Verschiedene Faktoren, die die Strategien zur Lebensgestaltung beeinflussen (nach Ulich & Wiese 2011; Schraps 2006; Ewers 2005)

6.3 Bedingungen für erfolgreiches Altern

Mitte der 70er Jahre des vorigen Jahrhunderts begann man in der Entwicklungspsychologie, sich für die Phase des Alters zu interessieren. Seit den 90er Jahren wurden mehrere große Studien durchgeführt, um die körperliche, materielle und psychische Situation alter Menschen zu erforschen. Seit 1996 befragt man in regelmäßigen Abständen im deutschen Alterssurvey eine große repräsentative Stichprobe alter Menschen zu ihrer Lebenssituation (Motel-Klingebiel u.a. 2010). Aus entwicklungspsychologischer Sicht ist es sinnvoll, das Alter in zwei Phasen, die „jungen" Alten (bis etwa 80 Jahre) und die „alten" Alten oder Hochbetagten zu unterteilen (s. Abb. 58). Beiden Altersgruppen (wie auch jüngeren Erwachsenen) ist gemeinsam, dass sie sich jünger fühlen als sie sind, wobei der Unterschied zwischen realem und gefühltem Alter von etwa 7,5 auf 9 Jahre ansteigt (Rott & Jopp 2012).

Insbesondere in Bezug auf ihre körperliche Verfassung unterscheiden sich junge und alte Alte deutlich. 40,9% der Männer und 54,3% der Frauen über 85 Jahren wiesen fünf und mehr Erkrankungen auf. In der Gruppe der 70-84 Jahre alten Personen waren es nur 18,6 bzw. 27,1% (Rott & Jopp 2012). Grundlegende funktionelle Aktivitäten wie essen, gehen, Treppen steigen, sich selbständig anziehen, baden oder duschen, usw. werden von alten Menschen, die in Privathaushalten leben, noch gut beherrscht. Personen zwischen 65-79 Jahren können im Durchschnitt nur 0,2 von sieben Tätigkeiten nicht mehr selbständig ausführen, bei Personen ab 80 Jahre ist es eine von sieben Tätigkeiten. Instrumentelle Fähigkeiten wie telefonieren, Wäsche waschen, eigene Finanzen regeln oder mit öffentlichen Verkehrsmitteln fahren, können von den jungen Alten fast komplett selbständig ausgeführt werden (Einschränkung: 0,4 Tätigkeiten). Bei den alten Alten fallen immerhin schon 1,8 Tätigkeiten aus. Das größte Problem scheint die Mobilität zu sein: Etwa 70% der 65-79Jährigen gibt an, ohne Schwierigkeiten mehr als einen Kilometer gehen zu können, bei den 80-94Jährigen sagen etwa 70%, dass sie nur noch weniger als einen Kilometer zurücklegen können (Rott & Jopp 2012). Die Bedrohung mit Demenz steigt vor allem im extrem hohen Alter (Rott & Jopp 2012). Dagegen haben Längsschnittuntersuchungen ergeben, dass bei den nicht von Demenz bedrohten Personen kein oder nur ein geringer Verlust kognitiver Fähigkeiten mit zunehmendem Alter zu beobachten ist (Lang u.a. 2012).

Trotz vorhandener oder drohender körperlicher Einschränkungen hat die Mehrzahl der alten Menschen ein durchaus positives Bild vom Alter. Der Aussage, Alter sei eine Zeit der Weiterentwicklung stimmten zwar mit zunehmendem Alter weniger Befragte zu, in absoluten Zahlen ist der Rückgang aber eher gering (Abb. 66).

6.3 Bedingungen für erfolgreiches Altern

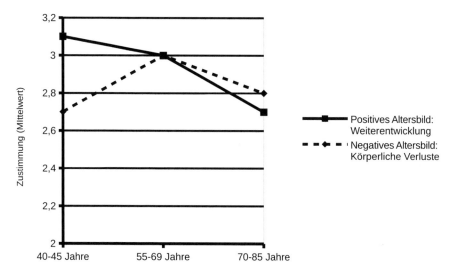

Abbildung 66: Altersbilder in unterschiedlichen Altersgruppen (Motel-Klingebiel u.a. 2010). Die Antwortmöglichkeiten lagen zwischen 1 (keine Zustimmung) und 5 (hohe Zustimmung)

Die Vorstellung vom Alter als Zeit zunehmender körperlicher Einschränkungen steigt im Zeitraum um die Pensionierung an, um dann wieder abzusinken (Abb. 66). Das psychische Wohlbefinden der alten Menschen ist erstaunlich hoch. Es unterscheidet sich nicht wesentlich von dem jüngerer Personen. Die Lebenszufriedenheit nimmt bis ins hohe Alter etwas zu. Die geringfügige Abnahme positiver und die ebenso geringfügige Zunahme der Seltenheit negativer Gefühle könnte möglicherweise darauf beruhen, dass Gefühle mit zunehmendem Alter weniger intensiv erlebt werden (Abb. 67).

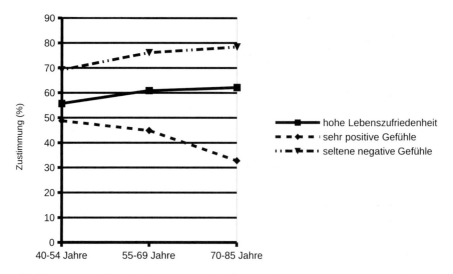

Abbildung 67: Wohlbefinden in unterschiedlichen Altersphasen. Prozentsatz der Personen die hohe Lebenszufriedenheit, sehr positive Gefühle und seltene negative Gefühle angaben (nach Motel-Klingebiel u.a. 2010).

Auch die positive Lebensbewertung, d.h. der subjektive Wert des eigenen Lebens und die Bindung an das eigene Leben, liegt bei alten Menschen auf einem hohen Niveau, wird aber zwischen dem Alter von 65 und dem Alter von 95 geringer. Erstaunlicherweise berichten Hundertjährige über eine ähnlich positive Lebensbewertung wie 80-90Jährige. Mit zunehmendem Alter zeigen sich immer größere Unterschiede zwischen den einzelnen Personen. Auf der einen Seite gibt es die größere Gruppe derjenigen, die ihr Leben ausgesprochen positiv sehen, auf der anderen Seite wächst die Zahl derer, die ihr Leben eher negativ bewerten (Rott & Jopp 2012). Es gibt offensichtlich Personen, die das Älterwerden sehr gut bewältigen und andere die große Schwierigkeiten damit haben.

Die Forschung zum erfolgreichen Altern unterscheidet zwischen zwei möglichen Gruppen von Faktoren, die das erfolgreiche Altern beeinflussen können. Auf der einen Seite stehen Ressourcen (z.B. Bildungsstand, Gesundheit, intellektuelle Kapazität, soziales Netzwerk), auf der anderen Lebensmanagementstrategien (SOC-Strategien) wie gezielte Auswahl von an die Ressourcensituation angepassten Zielen, gewinnbringender Einsatz der Ressourcen und Strategien zur Kompensation des Verlustes von Ressourcen (Jopp 2003). Es zeigte sich, dass das Zusammenspiel von Ressourcen und Lebensmanagementstrategien je nach Altersgruppe unterschiedlich war. Bei den „jungen" Alten beeinflussten Ressourcen und Lebensmanagementstrategien unabhängig voneinander die Zufriedenheit im Alter: je mehr Ressourcen sie besaßen und je besser ihre Lebensma-

6.3 Bedingungen für erfolgreiches Altern

nagementstrategien waren, umso höher fiel ihre Alterszufriedenheit aus. Bei den „alten" Alten gab es einen Unterschied zwischen Personen mit vielen bzw. wenigen Ressourcen. Bei den Personen mit vielen Ressourcen beeinflussten hauptsächlich die Ressourcen die Alterszufriedenheit. Es gibt kaum einen Unterschied zwischen den Personen mit wenigen oder vielen SOC. Bei den Personen mit wenigen Ressourcen besaßen diejenigen mit vielen Lebensmanagementstrategien eine höhere Alterszufriedenheit. Bei ihnen pufferten die guten Lebensmanagementstrategien den negativen Einfluss der geringen Ressourcen ab (Abb. 68).

Jopp (2003) befragte 156 Personen im Alter zwischen 70 und 90 Jahren nach ihren Ressourcen (Bildungsstand, Gesundheit, intellektuelle Kapazität, soziales Netzwerk), ihren Lebensmanagementstrategien (SOC: gezielte Auswahl von an die Ressourcensituation angepassten Zielen, gewinnbringender Einsatz der Ressourcen, Strategien zur Kompensation des Verlustes von Ressourcen) und zur Zufriedenheit im Alter. Sie unterteilte die Stichprobe in „junge" Alte (70-79 Jahre) und „alte" Alte (80-90 Jahre). Die Abbildungen zeigen das Zusammenspiel von Ressourcen und SOC in der Auswirkung auf die Alterszufriedenheit getrennt für beide Gruppen.

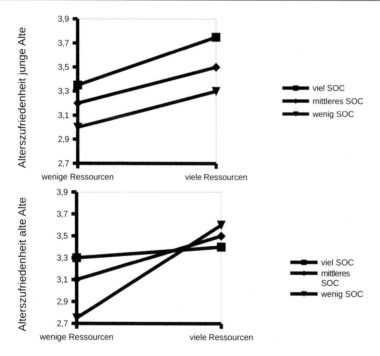

Abbildung 68: Unterschiedliches Zusammenwirken von Ressourcen und Lebensmanagementstrategien (SOC) bei jungen und alten Alten (nach Jopp 2003).

Kapitel 6: Menschen verändern sich im Verlauf ihres Lebens: Erwachsene

> Weitere Untersuchungen zeigten, dass mit zunehmenden Alter psychologische Verarbeitungsprozesse wie Selbstwirksamkeit, Optimismus, Lebenssinn und Lebenswille einen größeren Einfluss auf das Wohlbefinden im Alter haben als die vorhandenen Ressourcen (Rott & Jopp 2012).

6.4. Zusammenfassung

Hier sehen Sie noch einmal die Inhalte dieses Kapitels im Überblick.

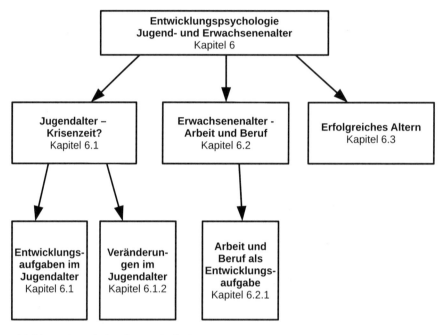

Abbildung 69: Inhalte des Kapitels 6

Fragen

1. Welcher der Aussagen über Entwicklungsaufgaben sind richtig?
   (a) Personen, die Entwicklungsaufgaben nicht erfolgreich bewältigen, entwickeln immer schwerwiegende psychische Störungen.
   (b) Entwicklungsaufgaben sind besondere Anforderungen, die für eine bestimmte Altersphase spezifisch sind. Sie sind in allen Kulturen gleich.
   (c) Entwicklungsaufgaben sind besondere Anforderungen, die für eine bestimmte Altersphase spezifisch sind. Werden die Entwicklungsaufgaben einer Altersphase erfolgreich bewältigt, beeinflusst dies die psychische

Entwicklung positiv und erleichtert die Bewältigung weiterer Entwicklungsaufgaben.
 (d) Das Konzept der Entwicklungsaufgaben macht deutlich, dass schwierige Situationen, „Sprünge" im Entwicklungsablauf etc. zur normalen Entwicklung gehören.
2. Sind die folgenden Aussagen über das Jugendalter zutreffend?
 (a) Sowohl Eltern als auch Gleichaltrige sind für Jugendliche wichtig. Sie erfüllen unterschiedliche Funktionen.
 (b) Im Jugendalter gibt es besonders viele Probleme. Man nennt es zu Recht eine Krisenzeit.
 (c) Jugendliche interessieren sich ausschließlich für ihr eigenes Wohlergehen, Spaß und Freizeit.
 (d) Jugendliche von heute sind verantwortungsloser als die Jugendlichen von früher.
 (e) Betrachtet man die letzten 20-30 Jahre, kann man bei Jugendlichen eine Zunahme sozial orientierter Werte und Normen beobachten.
3. Was wissen Sie über die Bedeutung von Arbeit und Beruf im Erwachsenenalter?
 (a) Arbeit ist sehr wichtig für die psychische Gesundheit und das Wohlbefinden von Männern und Frauen.
 (b) Männer und Frauen reagieren unterschiedlich auf Beschäftigungsprobleme (z.B. Arbeitslosigkeit, geringfügige Beschäftigung).
 (c) Wenn es um die Work-Life-Balance geht, gibt es mittlerweile keinen Unterschied mehr zwischen Männern und Frauen.
 (d) In heutigen Zeiten können die meisten Menschen ihre Berufswünsche nicht verwirklichen.
4. Was wissen Sie über die Situation alter Menschen?
 (a) „Alte" Alte sind unzufriedener mit ihrem Leben, fühlen sich weniger wohl und haben mehr negative Gefühle als alle anderen Altersgruppen.
 (b) Im Alter differenzieren sich die Lebenswege noch einmal aus. Es gibt die große Gruppe derer, die die gut mit den Einschränkungen des Älterwerdens zurechtkommen und eine kleinere Gruppe, die sehr große Schwierigkeiten hat.
 (c) Die Mehrzahl der „alten" alten Menschen ist einsam.
 (d) Jüngere Alte kommen mit dem Alter gut zurecht, wenn sie über viele Ressourcen verfügen, mit zunehmendem Alter werden psychologische Verarbeitungsprozesse wie Selbstwirksamkeit, Optimismus, Lebenssinn und Lebenswille immer wichtiger.

Kapitel 6: Menschen verändern sich im Verlauf ihres Lebens: Erwachsene

Literatur

Albani, C., Blaser, G., & Geyer, M. (2006). Validierung und Normierung des „Fragebogen zur Erfassung des körperlichen Wohlbefindens" "(FEW-16) von Kolip und Schmidt an einer repräsentativen deutschen Bevölkerungsstichprobe. *Psychotherapie Psychosomatik Medizinische Psychologie, 56*, 172-181

Berth, H., Förster, P., Brähler, E., Zenger, M., & Stöbel-Richter, Y. (2011). Arbeitslosigkeit und Gesundheit - Ergebnisse der sächsischen Längsschnittstudie. In M. Mühlpfordt, G. Mohr, & P. Richter (Hrsg.), *Erwerbslosigkeit: Handlungsansätze zur Gesundheitsförderung* (S. 35-53).

Bühler, A. (2003). Risikoverhalten im Jugendalter - normative und problematische Entwicklungen. In W. Rometsch & D. Sarrazin (Hrsg.), *Forum Sucht: No risk--no fun". Risikokompetenz im Jugendalter* (S. 7-16). Münster: Landschaftsverband Westfalen-Lippe.

Dreher, E. (2010). Jugendalter' verstehen - eine entwicklungspsychologische Skizze. *Jugend Inside (1)*, 2-5

Ewers, E. (2005). *Arbeit als Lebensinhalt?: Zur Situation von Gründern und Mitarbeitern kleiner It-Unternehmen*. Dissertation. Berlin: Freie Universität

Fend, H. (1998). *Eltern und Freunde: Soziale Entwicklung im Jugendalter*. Bern: Huber

Gaiser, W., & Gille, M. (2012). Politische Partizipation junger Menschen. *Polis, 1*, 15-17.

Gille, M. (2006). Werte, Geschlechtsrollenorientierungen und Lebensentwürfe. In M. Gille, W. Sardei-Biermann, J. Gaiser, & J. de Rijke (Hrsg.), *Jugendliche und junge Erwachsene in Deutschland. Lebensverhältnisse, Werte und gesellschaftliche Beteiligung 12- bis 29-Jähriger* (S. 131-212). Wiesbaden: VS Verlag für Sozialwissenschaften.

Häfeli, K., Schellenberg, C., Schmaeh, N., Hättich, A., & Grob, A. (2014). *Kontinuität und Wandel: Determinanten der beruflichen Entwicklung vom Jugend- bis ins mittlere Erwachsenenalter*. Zürich, Basel: Interkantonale Hochschule für Heilpädagogik

Hoff, E. -H., Grote, S., Dettmer, S., Hohner, H. -U., & Olos, L. (2005). Work-Life-Balance: Berufliche Lebensgestaltung von Frauen und Männern in hoch qualifizierten Berufen. *Zeitschrift für Arbeits- und Organisationspsychologie, 49*(4), 196-207

Jopp, D. (2003). *Erfolgreiches Altern: Zum funktionalen Zusammenspiel von personalen Ressourcen und adaptiven Strategien des Lebensmanagements*. Dissertation. Berlin: Freie Universität

Kroll, L. E., & Lampert, T. (2012). Arbeitslosigkeit, prekäre Beschäftigung und Gesundheit. GBE kompakt 3: Vol. 1. Berlin: Robert Koch-Institut

Lang, F. R., Martin, M., & Pinquart, M. (2012). *Entwicklungspsychologie - Erwachsenenalter*. **Göttingen: Hogrefe Verlag.**

Lohaus, A., & Vierhaus, M. (2013). *Entwicklungspsychologie des Kindes-und Jugendalters für Bachelor* **(2., überarbeitete Auflage). Berlin, Heidelberg: Springer.**

A. Motel-Klingebiel, S. Wurm & C. Tesch-Römer (Hrsg.) (2012). *Altern im Wandel: Befunde des Deutschen Alterssurveys (DEAS). Tabellenanhang*. Stuttgart: Verlag W. Kohlhammer.

Oerter, R. & Dreher, E. (2002). Jugendalter. Kap. 7. In R. Oerter & L. Montada (Hrsg.), *Entwicklungspsychologie* (5. Auflage). Weinheim: Beltz

Pinquart, M., Schwarzer, G., & Zimmermann, P. (2011). *Entwicklungspsychologie - Kindes- und Jugendalter*. **Göttingen: Hogrefe Verlag.**

Rott, C. & Jopp, D. S. (2012). Das Leben der Hochaltrigen. Wohlbefinden trotz körperlicher Einschränkungen. *Bundesgesundheitsblatt, Gesundheitsforschung, Gesundheitsschutz*, **55(4), 474-80.**

6.4. Zusammenfassung

Schraps, U. (2006). *Frauen und Männer im It-Bereich: Mehr Chancengleichheit durch neue Arbeitsformen?* Dissertation, Berlin: Freie Universität

Stuhlmann, K. (2009). Die Realisierung von Berufswünschen - durch die Identitätsentwicklung im Jugendalter vorhersagbar? In H. Fend, F. Berger, & U. Grob (Hrsg.), *Lebensverläufe, Lebensbewältigung, Lebensglück: Ergebnisse der Life-Studie.* (S. 73-99). Wiesbaden: VS Verlag

Stuhlmann, K. (2010). *Berufsverläufe: Eine Längsschnittuntersuchung zur Bedeutung der Identitätsentwicklung im Jugendalter für die berufliche Laufbahn Erwachsener.* Saarbrücken: Südwestdeutscher Verlag für Hochschulschriften

Tesch-Römer, C., & Wurm, S. (2006). Veränderung des subjektiven Wohlbefindens in der zweiten Lebenshälfte. In C. Tesch-Römer, H. Engstler, & S. Wurm (Hrsg.), Altwerden in Deutschland: Sozialer Wandel und individuelle Entwicklung in der zweiten Lebenshälfte (S. 329-384). Wiesbaden: Verlag für Sozialwissenschaften VS.

Thielen, K. & Kroll, L. (2013). Alter, Berufsgruppen und psychisches Wohlbefinden. *Bundesgesundheitsblatt, Gesundheitsforschung, Gesundheitsschutz, 56*(3), 359-66.

Thurnherr, G., Schönenberger, S., & Brühwiler, C. (2013). Hilfreiche Unterstützung in der Berufsorientierung aus Sicht von Jugendlichen. In U. Faßhauer, B. Fürstenau, & E. Wuttke (Hrsg.), *Jahrbuch der berufs-und wirtschaftspädagogischen Forschung 2013* (S. 259-270). Opladen: Budrich.

Ulich, E. & Wiese, B. S. (2011). *Life Domain Balance.* Wiesbaden: Springer

Kapitel 7: Menschen sind soziale Wesen. Ihr Aufwachsen ist nicht ohne sozialen Kontext denkbar: Familie (Familienpsychologie).

In diesem Kapitel erfahren Sie, was aus psychologischer Sicht Familien kennzeichnet, wie sie ihr Zusammenleben organisieren und wie sie Belastungen bewältigen. Außerdem geht es um die Frage, ob es so etwas wie die optimale Erziehung in der Familie gibt.

	Menschen können auf unterschiedliche Weise zusammenleben. Hier sind einige Beispiele.
1.	Herr und Frau M. sind seit 10 Jahren verheiratet. Sie haben zwi Kinder von 8 und 5 Jahren.
2.	Familie W. hat ein großes Haus. In dem Haus leben W.s mit ihren beiden 10- und 13jährigen Kindern und in einer separaten Wohnung die Eltern von Frau W.
3.	Frau R. und Herr G. sind nicht verheiratet. Sie leben zusammen mit ihren beiden Kindern von 3 und 5 Jahren.
4.	Frau A. und Herr T. sind nicht verheiratet. Sie leben zusammen. Mit ihnen lebt die Tochter (12 Jahre) aus Frau A.s früherer Beziehung und der Sohn (9 Jahre) aus Herrn T.s geschiedener Ehe.
5.	Herr A. und Herr. G. sind seit 10 Jahren ein Paar. Sie leben zusammen mit ihrem 8jährigen Sohn.
6.	Frau N. und Herr L. sind verheiratet und leben zusammen.
7.	Frau T. und Herr Z. sind nicht verheiratet und leben zusammen.
8.	Frau B. und Frau W. sind seit 6 Jahren ein Paar. Sie leben zusammen.

Abbildung 70: Formen des Zusammenlebens (in Anlehnung an Familienreport 2012)

Diskutieren Sie: Welche der in Abb. 70 aufgeführten Formen des Zusammenlebens ist aus Ihrer Sicht eine Familie?

7.1 Was ist eine Familie?

Vor dreißig bis vierzig Jahren hätten Menschen auf die Frage, was eine Familie ist, wahrscheinlich spontan „Vater, Mutter, Kind" oder vielleicht noch enge Verwandte wie z.B. Großeltern genannt. Auch heute denken praktisch alle Befragten bei Familie an ein verheiratetes Ehepaar mit Kindern. Aber das Verständnis von Familie hat sich deutlich erweitert (Abb. 71). Ein wichtiges Kriterium scheint das Vorhandensein von Kindern zu sein. Die überwiegende Mehrheit benutzt den Begriff Familie zusätzlich für die Dreigenerationenfamilie und für unverheiratete Paare mit Kindern. Knapp zwei Drittel bezeichnen auch Al-

7.1 Was ist eine Familie?

leinerziehende als Familie und immerhin noch gut vierzig Prozent gleichgeschlechtliche Paare mit Kindern.

In einer repräsentativen Umfrage unter der deutschen Bevölkerung ab 16 Jahren wurde danach gefragt, welche Konstellationen die Befragten als „Familie" bezeichnen würden. Die Abbildung zeigt den Prozentsatz derjenigen, die die jeweilige Konstellation als „Familie" bezeichneten (Familienreport 2012).

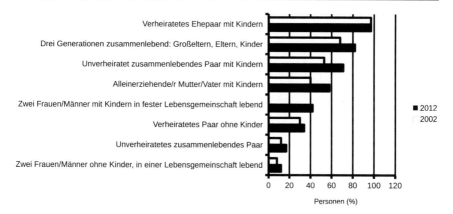

Abbildung 71: Was verstehen Menschen unter „Familie"? (nach Familienreport 2012)

Auch in der Forschung diskutiert man darüber, was unter „Familie" zu verstehen ist und die Sicht der Bevölkerungsstatistiker, Soziologen und Psychologen unterscheidet sich etwas.

Aus *psychologischer* Sicht versteht man unter einer Familie eine Primärgruppe, die mehr als eine Generation umfasst und über einen längeren Zeitraum besteht. Zwischen ihren Mitgliedern entwickeln sich durch das gemeinsame Zusammenleben enge persönliche Beziehungen und gegenseitige Verpflichtungen. Familien haben verschiedene Funktionen, eine der wichtigsten ist das Hervorbringen und die Sorge für die nachfolgende Generation. Man bezeichnet Familien auch als *intime Beziehungssysteme* (Schneewind 2010).

7.1.1. Unterschiedliche Familienformen.

Von den eingangs genannten acht Lebensformen fallen die ersten fünf unter den psychologischen Familienbegriff: In allen leben mindestens zwei Generationen zusammen, es gibt Kinder und man sorgt für diese. Abb. 72 zeigt, wie sich diese unterschiedlichen Familienformen innerhalb der letzten 15 Jahre verändert haben. Die klassische Familienform (verheiratete Eltern und Kind/er) hat abgenommen und „neue" Familienformen haben zugenommen. Die Befragten in der

Kapitel 7: Menschen sind soziale Wesen: Familie

Umfrage von Abb. 71 spiegeln mit ihrem erweiterten Familienbegriff diese Veränderung wider.

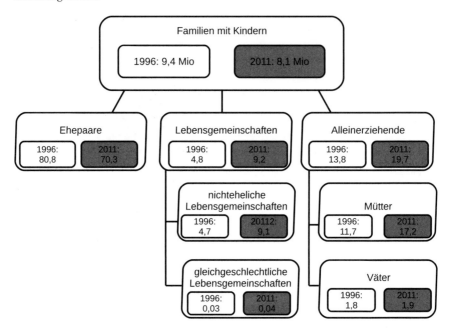

Abbildung 72: Veränderung der Lebensformen von Familien von 1996-2011 (nach Familienreport 2012)

Bedeutung unabhängig von der Familienform. Die subjektive Bedeutung der Familie scheint unabhängig von ihrer konkreten Ausgestaltung zu sein. Gerade in den Zeiten großer Veränderungen der Familienformen ist die Familie für junge Erwachsene zunehmend wichtiger geworden (Abb. 73). Die Familie ist nach wie vor der Ort, an dem Menschen aufwachsen, ihre ersten engen emotionalen Beziehungen haben und für die überwiegende Mehrzahl ein außerordentlich wichtiger Bezugspunkt im Leben.

7.1 Was ist eine Familie?

Junge Erwachsene bis 30 Jahre in den neuen und den alten Bundesländern wurden zur Bedeutung der Familie befragt. Die Abbildung zeigt den Prozentsatz derjenigen, die der Aussage zustimmten: „Man braucht eine Familie zum Glück" (Familienreport 2012).

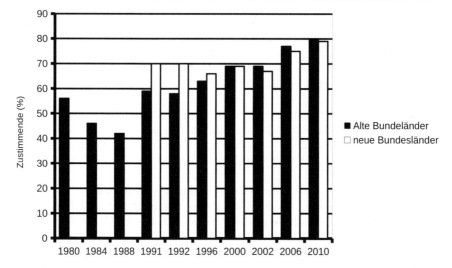

Abbildung 73: Bedeutung der Familie für junge Erwachsene (nach Familienreport 2012)

Lebenssituation in unterschiedlichen Familienformen. Zwar hat die Familie unabhängig von der Familienform eine hohe Bedeutung für die Menschen, trotzdem ist es nicht unwichtig, in welcher Familienform Menschen leben. Vor allem die Situation alleinerziehender Mütter unterscheidet sich von der der anderen Familienformen. Ihr Einkommen ist im Durchschnitt deutlich niedriger als das von Paaren mit Kindern und ca. 40 Prozent der Alleinerziehenden sind auf Hartz IV angewiesen. Die Lebenszufriedenheit alleinerziehender Mütter ist geringer als die von Müttern mit Partnern und sie haben größere Ängste, was die wirtschaftliche Situation angeht (Borgstedt 2011).

7.1.2 Familie als soziales System

Während sich die *äußere* Struktur (die Form) von Familien unterscheidet, ähneln sich alle Familienformen in Bezug auf ihre *innere* Struktur. Diese Struktur wird von vielen Forschern als **soziales System** beschrieben.

- *Mehr als die Summe der Einzelelemente.* Ein System besteht aus mehreren Einzelelementen, die untereinander in Beziehung stehen. Die Eigenschaften des Systems werden durch die Beziehungen zwischen den Elementen erklärt. Die Eigenschaften einer Familie ergeben sich aus den Beziehungen zwischen ihren Mitgliedern.

- *Subsysteme.* Innerhalb eines Systems bestehen häufig Subsysteme, die sich gegenseitig beeinflussen. In der Familie können sich z.B. die Eheprobleme des Subsystems Eltern auf das Subsystem Kinder auswirken.
- *Ganzheitlichkeit.* Systeme bestehen zwar aus mehreren Einzelelementen, verhalten sich aber als Einheit. Eine Familie besteht aus mehreren Familienmitgliedern, ihre Funktionsweise ist aber nicht eine Addition der Verhaltensweisen der einzelnen Mitglieder sondern sie verhält sich als Ganzes.
- *Offenheit vs. Geschlossenheit.* Systeme existieren in einer Umwelt und lassen sich von dieser unterscheiden. Die Grenzen eines Systems zur Umwelt können offen oder geschlossen sein. Familien können in mehr oder weniger ständigem Austausch mit der umgebenden Umwelt stehen. Die Variationsbreite geht von starker Abschottung bis zu regelmäßigem Austausch.
- *Zielorientierung.* Familien als System sind zielorientiert. Sie leben nicht nur einfach zusammen, sondern organisieren sich und interagieren, um bestimmte Aufgaben zu bewältigen.
- *Selbstorganisation und Systemwandel.* Systeme regulieren sich selbst, um ihr inneres Gleichgewicht zu behalten. Familien balancieren das Kräftegleichgewicht innerhalb der Familie aus und passen sich an neue Beziehungsmuster oder veränderte Umwelten an. Familien *entwickeln* sich.
- *Internes Erfahrungsmodell.* Jedes Mitglied des Systems Familie hat ein internes Modell der Beziehungen in der Familie. Die internen Erfahrungsmodelle der Familienmitglieder steuern die Interaktion in der Familie. (Schneewind 2010)

7.1.3 Familienentwicklung

Viele der Beziehungen in einer Familie sind durch Rollen (z.B. Säugling, Schulkind, Vater Mutter, Berufstätige/r) der Beteiligten geprägt. Die Rollen verändern sich im Laufe der Zeit (ein Kleinkind wird zum Schulkind; ein Familienmitglied kehrt aus der Elternzeit in den Beruf zurück). Auch die Umwelt der Familie ändert sich (statt des Kindergartens gehört die Schule zur Umwelt einer Familie mit Schulkindern). Diese Veränderungen führen zu Veränderungen in der Beziehungsstruktur innerhalb der Familie und in der Folge zu Veränderungen des Gesamtsystems (eine Familie mit 15-18jährigen Kindern funktioniert als Ganzes anders und hat andere Eigenschaften als eine Familie mit Säuglingen und Kleinkindern). Viele der Veränderungen von Rollen und Umwelten sind „normativ", d.h. sie sind durch die jeweilige Lebensphase bestimmt. Man kann daher auch bei Familien von Entwicklungsaufgaben sprechen. Man geht davon aus, dass unabhängig von der Familienform Familien in derselben Lebensphase vor den gleichen Entwicklungsaufgaben stehen. Es gibt unterschiedliche Versuche, solche Lebensphasen zu beschreiben. Abb. 74 zeigt ein Beispiel in Anlehnung an Schneewind 2010.

7.1 Was ist eine Familie?

	Phase	Aufgaben
0	Verlassen des Elternhauses	• Selbstdifferenzierung in Beziehung zum Elternhaus • Entwicklung intimer Beziehungen • finanzielle Unabhängigkeit
1	Kinderlosigkeit	• Bildung des (Ehe-)Paarsystems • Neuorientierung der Beziehungen außerhalb des Paars
2	Familien mit jungen Kindern	• Erweiterung des Paar- zum Familiensystem • Koordination der Aufgaben von Kindererziehung und Haushaltsführung • finanzielle Anpassung • Koordination von Beruf und Familie • Neuorientierung der Beziehungen mit erweiterter Familie: Einbezug der Eltern- und Großelternrollen
3	Familien mit Jugendlichen	• Veränderung der Eltern-Kind-Beziehung • Fokussierung auf berufliche und Beziehungsthemen des mittleren Lebensalters • Hinwendung auf gemeinsame Pflege und Sorge für die ältere Generation
6	Entlassung der Kinder aus dem Familienverband	• Neuaushandeln der Paarbeziehung • Entwicklung „erwachsener" Beziehung zu Kindern
7	Nachelterliche Gefährtenschaft	• Einbezug von Schwiegerkindern und Enkeln ins Familiensystem • Auseinandersetzung mit Behinderungen und Tod der Eltern
8	Beruflicher Rückzug	• Aufrechterhalten des Funktionierens als Paar • Unterstützung einer zentraleren Rolle der mittleren Generation • Raum schaffen für „Weisheit als Alte" und für Unterstützung als ältere Generation • Auseinandersetzung mit dem Tod von Angehörigen und sich selbst • Lebensrückschau

Abbildung 74: Lebensphasen und Entwicklungsaufgaben von Familien (in Anlehnung an Schneewind 2010)

Kritiker wenden ein, dass Modelle familialer Entwicklungsphasen nicht beanspruchen können, immer und überall zu gelten. Sie sind, ähnlich wie die Beschreibung individueller Entwicklungsaufgaben, kultur- und zeitanhängig. So sind beispielsweise familiale Rollen (z.B. die Aufgaben von Müttern) heute sehr viel weniger festgelegt als früher und müssen ausgehandelt werden. Dies erschwert den Übergang in neue Phasen. Besonders deutlich zeigt sich dies beim Übergang zur Elternschaft und der Frage nach der Arbeitsteilung im Haushalt.
Übergang zur Elternschaft. Der Übergang zur Elternschaft wird von vielen Paaren in Deutschland ambivalent erlebt. Fragt man nach der allgemeinen Zufriedenheit mit dem Leben, sind Eltern mit Kindern signifikant zufriedener als Eltern ohne Kind, auch wenn sie in einzelnen Lebensbereichen wie Freizeit, soziale

Kontakte (nur die Väter) und Partnerschaft (nur die Mütter) etwas weniger zufrieden sind als Kinderlose (Pollmann-Schult 2013). Untersuchungen, die im Längsschnitt das psychische Wohlbefinden und die Zufriedenheit mit der Partnerschaft von der Zeit vor der Geburt des Kindes bis einige Zeit nach der Geburt verfolgten, zeigten, dass bei *Ersteltern* nach der Geburt des Kindes das psychische Wohlbefinden und die Zufriedenheit mit der Partnerschaft sinkt und sich auch nach knapp drei Jahren noch nicht wieder auf dem Niveau von vor der Geburt befindet. Die Eltern werden depressiver (Abb. 75), ihr Selbstbild wird negativer.

> Fthenakis u.a. (2002) befragten in einem Längsschnitt Eltern zu fünf verschiedenen Zeitpunkten: In der 26.-39. Schwangerschaftswoche (T1), der 6.-8. Lebenswoche des Kindes (T2), dem 3.-4. Lebensmonat (T3), dem 18. Lebensmonat (T4) und dem 34. Lebensmonat (T5). Die Abbildung zeigt die Entwicklung der Depressivitätswerte von Erst- und Zweiteltern über die verschiedenen Messzeitpunkte. Die Untersuchungsgruppe insgesamt hat etwas niedrigere Depressionswerte als die Normalbevölkerung. Der Unterschied zwischen Männern und Frauen findet sich auch in der Normalbevölkerung.

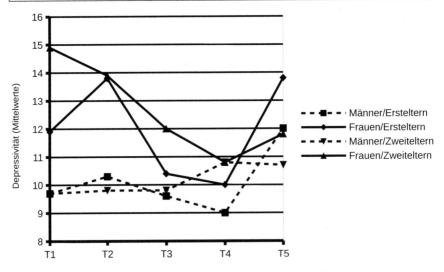

Abbildung 75: Veränderung der Depressionswerte von Ersteltern und Zweiteltern von der Zeit kurz vor der Geburt des Kindes (T1) bis zum Alter des Kindes von etwa 3 Jahren (T5) (in Anlehnung an Fthenakis u.a. 2002).

Sie berichten über mehr Streit und sind unzufriedener mit dem Partner (Abb. 76), wobei sich die Unzufriedenheit der Frauen besonders stark steigert (Fthenakis u.a. 2002). Die Entwicklung bei *Zweiteltern* verläuft anders. Auch sie erleben in Bezug auf ihr Selbstbild und die Depressivität Einbrüche um die Geburt des Kindes herum. Ihre Werte „erholen" sich aber schnell wieder. In Bezug auf

7.1 Was ist eine Familie?

die Partnerschaft finden sich bei den Männern keine und bei den Frauen nur geringfügige Veränderungen (Abb. 75 und Abb. 76).

> Fthenakis u.a. (2002) befragten in einem Längsschnitt Eltern zu vier verschiedenen Zeitpunkten: In der 26.-39. Schwangerschaftswoche (T1), dem 3.-4. Lebensmonat (T3), dem 18. Lebensmonat (T4) und dem 34. Lebensmonat (T5). Die Abbildung zeigt die Entwicklung der Unzufriedenheit mit dem Partner von Erst- und Zweiteltern über die verschiedenen Messzeitpunkte.

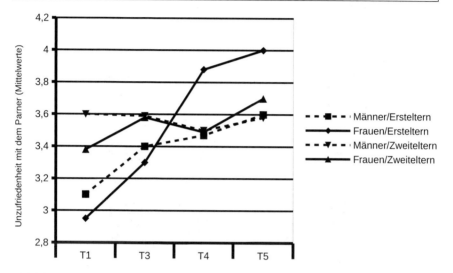

Abbildung 76: Veränderung der Unzufriedenheit mit dem Partner von Ersteltern und Zweiteltern von der Zeit kurz vor der Geburt des Kindes (T1) bis zum Alter des Kindes von etwa 3 Jahren (T5) (in Anlehnung an Fthenakis u.a. 2002).

Balance von Beruf und Familie. Die Arbeitsverteilung im Haushalt ändert sich ebenfalls. Lange Zeit wurde das Problem der Balance zwischen Berufstätigkeit und Familie in Westdeutschland in der Mehrzahl der Familien durch eine klare Aufgabenteilung zwischen Frauen und Männern gelöst. Sobald Kinder da waren, gab ein beträchtlicher Teil der Frauen den Beruf auf, die Männer waren Vollzeit erwerbstätig. Inzwischen gibt es deutliche Veränderungen, wobei sich Westen und Osten immer noch unterscheiden (Nave-Herz 2012). Forscher haben die Verteilung der Berufstätigkeit zwischen Paaren in Kategorien eingeteilt: *Egalitäre Paare* arbeiten beide gleich viel (in der Regel sind sie voll erwerbstätig). Bei *modernisierten* Paaren ist der Mann vollerwerbstätig, die Frau arbeitet Teilzeit. Bei *traditioneller* Arbeitsteilung ist der Mann voll, die Frau gar nicht erwerbstätig. Abb. 77 zeigt, dass bei Paaren ohne Kinder Westen und Osten sich gleichen: Beim größeren Teil der Paare sind beide voll erwerbstätig, nur wenige Paare folgen dem traditionellen „Alleinernährermodell". Große Unterschie-

Kapitel 7: Menschen sind soziale Wesen: Familie

de gibt es allerdings bei Paaren mit Kindern: Im Osten arbeiten bei 79% der Paare mit Kindern beide Partner, im Westen sind es 57%. Während im Osten 45% der Mütter Vollzeit arbeiten, sind es im Westen 12% (Tölke 2012).

> Das Deutsche Jugendinstitut befragte Personen zwischen 18 und 55 Jahren, die mit einem Partner zusammenlebten und mindestens 1 Kind unter 18 Jahren hatten, wie sie Berufstätigkeit und Familie in ihrer Partnerschaft regelten (Tölke 2012). Die Abbildung zeigt den Prozentsatz der Partnerschaften, die egalitäre, modernisierte oder traditionelle Aufteilungen berichteten, außerdem den Prozentsatz der Paare, bei denen eine Person in Elternzeit ist.

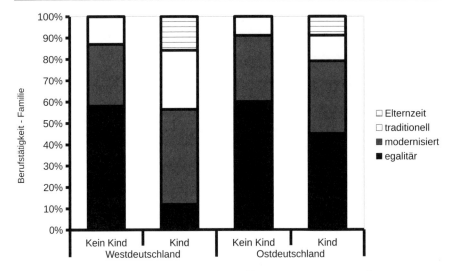

Abbildung 77: Aufteilung von Arbeit und Beruf bei Paaren in West- und Ostdeutschland (in Anlehnung an Tölke 2012).

Die Geburt des ersten Kindes bringt nicht nur eine Veränderung in der Berufstätigkeit sondern auch in der Aufteilung der Hausarbeit mit sich. Nach der Geburt des Kindes nimmt der Anteil der Frauen an der Hausarbeit deutlich zu (Wengler u.a. 2008). In Familien mit Kindern findet man überwiegend eine traditionelle Aufteilung, d.h. die Frau übernimmt den größeren Teil der Hausarbeit. Bei der Kinderbetreuung ist die Aufteilung in Ostdeutschland zwischen Männern und Frauen annähernd gleich (Abb. 78). Auch in Nichtehelichen Lebensgemeinschaften werden die Elternaufgaben annähernd gleich verteilt (Wengler u.a. 2008).

7.1 Was ist eine Familie?

> Im Rahmen eines Projektes zu Unterschieden im Lebenslauf zwischen Ost und West (Goldstein u.a. 2010) wurden in den Jahren 2009/2010 etwa 13000 Männer und Frauen u.a. zur Arbeitsteilung in der Familie befragt. (Trappe 2010).

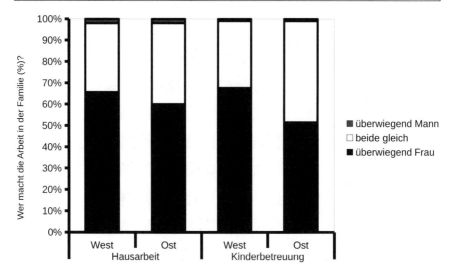

Abbildung 78: Aufteilung von Hausarbeit und Kinderbetreuung zwischen Frauen und Männern (nach Trappe 2010).

Obwohl sie weit verbreitet ist, scheint die traditionelle Aufteilung von Haus- und Elternarbeit nicht mehr dem Lebensgefühl der Betroffenen zu entsprechen. Männer und vor allem Frauen, die in einer Beziehung mit einer egalitären (beide gleich) oder nicht-traditionellen (mehr Aufgaben vom Mann übernommen) Arbeitsteilung leben, sind deutlich zufriedener sowohl mit der Aufteilung der Hausarbeiten als auch mit der Aufteilung bei der Betreuung der Kinder (Wengler u.a. 2008). Auch auf die Zufriedenheit mit der Paarbeziehung wirkt sich die häusliche Arbeitsteilung aus. Vor allem Frauen sind mit der Paarbeziehung zufriedener, wenn die Aufgaben gleich verteilt sind (Abb. 79).

Wengler u.a. (2008) werteten die Daten der Befragung einer repräsentativen Stichprobe von ca. 6000 Personen, die in einem Haushalt lebten, zur Zufriedenheit mit der Paarbeziehung aus. Die Abbildung zeigt getrennt nach Geschlechtern für diejenigen, bei denen die Arbeitsaufteilung egalitär bzw. traditionell ist, den Prozentsatz der Unzufriedenen, Zufriedenen und sehr Zufriedenen

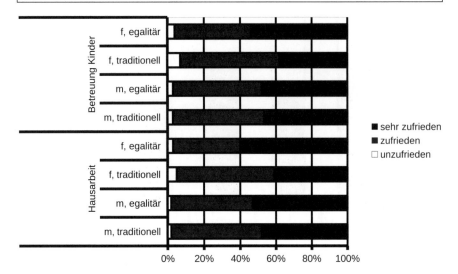

Abbildung 79: Zufriedenheit mit der Paarbeziehung bei Gruppen mit unterschiedlicher häuslicher Arbeitsteilung (nach Wengler u.a. 2008).

7.2 Der Umgang von Familien mit Belastungen

Man kann Lebensbedingungen (z.B. Arbeitslosigkeit) und Veränderungen (z.B. Geburt eines Kindes) im Leben von Familien auch unter dem Aspekt der Belastung betrachten, die sie für das Zusammenleben und die Entwicklung der Familie bedeuten. Schneewind (2010) betont, dass es wichtig ist, zwischen *Familienstress* und *Familienstressoren* zu unterscheiden.

- Unter *Familienstress* versteht man den Druck oder die Spannung *im* Familiensystem, die eine Veränderung des innerfamilialen Gleichgewichts hervorrufen können (Schneewind 2010).
- Als *Familienstressor* bezeichnet man dagegen ein auf die Familie *einwirkendes* Lebensereignis oder Übergangsstadium, das im sozialen System der Familie Veränderungen bewirken kann.

Familienstressoren können unterschiedlich intensive *Belastungsniveaus* haben und dadurch unterschiedliche Bewältigungsprozesse bei der Familie notwendig machen (Abb. 80).

7.2 Der Umgang von Familien mit Belastungen

Belastungs-niveau	Art der Stressoren	Bewältigungsstrategien	Auswirkung auf das Familiensystem
Level-I-Stress	„familienübliche" Stressoren, z.b. Zeitdruck, Schulprobleme der Kinder	Vertraute Bewältigungsstrategien, z.b. bessere Terminplanung, Nachhilfestunden	Familiensystem bleibt in seiner inneren Struktur unverändert
Level-II-Stress	potentiell krisenhafte Übergänge im Familienzyklus, z.b. Übergang zur Elternschaft, Kinder gehen aus dem Haus	Neuordnung des Rollenverständnisses, neue Kommunikations- und Kooperationsformen	Familiensystem ändert seine innere Struktur (Rollen, Aufgaben)
Level-III-Stress	Grundlegende Lebens- und Wertkonzepte einer Familie werden in Frage gestellt, z.b. psychische Erkrankung eines Elternteils, Geburt eines behinderten Kindes, dauerhafte Arbeitslosigkeit	Die Familie muss möglicherweise ihren gesamten Wertekanon oder zentrale Lebensziele radikal ändern	Radikal veränderte Vorstellungen von Aufgaben, Werten und Zielen von Familie

Abbildung 80: Unterschiedliche Belastungsniveaus bei Familienstressoren (nach Schneewind 2010, S. 112)

Die Wirkung von Familienstressoren auf die Familie hängt nicht nur vom „objektiven" Belastungsniveau des Stressors ab. Die Wahrnehmung des Stressors, die Ressourcen, die der Familie zur Verfügung stehen und die Wahl der Bewältigungsstrategien bestimmen letzten Endes, ob es negative Auswirkungen eines Stressors gibt.

Wahrnehmung des Stressors. Nicht die objektive Qualität eines Stressors, sondern seine subjektive Wahrnehmung und die Erwartung möglicher Folgen geben den Ausschlag für seine Wirkung. So fanden z.B. Tröster & Aktas (2003), dass sich Mütter von neurodermitiskranken Kindern dann besonders belastet fühlten, wenn aus ihrer Sicht die Krankheit der Kinder mit besonders vielen Beeinträchtigungen verbunden war. Die von den Müttern empfundene Beeinträchtigung durch die Krankheit war aber unabhängig von der objektiven Schwere der Krankheit.

Zur Verfügung stehende Ressourcen. Unter Ressourcen versteht man die Mittel und Möglichkeiten, die der Familie zur Verfügung stehen, um eine Situation zu bewältigen. Sie können unterschiedliche Quellen haben.

- Ressourcen können *im System der Familie* als Ganzes verankert sein, z.B. ein positives Familienklima, das durch viel Anregung und geringe Konfliktneigung geprägt ist (Schneewind 2010). Wiesner u.a. (2000) stellten z.B. fest, dass für die Auswirkung familiärer Belastungen auf die Depressivität von Jugendlichen die Qualität des Familienklimas eine wichtige Rolle spielte. Auch die Stabilität der Familienform, unabhängig davon, um welche Form es sich handelt, scheint eine wichtige Ressource zu sein. Walper & Schwarz (2002) fanden z.b., dass Jugendliche aus Familien im Übergang (bei denen also gerade die Familienform wechselte, z.b. von Alleinerziehend zu Stieffamilie oder von Kernfamilie zu Alleinerziehend) ein geringeres Selbstwertgefühl hatten als Jugendliche aus stabilen Kernfamilien (beide Elternteile) oder stabilen Alleinerziehendenfamilien nach einer Scheidung.

- Familiale Ressourcen können aus positiven *Beziehungen* zwischen Mitgliedern des Systems Familie bestehen. So fanden z.b. Laucht u.a. 2002, dass die Kinder depressiver Mütter im Alter von 8 Jahren weniger Verhaltensstörungen hatten, wenn die Mutter-Kind Beziehung trotz allem in der Säuglingszeit positiv war und die Mutter z.b. viel „Babytalk" mit dem Kind gemacht hatte.
- Ressourcen können aus unterstützenden Faktoren *außerhalb* des Systems Familie bestehen Dazu gehört z.b. die Einbindung in ein gutes soziales Netzwerk (vgl. Kap. 8).

Bewältigungsstrategien. Die Strategien, die eine Familie verwendet, um Belastungen zu bewältigen, können mehr oder weniger hilfreich sein. So zeigte sich in einer Untersuchung von Gabriel & Bodenmann (2006), dass Eltern von verhaltensauffälligen und aufmerksamkeitsgestörten Kindern nicht nur ein höheres Stressniveau aufweisen als durchschnittliche Eltern, sondern auch ungünstigere Bewältigungsstrategien hatten.

7.3 Kinder und Familie

Eine der wichtigsten Aufgaben von Familien ist die Sorge für die Kinder. Die Forschung hat sich lange mit der Frage beschäftigt, welche Formen des Umgangs der Eltern mit ihren Kindern besonders günstig für deren Entwicklung sind.

Erzieherverhalten. Die Forschung zum Erzieherverhalten interessiert sich für die Frage, welche Auswirkungen das konkrete Verhalten der Eltern im Umgang mit Kindern und Jugendlichen auf deren Entwicklung hat.

Diana Baumrind hat die Forschung in diesem Bereich nachhaltig beeinflusst. Sie führte verschiedene umfangreiche Studien zum Zusammenhang zwischen Verhaltensmustern von Eltern und Kindern durch. Sie beobachtete Eltern und Kinder und verwendete Interviews und Fragebögen. Sie wählte zwei verschiedene Untersuchungsansätze. In einem ersten Untersuchungsansatz gruppierte sie die Kinder nach Persönlichkeit und sozialer Kompetenz und prüfte, ob sich die Eltern unterschiedlich kompetenter Kinder in ihrem Verhalten unterschieden. In einem zweiten gruppierte sie das Verhalten der Eltern nach verschiedenen Kriterien und prüfte die Auswirkungen auf die Kinder. Mit beiden Untersuchungsansätze erhielt sie vergleichbare Ergebnisse.

7.3 Kinder und Familie

Sie fand drei verschiedene Muster des Elternverhaltens (Abb. 81), die sich in Bezug auf vier Dimensionen unterscheiden, das Ausmaß an Kontrolle, die Anforderungen an die Reife, die Klarheit der Kommunikation und das Ausmaß an Zuwendung. Die drei Muster nannte sie *autoritatives, autoritäres und permissives* Elternverhalten.

Autoritatives Erzieherverhalten. Das autoritative Muster zeichnete sich durch die positivste Ausprägung in allen vier Dimensionen aus und hatte die günstigsten Auswirkungen auf die Kinder (Fuhrer 2009) (vgl. Abb. 81). Man kann es gut anhand der vier Dimensionen beschreiben.

- *Kontrolle.* Die Eltern bemühen sich, das Handeln der Kinder zu beeinflussen und Änderungen anzustoßen, wenn die Kinder z.B. zu aggressiv oder zu unselbständig sind. Sie legen Wert darauf, dass die Kinder bestimmte Maßstäbe für angemessenes Verhalten verinnerlichen.
- *Anforderungen an die Reife.* Vom Kind werden hohe Leistungen auf intellektueller, sozialer und emotionaler Ebene erwartet und diese Leistungen werden ihm auch zugetraut.
- *Klarheit der Kommunikation.* Die Eltern sagen klar, was sie möchten, berücksichtigen aber auch in partnerschaftlicher und kooperativer Weise die Meinungen und Gefühle des Kindes.
- *Zuwendung.* Die Eltern zeigen viel Liebe, Fürsorge, Mitgefühl und Anteilnahme (Lob und Freude über die Leistungen des Kindes). (vgl. Fuhrer 2009)

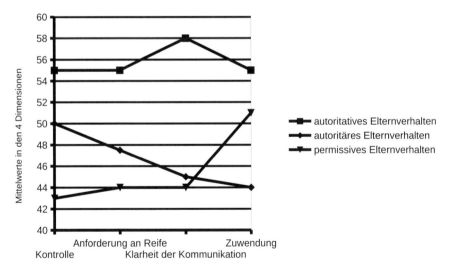

Abbildung 81: Unterschiedliche Formen des Elternverhaltens bei Baumrind (in Anlehnung an Fuhrer 2009)

Kapitel 7: Menschen sind soziale Wesen: Familie

Andere Forscher fanden nicht nur drei, sondern vier Muster des Elternverhaltens, konnten aber ansonsten die Ergebnisse Baumrinds bestätigen. Sowohl in Querschnitts- als auch in Längsschnittuntersuchungen ergab sich: In westlichen Kulturen sind die Kinder autoritativ erziehender Eltern kompetenter, selbständiger, kooperativer und unabhängiger als die Kinder von permissiven oder autoritären Eltern (Fuhrer 2009) und sie haben weniger psychische Probleme (vgl. Abb. 82).

> Reitzle u.a. (2001) erhoben bei einer repräsentativen Stichprobe von 877 Kindern und Jugendlichen das Erzieherverhalten der Eltern aus der Sicht der Kinder und deren psychische Probleme mit Hilfe von Fragebögen. Unterschiedliche Kombinationen der Aspekte „Wärme und Unterstützung", „Druck" und „Kontrolle" ergaben vier Verhaltensmuster bei den Eltern: 1. Fordernde Kontrolle (sehr viel Druck, sehr viele Regeln, wenig Wärme), 2. emotionale Distanz (sehr wenig Wärme, wenige Regeln, mittleres Ausmaß an Druck), autoritativ (viel Wärme, wenig Druck, mittleres Ausmaß an Regeln) und permissiv (mittleres Ausmaß an Wärme, sehr wenige Regeln und sehr wenig Druck). Die Abbildung zeigt die Durchschnittswerte verschiedener psychischer Probleme bei Kindern verschiedener Elternverhaltensmuster. Wichtig: Die Säulen zeigen die Durchschnittswerte der Kinder in den einzelnen Fragebögen an. Die Fragebögen haben unterschiedliche Maßstäbe, d.h. die Maximalwerte in den einzelnen Fragebögen sind unterschiedlich hoch!!!

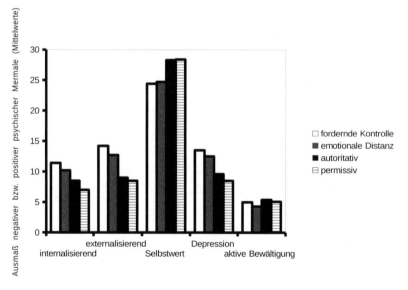

Abbildung 82: Psychische Merkmale bei Kindern von Müttern mit unterschiedlichem Erzieherverhalten (in Anlehnung an Reitzle u.a. 2001). Da die Autoren auf der Dimension „Wärme" auch aktiv unterstützendes Verhalten abfragten, hat permissives Verhalten ebenfalls sehr positive Auswirkungen.

Ähnlich durchgängig wie die Ergebnisse zu den Auswirkungen autoritativen Verhaltens sind die Ergebnisse zu den Auswirkungen, wenn Eltern nicht nur lieblos sind und stark kontrollieren sondern ihre Kinder oft, v.a. körperlich strafen. Kinder solcher Eltern sind feindseliger, aggressiver und trotziger als andere Kinder (vgl. Franiek & Reichle 2007).

Die Bedeutung der inneren Einstellung der Eltern. Befragt man Eltern (und auch andere Erzieher) danach, welches Erzieherverhalten sie für sinnvoll halten, findet man oft Unterschiede zu dem, was sie tatsächlich tun. Trotzdem beeinflussen bestimmte innere Einstellungen die Erziehung. Es scheint wichtig zu sein, dass Eltern auch davon überzeugt sind, dass sie wirksam handeln können. Wenn Mütter ihren Kindern viel Zuwendung und Wärme zukommen lassen, hat dies nur dann weniger Verhaltensprobleme bei den Kindern zur Folge, wenn die Mütter auch überzeugt sind, dass ihr Erziehungsverhalten wirkt (Saile & Kühnemund 2001). Die Selbstwirksamkeit des Vaters (d.h. die Zuversicht, bei Problemen nicht nur Lösungen finden, sondern diese auch umsetzen zu können) schützt Jugendliche bis zu einem bestimmten Ausmaß, wenn eine instabile Arbeitssituation und ein geringeres Einkommen depressive Stimmungen bei den Eltern auslösen und das Familienklima verschlechtern (Forkel & Silbereisen 2003). Andererseits können innere Einstellungen auch nachteilige Wirkungen des Erzieherverhaltens verstärken: Je selbstbewusster Mütter in ihrer Mutterrolle sind, desto negativer wirkt es sich aus, wenn sie sehr streng sind. Kinder solcher Mütter haben mehr Verhaltensauffälligkeiten als andere (Saile & Kühnemund 2001).

7.4 Zusammenfassung

Hier finden Sie noch einmal eine Zusammenfassung der Inhalte dieses Kapitels.

Kapitel 7: Menschen sind soziale Wesen: Familie

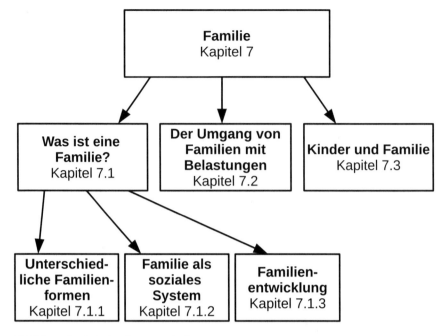

Abbildung 83: Inhalte des 7. Kapitels

Fragen

1. Was wissen Sie über die Familie?
   a) Die Familie hat für die Menschen heute keine große Bedeutung mehr.
   b) Die Sicht von Familie als System kann nur auf vollständige Familien angewendet werden.
   c) Die Geburt des ersten Kindes stellt eine kritische Phase in der Entwicklung von Familien dar.
   d) Frauen die in der Familie den größeren Teil der Kinderbetreuung übernehmen, sind genauso zufrieden wie Frauen in Familien mit egalitärer Verteilung der Kinderbetreuung.
   e) Kinder und Jugendliche entwickeln sich am besten, wenn sie in einer vollständigen Familie aufwachsen.
2. Welche Bedeutung hat das Erzieherverhalten der Eltern?
   a) Autoritatives Erzieherverhalten wirkt sich positiv aus, weil die Eltern besonders zugewandt sind.
   b) Geringe Kontrolle durch die Eltern hat die gleichen negativen Auswirkungen wie stark kontrollierendes und strafendes Verhalten der Eltern.
   c) Man kann nichts Allgemeines über die Auswirkung des Erzieherverhaltens der Eltern sagen. Es kommt auf die Situation an.

7.4 Zusammenfassung

d) Autoritatives Erzieherverhalten hat in unserer westlichen Kultur die günstigsten Auswirkungen.
e) Eltern sollten eine Autorität sein, sonst entwickeln sich die Kinder ungünstig.

Literatur

Borgstedt, S. (2011). *Lebenswelten und -wirklichkeiten von Alleinerziehenden.* Berlin: Bundesministerium für Familie, Senioren, Frauen und Jugend

Familienreport 2012. (2012). Berlin: Bundesministerium für Familie, Senioren, Frauen und Jugend

Forkel, I., & Silbereisen, R. K. (2003). Väterliche Selbstwirksamkeit als Moderator des Zusammenhangs zwischen ökonomischen Härten und depressiver Gestimmtheit bei Jugendlichen. *Zeitschrift für Entwicklungspsychologie und Pädagogische Psychologie, 35*(3), 163-170

Franiek, S., & Reichle, B. (2007). Elterliches Erziehungsverhalten und Sozialverhalten im Grundschulalter. *Kindheit und Entwicklung, 16*(4), 240-249.

Fthenakis, W. E., Kalicki, B., & Peitz, G. (2002). *Paare werden Eltern. Die Ergebnisse der LBS-Familien-Studie.* Opladen: Leske + Budrich

Fuhrer, U. (2009). *Lehrbuch Erziehungspsychologie* **(2., überarbeitete Auflage). Bern: Huber.**

Gabriel, B., & Bodenmann, G. (2006). Elterliche Kompetenzen und Erziehungskonflikte. Eine Ressourcenorientierte Betrachtung von familiären Negativdynamiken. *Kindheit und Entwicklung, 15*(1), 9-18

Laucht, M., Esser, G., & Schmidt, M. H. (2002). Heterogene Entwicklung von Kindern postpartal depressiver Mütter. *Zeitschrift für Klinische Psychologie und Psychotherapie, 31*(2), 127-134

Nave-Herz, R. (2012). *Familie heute: Wandel der Familienstrukturen und Folgen für die Erziehung* **(5., überarbeitete Auflage). Darmstadt: Wissenschaftliche Buchgesellschaft.**

Pollmann-Schult, M. (2013). Elternschaft und Lebenszufriedenheit in Deutschland. *Zeitschrift für Bevölkerungswissenschaft, 38*(1), 59-84.

Reitzle, M., Winkler Metzke, C., & Steinhausen, H. -C. (2001). Eltern und Kinder: Der Zürcher Kurzfragebogen zum Erziehungsverhalten (ZKE) . *Diagnostica, 47*(4), 196-207

Saile, H., & Kühnemund, M. (2001). Kompetenzüberzeugung und Selbstwertgefühl in der Rolle als Mutter. *Zeitschrift für Entwicklungspsychologie und Pädagogische Psychologie, 33*(2), 103-111

Schneewind, K. A. (2010). *Familienpsychologie* **(3., überarbeitete und erweiterte Auflage). Stuttgart: Kohlhammer.**

Tölke, A. (2012). Erwerbsarrangements und das Wohlbefinden von Eltern in Ost- und Westdeutschland. Abgerufen von DJI Online Juni 2012: http://www.dji.de/index.php?id=4284

Trappe, H. (2010). Je ausgeglichener die Arbeitsteilung, umso höher die Beziehungszufriedenheit? *Journal of Comparative Family Studies, 40*(3), 415-437

Tröster, H., & Aktas, M. (2003). Die Bedeutung individueller und familiärer Ressourcen für die Krankheitsbewältigung von Müttern mit neurodermitiskranken Kindern. *Zeitschrift für Klinische Psychologie und Psychotherapie, 32*(4), 286-294

Walper, S., & Schwarz, B. (2002). *Was wird aus den Kindern?: Chancen und Risiken für die Entwicklung von Kindern aus Trennungs-und Stieffamilien* (2. Auflage). Weinheim: Juventa

Wengler, A., Trappe, H., & Schmitt, C. D. (2008). *Partnerschaftliche Arbeitsteilung und Elternschaft : Analysen zur Aufteilung von Hausarbeit und Elternaufgaben auf Basis des Generations and Gender Survey.* Materialien zur Bevölkerungswissenschaft: Vol. 127.Wiesbaden: BiB, Bundesinstitut für Bevölkerungsforschung.

Wiesner, M., Bittner, I., Silbereisen, R. K., & Reitzle, M. (2000). Risikoindikatoren für depressive Symptome in der frühen Adoleszenz: Überprüfung eines Mediatorenmodells. *Zeitschrift für Klinische Psychologie und Psychotherapie, 29*(3), 204-213

Kapitel 8: Menschen sind soziale Wesen. Soziale Netzwerke und soziale Unterstützung (Sozialpsychologie I)

In diesem Kapitel erfahren Sie, dass Menschen in vielfältige soziale Netzwerke eingebunden sind. Aus sozialpädagogischer Sicht ist besonders interessant, dass soziale Netzwerke unter bestimmten Bedingungen unterstützend wirken können.

1. Schreiben Sie auf, wie vielen und welchen Personen Sie innerhalb der letzten drei Tage begegnet sind.
2. Schreiben Sie alle Personen mit Namen auf, die für Sie in irgendeiner Weise wichtig oder bedeutsam sind.
3. Schreiben Sie die folgenden Personen mit Namen auf (wenn eine Person in mehrere Kategorien gehört, schreiben Sie sie bitte jedes Mal auf)
   – Nennen Sie alle Personen im Studium, zu denen Sie regelmäßig Kontakt haben.
   – Falls Sie arbeiten: Nennen Sie alle Personen, mit denen Sie regelmäßig Kontakt haben.
   – Nennen Sie alle Verwandten ersten und zweiten Grades, zu denen Sie regelmäßig Kontakt haben.
4. Angenommen, Ihnen geht es schlecht (Sie bräuchten einen Rat; Sie hätten finanzielle Probleme): An welche Personen könnten Sie sich jeweils wenden?

Abbildung 84: Personen im Umfeld

Beantworten Sie bitte die Fragen in Abb. 84.

Wenn Sie die Fragen in Abb. 84 beantwortet haben, werden Sie merken: Im Alltag haben wir ständig Kontakt zu mehr oder weniger vielen verschiedenen Personen. In der Fachsprache sagt man: Eine Person bewegt sich in einem „sozialen Netzwerk", das aus unterschiedlichen Personen besteht. Man kann sich mit sozialen Netzwerken aus der Sicht verschiedener wissenschaftlicher Disziplinen wie Soziologie, Erziehungswissenschaft, Wirtschaftswissenschaft oder Psychologie beschäftigen. Die Psychologie interessiert sich vor allem für die Bedeutung und die psychischen Auswirkungen, die solche Netzwerke für die einzelne Person haben (Laireiter 2008).

8.1 Was versteht die Psychologie unter einem sozialen Netzwerk?

Aus psychologischer Sicht ist das Konzept des „egozentrierten" oder „personalen" Netzwerks von Bedeutung. Man stellt die einzelne Person in den Mittelpunkt und betrachtet das System der Beziehungen, die sie zu ihrem sozialen Umfeld hat. Man interessiert sich dabei sowohl für kurzfristige und oberflächlichere als auch für längerfristige und stabile Beziehungen. Zu einem personalen

Netzwerk gehören sehr unterschiedliche Arten von Beziehungen (z.B. zu Verwandten, Kollegen, Nachbarn).

> Ein personales Netzwerk ist im psychologischen Verständnis ein komplexes Beziehungssystem, das sehr unterschiedliche Beziehungen und Gruppen umfasst. Man kann es nach unterschiedlichen Kriterien ausdifferenzieren, woraus sich dann Teilnetzwerke ergeben (vgl. Laireiter 2008).

Im Folgenden werden der Einfachheit halber auch Teilnetzwerke als „soziale Netzwerke" bezeichnet.

Diskutieren Sie in Ihrer Arbeitsgruppe: Was sind die Unterschiede zwischen den einzelnen Fragen in Abb. 84?

8.1.1 Merkmale sozialer Teilnetzwerke

Die verschiedenen Fragen in Abb. 84 richten sich auf Teilnetzwerke und rücken jeweils ein bestimmtes Merkmal in den Vordergrund, durch das sich das jeweilige Netzwerk kennzeichnen lässt. Auch die Psychologie unterscheidet Teilnetzwerke innerhalb des Gesamtnetzwerkes anhand unterschiedlicher Merkmale. Dies kann z.B. die *Interaktion* bzw. der *Kontakt* zwischen den Mitgliedern sein (wie in Frage 1), die *Rollen* der Personen im Netzwerk (Frage 3), die *Gefühle* zu den Personen im Netzwerk (Frage 2) oder verschiedene Formen der *Unterstützung*, die man bekommen kann (Frage 4). Die gleichen Personen können in verschiedenen Teilnetzwerken auftauchen (in Abb. 84 z.B. „wichtige Person" *und* „Person zu der im Studium Kontakt besteht"*).* Abb. 85 stellt die Systematik sozialer Netzwerke aus psychologischer Sicht beispielhaft dar.

8.1 Was versteht die Psychologie unter einem sozialen Netzwerk?

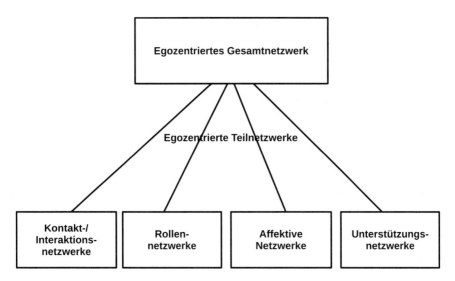

Abbildung 85: Personales Netzwerk und Teilnetzwerke aus psychologischer Sicht (in Anlehnung an Laireiter 2008)

8.1.2 Unterschiede in den Beziehungen innerhalb sozialer Netzwerke

Innerhalb eines Teilnetzwerks gibt es Beziehungen zwischen den einzelnen Personen und in verschiedenen Arten von Teilnetzwerken unterscheiden sich diese Beziehungen, z.b. die Beziehungen im beruflichen Netzwerk verglichen mit denen im Netzwerk der engen Freunde. Es gibt eine Reihe von Kriterien, anhand derer man die Beziehungen in Teilnetzwerken beschreiben kann, unabhängig davon, um welche Art von Teilnetzwerk es sich handelt.

Soziale Netzwerke unterscheiden sich in ihrer *Struktur*. Die wichtigsten Kriterien sind:

- Größe. Die Zahl der Personen sozialen Teilnetzwerken kann sehr unterschiedlich sein, z.b. 30 Personen im beruflichen Netzwerk, 5 Personen im Netzwerk der engen Freunde.
- Dichte. Theoretisch kann jede Person mit jeder Person in einem Sozialen Netzwerk in Beziehung stehen. Dies ist aber nicht in allen Netzwerken der Fall. Dichte bezeichnet die Zahl der tatsächlich vorhandenen Beziehungen im Verhältnis zu den theoretisch möglichen Beziehungen. Das berufliche Netzwerk wird eine geringere Dichte haben als das Netzwerk der engen Freunde.

Soziale Netzwerke unterscheiden sich in Bezug auf die in ihnen stattfindende *Interaktion*. Die wichtigsten Kriterien sind:

- **Kontakthäufigkeit.** Je nach Art des Netzwerks ist die Häufigkeit des Kontakts unterschiedlich. Wichtig: Die Häufigkeit des Kontakts sagt nicht unbedingt etwas über die emotionale Bedeutung (s.u.) der Beziehungen innerhalb des Netzwerks aus. Möglicherweise sieht man Kollegen und Vorgesetzte im beruflichen Netzwerk öfter als die engen Freunde, trotzdem ist die emotionale Beziehung zu den Freunden enger.
- **Rollen.** Die Rollen innerhalb eines Netzwerks bestimmen die Art der Interaktion und unterscheiden sich zwischen verschiedenen Netzwerken. Im beruflichen Netzwerks gibt es z.B. Rollen wie Kollege, Vorgesetzter, im Netzwerk der engen Freunde gibt es keine formal festgelegten Rollen, eher informelle Rollen wie z.B. Organisator, jemand der viel redet, jemand der wenig sagt etc.

Die *Funktionen* sozialer Netzwerke unterscheiden sich. Die wichtigsten Funktionen sind:

- **Soziale Unterstützung.** Soziale Netzwerke unterscheiden sich danach, ob und welche Art sozialer Unterstützung man von ihrem Mitgliedern erhalten kann. In einem gut funktionierenden beruflichen Netzwerk wird man von den Kollegen Unterstützung in Form von Ratschlägen erwarten können, wenn es Probleme im Arbeitsablauf gibt. Im Freundesnetzwerk bekommt man wahrscheinlich auch emotionale Unterstützung (z.B. Trost, Ermunterung) und möglicherweise auch instrumentelle Unterstützung (z.B. die Kleider der Kinder werden weitergegeben).
- **Geselligkeit.** Im beruflichen Netzwerk dürfte die Funktion der Geselligkeit nicht im Vordergrund stehen, im Freundesnetzwerk spielt sie wahrscheinlich eine große Rolle.

Eine Person *bewertet* die sozialen Netzwerke, in denen sie sich bewegt. Die wichtigsten Kriterien sind:

- **Zufriedenheit.** Personen können mit den verschiedenen Teilnetzwerken, in denen sie sich bewegen, unterschiedlich zufrieden sein. So könnte eine Person zur Zeit mit ihrem beruflichen Netzwerk sehr unzufrieden sein, während sie mit ihrem Freundesnetzwerk außerordentlich glücklich ist.
- **Erwartungen.** Bis zu einem bestimmten Ausmaß hängt die Zufriedenheit mit einem sozialen Netzwerk auch von den Erwartungen ab, die man an es hat. Man wird vernünftigerweise vom beruflichen Netzwerk keine engen emotionalen Beziehungen erwarten und vom Freundesnetzwerk nicht unbedingt Ratschläge, wenn es um spezifische berufliche Probleme geht.

Abb. 86 gibt einen Überblick über die gängigsten Kriterien zur Unterscheidung der Beziehungen innerhalb sozialer Netzwerke.

Struktur	Interaktion	Funktion	Bewertung

- Größe
- Dichte
- Cluster
- Sektoren

- Häufigkeit des Kontakts
- Rolle
- Beziehungsmuster
- Entfernung

- Unterstützung
- Kontrolle
- Feedback
- Geselligkeit

- Zufriedenheit
- Wichtigkeit
- Frustration
- Erwartungen

Abbildung 86: Kriterien zur Unterscheidung der Beziehungen innerhalb sozialer Netzwerke (in Anlehnung an Laireiter 2008)

8.2 Soziale Netzwerke im Leben der Menschen

Wie Sie wahrscheinlich bei der Beantwortung von Abb. 84 festgestellt haben, hat jede Person ihr spezifisches Netzwerk, welches sich von dem anderer Personen unterscheidet. Trotzdem kann man einige Gemeinsamkeiten finden, wenn man z.B. den Lebenslauf oder das Geschlecht der Zielpersonen betrachtet. Im Folgenden finden Sie einige Beispiele.

Lebenslauf. Soziale Netzwerke ändern sich im Laufe des Lebens. Schon dreijährige Kinder haben soziale Teilnetzwerke, die über die Familie hinausgehen. Bei Erwachsenen sinkt der Anteil der Freunde aus der Kindheit mit zunehmendem Alter, der Anteil der Personen aus der Nachbarschaft und aus dem Arbeitsfeld nimmt zu. Verheiratete besitzen weniger Außenkontakte als Unverheiratete, der Anteil der Familienmitglieder im Netzwerk nimmt zu. Netzwerkbereiche, die beiden Partnern gemeinsam sind, werden größer, homogener und dichter. Die Netzwerke Verheirateter sind aber insgesamt nicht größer als die Unverheirateter (Barth 1998).

Alter. Mit zunehmendem Alter nimmt die Größe der sozialen Netzwerke allmählich ab. Dabei verringert sich vor allem die Zahl entfernter Netzwerkmitglieder (Nachbarn, Vereinsmitglieder). Die Zahl nahestehender Personen (z.B. Kinder) bleibt gleich (Winter-von Lersner 2006; Lang u.a. 2012). Die Netzwerke werden mit zunehmendem Alter dichter und es gibt größere Altersunterschiede zwischen den Mitgliedern des Netzwerks. Je gesünder und gebildeter die alten Menschen sind und je höher ihr soziales Prestige ist, desto größer sind ihre sozialen Netzwerke (Wagner & Wolf 2001). Bei Heimbewohnern sind die sozialen Netzwerke deutlich kleiner als bei Personen, die in einem Privathaushalt leben (Winter-von Lersner 2006).

Einkommen. Personen mit einem sehr geringen Einkommen haben etwas kleinere soziale Netze. Sie berichten über etwas weniger Personen außerhalb des familiären Netzwerks und die Entfernung zu den Mitgliedern des sozialen Netzes ist geringer (Andreß u.a. 1995).

Geschlechtsspezifische Aspekte. Die Netzwerke von jüngeren Frauen und Männern unterscheiden sich. Insbesondere wenn sie nicht berufstätig sind, haben Frauen mehr Kontakt zu Nachbarn und Verwandten, während man bei Männern mehr Kontakt zu Freunden, Bekannten und Kollegen findet. Die Netzwerke älterer Frauen sind tendenziell größer als die der Männer. Netzwerke von nicht berufstätigen Frauen sind homogener als die der Männer sowohl was die Mitglieder als auch, was ihre Funktionen angeht (Barth 1998).

8.3 Soziale Unterstützung

Eine der wichtigsten Funktionen sozialer Netzwerke ist die soziale Unterstützung, die sie für ihre Mitglieder bereithalten.

> Ganz allgemein wird unter sozialer Unterstützung das Ausmaß an Unterstützung verstanden, welches eine Person aus ihrem sozialen Netzwerk erhält.

Möchte man wissen, welche Auswirkung soziale Unterstützung auf Menschen hat, benötigt man ein differenzierteres Konzept.

8.3.1 Unterschiedliche Bedeutungen sozialer Unterstützung

Man hat unterschiedliche Wege zur Erfassung sozialer Unterstützung gewählt. Hinter den verschiedenen Erfassungsmethoden steht auch ein jeweils unterschiedliches Verständnis von sozialer Unterstützung.

Soziale Integration. Man kann die Zahl der Personen erheben, die in einer hypothetischen Belastungssituation als Unterstützer verfügbar wären. Soziale Unterstützung wird hier als *objektiv* beobachtbare und erfassbare Handlung aufgefasst. Die Forschung hat gezeigt, dass objektiv erhobene Zahlen potentieller Unterstützer (z.B. anhand der Zahl in einem bestimmten Netzwerk vorhandener Personen) kaum mit Auswirkungen wie Wohlbefinden oder der Bewältigung von Belastungen in Zusammenhang stehen (Barth 1998).

Wahrgenommene Unterstützung. Man kann soziale Unterstützung auch aus der Perspektive der Empfänger erfragen. Es geht nicht um die objektive, sondern um die *subjektiv* wahrgenommene Unterstützung. Man fragt danach, ob und welches hilfreiche Verhalten aus dem sozialen Netz der Person in einer zukünftigen hypothetischen Belastungssituation zur Verfügung stünde („meine Eltern würden mich bei einer Trennung unterstützen"). Offensichtlich erfasst man auf diese Weise so etwas wie ein *kognitives Schema*, mit dem die Person ihre Umwelt wahrnimmt. Menschen erleben und erinnern die wahrgenommene Unterstützung sehr ganzheitlich. Wenn man sie bittet, zu beurteilen, in welchem Aus-

8.3 Soziale Unterstützung

maß sie in einer Situation unterstützt wurden oder werden, spielen einzelne konkrete Unterstützungsleistungen durch andere kaum eine Rolle (Brinkmann 2014; Klauer u.a. 2001).

Erhaltene Unterstützung. Hier bittet man eine Person im Rückblick (oder auch mit Hilfe eines Tagebuchs) zu berichten, in welchem Ausmaß sie in einer realen Belastungssituation unterstützt wurden („Meine Freundin blieb bei mir, als es mir so schlecht ging"). Auch hier wird unter sozialer Unterstützung die *subjektive Wahrnehmung der Umwelt* verstanden, allerdings bezogen auf konkrete Ereignisse.

Zufriedenheit mit der erhaltenen Unterstützung. Sehr oft erfragt man nicht nur die erhaltene Unterstützung, sondern bittet die Person auch, sie zu *bewerten*, d.h. anzugeben, inwieweit sie mit dieser Unterstützung zufrieden war. (Klauer u.a. 2001)

Soziale Unterstützung aus der Sicht des Gebenden. Ähnlich wie die Empfänger werden in manchen Untersuchungen auch die Geber zur sozialen Unterstützung befragt. Hier gibt es zwei Schwerpunkte. Man fragt nach der *gegebenen* sozialen Unterstützung und danach, welche Unterstützung die Person *beabsichtigt* zu geben (Klauer 2009).

8.3.2 Formen sozialer Unterstützung

Das Unterstützungsverhalten der unterstützenden Person kann unterschiedliche Schwerpunkte haben. Sie kann trösten, Informationen vermitteln, konkrete Hilfen anbieten etc. Personen werden je nach Situation unterschiedliche Formen sozialer Unterstützung als hilfreich empfinden. Es hat sich bewährt, vier Formen sozialer Unterstützung zu unterscheiden (Abb. 87).

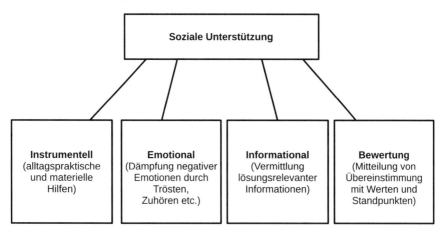

Abbildung 87: Formen sozialer Unterstützung (in Anlehnung an Klauer 2009)

8.3.3 Wie wirkt soziale Unterstützung?

Es gibt eine umfangreiche Forschung zur Wirkung sozialer Unterstützung.
Zufriedenheit und Wohlbefinden. Man hat den Zusammenhang sozialer Unterstützung mit unterschiedlichen Formen psychischen Wohlbefindens untersucht. So wurde beispielsweise geprüft, ob das Ausmaß psychischer Probleme bei sozialer Unterstützung geringer ist. Ebenso interessierte die Forscher, ob Personen Belastungssituationen besser bewältigen können, wenn sie sozial unterstützt werden. Es zeigt sich durchgängig, dass Personen, die ein hohes Maß an sozialer Unterstützung erwarteten bzw. aus ihrer subjektiven Sicht erhielten, sich wohler fühlten und geringere psychische Probleme hatten (s. Abb. 88). Die objektiv beobachtbare soziale Unterstützung stand dagegen in keinem Zusammenhang mit Wohlbefinden oder geringen psychischen Problemen (Hapke u.a. 2012; Brinkmann 2014; Klauer 2009).

> Im Gesundheitsbericht 2010 wird berichtet, wie hoch der Prozentsatz psychisch gesunder Männer bzw. Frauen ist, die geringe, mittlere oder starke soziale Unterstützung erhalten. Die Betroffenen wurden nach der Zahl der Personen gefragt, auf die sie sich bei ernsthaften persönlichen Schwierigkeiten verlassen können, wie hoch sie das Ausmaß an Interesse und Anteilnahme anderer Menschen an ihrer Person einschätzten und wie leicht es für sie sei, konkrete praktische Hilfe aus der Nachbarschaft zu erhalten. Die Personen wurden dann entsprechend ihrer Antworten in Personen mit geringer, mittlerer und starker sozialer Unterstützung eingeteilt (Hapke u.a. 2012).

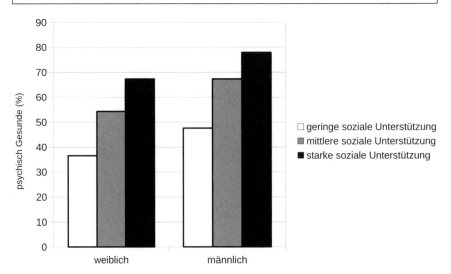

Abbildung 88: Prozentsatz psychisch gesunder Frauen bzw. Männer bei unterschiedlichem Ausmaß an sozialer Unterstützung (Hapke u.a. 2012)

8.3 Soziale Unterstützung

Bei genaueren Analysen fand man, dass soziale Unterstützung in unterschiedlichen Lebenssituationen wirksam ist. Einige Beispiele sollen dies zeigen.

Alltägliche Belastungen und kritische Lebensereignisse. Der Übergang zur Elternschaft kann durch Unterstützung aus dem sozialen Netzwerk erleichtert werden (Ettrich & Ettrich 1995). Mütter, die unter schwierigen Bedingungen leben (z.b. Armut) verhalten sich ihren Kindern gegenüber umso zugewandter, je mehr soziale Unterstützung sie erhalten (Fuhrer 2009). Bei Jugendlichen stand soziale Unterstützung durch Eltern und Freunde in Zusammenhang mit geringerer negativer Befindlichkeit (Schmitz & Wurm 1999; Abb. 89). Dies war bei Jugendlichen mit hoher schulischer Belastung besonders ausgeprägt.

> Schmitz & Wurm (1999) untersuchten in einer Tagebuchstudie, die über 8 Wochen lief, bei 162 Jugendlichen zwischen 12 und 16 Jahren den Zusammenhang zwischen deren schulischen Belastungen, negativer Befindlichkeit und der sozialen Unterstützung durch Eltern bzw. Freunde. Die Abbildung zeigt, wie hoch die negative Befindlichkeit von Jugendlichen ohne bzw. mit schulischer Belastung ist, wenn sie die Unterstützung durch Freunde bzw. Eltern positiv oder negativ empfinden.

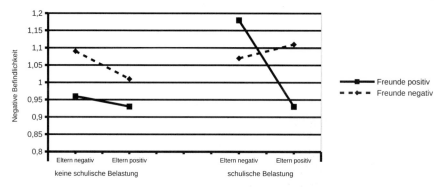

Abbildung 89: Der Zusammenhang zwischen sozialer Unterstützung, schulischer Belastung und negativer Befindlichkeit bei Jugendlichen (nach Schmitz & Wurm 1999)

Körperliche und psychische Gesundheit. Menschen, die für Krisenfälle ein hohes Maß an sozialer Unterstützung erwarten, sind emotional stabiler, als diejenigen, die nicht auf die Hilfe anderer vertrauen. Personen mit geringer sozialer Unterstützung entwickeln eher Depressionen als diejenigen mit hoher sozialer Unterstützung (Klauer 2009). Auch bei körperlichen Krankheiten findet sich ein hilfreicher Einfluss sozialer Unterstützung. Abb. 90 zeigt die Bedeutung sozialer Unterstützung für das Ausmaß der Schmerzbelastung und der Wundheilung von Patienten nach einer Operation (Krohne u.a. 2003).

Kapitel 8: Menschen sind soziale Wesen: Soziale Netzwerke

> Krohne u.a. (2003) untersuchten an 97 Patienten mit Nasenoperationen wie sich soziale Unterstützung unter anderem auf die Schmerzen nach der Operation und die Wundheilung auswirkten. Die Abbildungen zeigen den Zusammenhang zwischen der Zufriedenheit mit der sozialen Unterstützung und der Entwicklung der erlebten Schmerzbelastung zu zwei Zeitpunkten (T1 und T2) nach der Operation und den Zusammenhang zwischen Wundheilung (niedriger Wert= gute Heilung) und emotionaler Unterstützung.

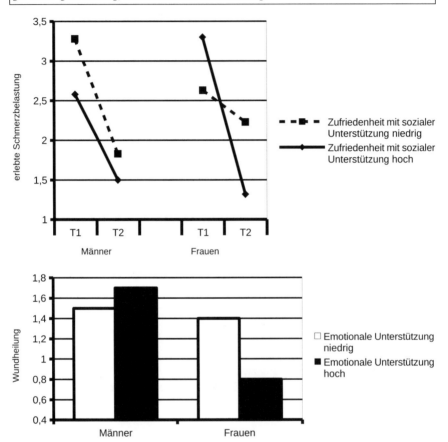

Abbildung 90: Zusammenhang zwischen der Zufriedenheit mit der sozialen Unterstützung und der Entwicklung von Schmerzbelastung bzw. der emotionalen Unterstützung und dem Ausmaß der Wundheilung bei Männern und Frauen (in Anlehnung an Krohne u.a. 2003)

Besondere Bedingungen für die Wirksamkeit sozialer Unterstützung. Oft wirkt soziale Unterstützung *nicht bei allen* Personen in gleicher Weise. Abb. 90 ist ein Beispiel dafür: Die Zufriedenheit mit der sozialen Unterstützung wirkt bei Frau-

8.3 Soziale Unterstützung

en anders als bei Männern. Auch unterscheidet sich die Wirkung der sozialen Unterstützung je nach den *Lebensbedingungen* der Betroffenen. So fanden z.B. Kaluza u.a. (2002), dass nur bei den Personen, die über eine *hohe* Arbeitsbelastung berichteten, sich soziale Unterstützung auf stressbedingte Rückenschmerzen hilfreich auswirkte: Bei dieser Gruppe hatten diejenigen mit mehr sozialer Unterstützung geringere Schmerzen (Abb. 91).

> Kaluza u.a. (2002) untersuchten bei 1420 Beschäftigten den Zusammenhang zwischen Arbeitsbelastung, sozialer Unterstützung und Rückenschmerzen. Die Abbildung zeigt den Prozentsatz der Personen, die mäßige bis starke Schmerzen angaben.

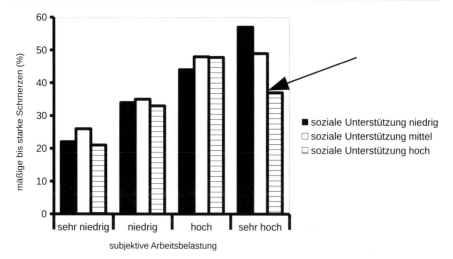

Abbildung 91: Zusammenhang zwischen sozialer Unterstützung, subjektiver Arbeitsbelastung und Rückenschmerzen (nach Kaluza u.a. 2002). Der Pfeil zeigt, in welcher Gruppe es signifikante Unterschiede in Bezug auf Rückenschmerzen abhängig vom Ausmaß der sozialen Unterstützung gab.

Es ist ebenfalls von Bedeutung, *wer* die soziale Unterstützung gibt. So fand man, dass bei Problemen die im Zusammenhang mit dem Arbeitsplatz entstanden sind (psychosomatische Beschwerden, Ängste) sich soziale Unterstützung durch Vorgesetzte bzw. Kollegen als hilfreich erwies, nicht aber die familiäre soziale Unterstützung (Muschalla u.a. 2010). Das *Alter* der Betroffenen scheint ebenfalls eine Rolle zu spielen. Bei einer Studie mit älteren und alten Personen wurde untersucht, wie sich ein deutlicher Rückgang des Einkommens auf die Lebenszufriedenheit auswirkt. Man fand heraus, dass soziale Unterstützung zwar die „älteren Alten" vor den negativen Auswirkungen des Einkommensrückgangs auf die Lebenszufriedenheit schützt, dies aber nicht bei den „jungen Alten" der Fall war (Krause 2005). Auch die *Form* der sozialen Unterstützung ist wichtig.

Studierende bevorzugten z.B. bei kritischen Studiensituationen problemorientierte vor emotionaler Unterstützung (Dutke u.a. 2004).

8.3.4 Wirkungsmodelle

Die Beispiele in Kapitel 8.3.3 zeigen, dass soziale Unterstützung ihre Wirkung auf unterschiedlichen Wegen entfalten kann.

Direkte Effekte. Wenn man wie in Abb. 88 feststellen kann, dass durchgängig alle Personen mit einem hohen Ausmaß an sozialer Unterstützung psychisch gesünder sind (sich wohler fühlen, weniger Krankheiten haben etc.), spricht man von einer *direkten Wirkung* der sozialen Unterstützung (Brinkmann 2014; Abb. 92).

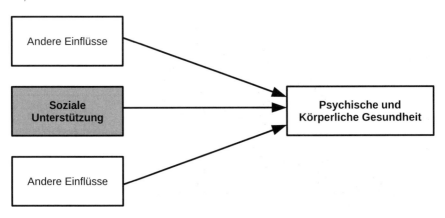

Abbildung 92: Direkter Einfluss sozialer Unterstützung auf psychische und körperliche Gesundheit

Puffereffekte. In Abb. 91 scheint die soziale Unterstützung auf andere Art zu wirken. Bei Personen mit subjektiv geringer Arbeitsbelastung gibt es keinen bedeutsamen Unterschied im Ausmaß der Rückenschmerzen zwischen gering oder stark sozial unterstützten Personen. Im Unterschied dazu hat die soziale Unterstützung bei Personen mit hoher Arbeitsbelastung deutliche Auswirkungen. Hier *puffert* die soziale Unterstützung die negativen Auswirkungen der Arbeitsbelastung ab (Brinkmann 2014; Abb. 93).

8.3 Soziale Unterstützung

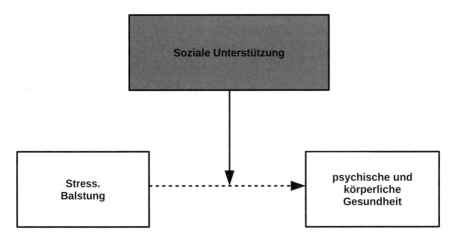

Abbildung 93: Soziale Unterstützung als Puffer

Integration von direkter und Pufferwirkung. Oft ist die Wirkung sozialer Unterstützung noch komplexer. In Abb. 89 verringert soziale Unterstützung durch Freunde generell die negative Befindlichkeit, andererseits ist diese Wirkung bei Jugendlichen mit hoher schulischer Belastung sehr viel stärker als bei Jugendlichen ohne schulische Belastung. Hier *verbinden* sich direkte Wirkung (generelle Verminderung negativer Befindlichkeit bei sozialer Unterstützung) und Puffereffekt (sehr viel ausgeprägtere Verminderung bei Jugendlichen mit schulischer Belastung). Die beiden Wirkungsweisen werden integriert (Brinkmann 2014; Abb. 94).

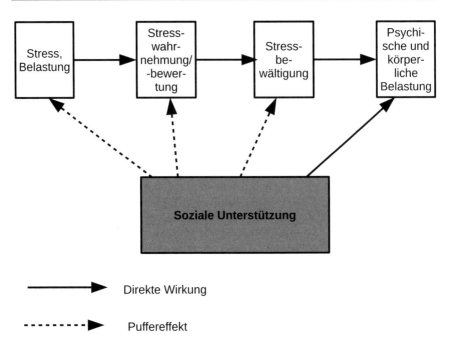

Abbildung 94: Integration von direkter und Pufferwirkung

8.4 Maßnahmen zur Förderung von sozialen Netzwerken und sozialer Unterstützung.

Die Forschung zu sozialen Netzwerken und sozialer Unterstützung trug nicht nur zur Erweiterung des theoretischen Wissens bei. Man bemühte sich auch, die gewonnenen theoretischen Kenntnisse in die Praxis umzusetzen (Nestmann 2000). Man entwickelte Maßnahmen, um die positiven Wirkungen sozialer Netzwerke und sozialer Unterstützung gezielt zu nutzen.

Individuelle Ebene. Auf individueller Ebene werden Einzelpersonen angeleitet, das Potential ihrer sozialen Netzwerke wahrzunehmen und zu nutzen, indem sie Unterstützung suchen und annehmen und ihre sozialen Netzwerke pflegen. Auf der anderen Seite werden potentielle Helfer angeregt, gezielt soziale Unterstützung anzubieten. Ein Beispiel für eine solche Maßnahme zeigt Abb. 95.

> Oppikofer u.a. (2009) ließen leicht bis schwer kognitiv beeinträchtigte Bewohner eines Pflegeheims zehn Wochen lang einmal wöchentlich von Freiwilligen eine Stunde lang besuchen. Die Freiwilligen sollten aktive Tätigkeiten mit den Bewohnern unternehmen (spazieren gehen, unterhalten, singen). Ziel war die emotionale Unterstützung der Heimbewohner. Unmittelbar vor und unmittelbar nach der zehnwöchigen Besuchsphase wurde bei den besuchten Heimbewohnern (Experimentalgruppe) und einer Kontrollgruppe, die keine Besuche erhielt, das Wohlbefinden erfasst. Bei den besuchten Heimbewohnern stieg das Wohlbefinden signifikant an, während es bei der Kontrollgruppe absank.

Abbildung 95: Intervention zur Verbesserung der emotionalen Unterstützung von Pflegeheimbewohnern (Oppikofer u.a. 2009)

Ebene der Teilnetzwerke. Auf der Ebene der Teilnetzwerke richtet sich die Maßnahme auf ein gesamtes Teilnetzwerk, um Beziehungen innerhalb des Netzwerkes und evtl. auch mit anderen Netzwerken zu verbessern. Ein Beispiel zeigt Abb. 96.

> Wiegand-Grefe u.a. (2012) entwickelten ein Interventionsprogramm für Familien mit psychisch kranken Eltern. In 12 bis 16 Sitzungen ging es um die Verbesserung der Krankheitsbewältigung in der Familie, der inner- und außerfamiliären Beziehungen (z.B. soziale und professionelle Unterstützung) und der Familiendynamik- und funktionalität (Rollenverteilung, Aufgabenerfüllung, Kommunikation in der Familie). Eine erste Überprüfung der Wirksamkeit ergab, dass bei der Interventionsgruppe im Vergleich zur Kontrollgruppe sich die gesundheitsbezogene Lebensqualität und die soziale Unterstützung der Kinder signifikant verbesserten.

Abbildung 96: Netzwerkintervention zur Verbesserung der sozialen Unterstützung von Kindern psychisch kranker Eltern (Wiegand-Grefe u.a. 2012)

Gemeindenetzwerkprogramme. Ziel dieser Programme ist es, neben Betroffenen und deren wichtigen Netzwerkmitgliedern auch Vertreter von Behörden, Hilfseinrichtungen der Gemeinde etc. mit einzubeziehen, um langfristig informelle und formelle Hilferessourcen einer Einzelperson oder einer Risikogruppe miteinander in Kontakt zu bringen, zu kombinieren und zu aktivieren (Nestmann 2000; Lenz 2000).

8.5 Zusammenfassung

Hier ist die Zusammenfassung der Inhalte dieses Kapitels.

Kapitel 8: Menschen sind soziale Wesen: Soziale Netzwerke

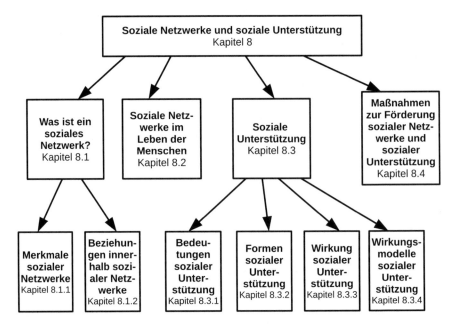

Abbildung 97: Inhalte des Kapitels 8

Fragen

1. Was wissen Sie über soziale Netzwerke?
   a) Unter sozialen Netzwerken versteht die Psychologie das Netz sozialer Beziehungen, in das eine Person eingebunden ist.
   b) Das soziale Netzwerk einer Person umfasst nur Beziehungen die dauerhaft und eng sind.
   c) Soziale Teilnetzwerke können sich hinsichtlich verschiedener Merkmale wie Größe, Kontakthäufigkeit und Funktionen unterscheiden.
   d) Die Nachbarn im Haus haben nichts mit sozialen Netzwerken zu tun.
2. Wie wirkt soziale Unterstützung?
   a) Unter sozialer Unterstützung versteht man Dinge wie einer anderen Person in einer schwierigen Situation positive Gefühle zeigen, sie trösten und ermuntern. Sie hat immer positive Auswirkungen.
   b) Soziale Unterstützung wirkt sich einerseits auf die Wahrnehmung von Belastungen aus, andererseits kann sie die Wirkung der Belastungen direkt vermindern.
   c) Die Wirkung sozialer Unterstützung hängt von der Situation, der Art der Unterstützung und der Person des Unterstützers ab.

8.5 Zusammenfassung

d) Es trägt zur Bewältigung von Problemen bei, wenn Personen lernen, das Potential ihrer bestehenden sozialen Netzwerke besser wahrzunehmen und zu nutzen.

Literatur

Andreß, H. -J., Lipsmeier, G., & Salentin, K. (1995). Soziale Isolation und mangelnde soziale Unterstützung im unteren Einkommensbereich? Vergleichende Analysen mit Umfragedaten. *Zeitschrift für Soziologie, 24*(4), 300-315.

Barth, S. (1998). *Soziale Netzwerke und soziale Unterstützung.* Abgerufen von http://www.forschungsnetzwerk.at/downloadpub/Soziale_Unterstuetzung1998.pdf

Brinkmann, R. (2014). *Angewandte Gesundheitspsychologie.* Halbergmoos: Pearson

Dutke, S., Born, P., Kuhnert, K., & Frey, M. (2004). Welche Art sozialer Unterstützung bevorzugen ausländische Studierende? *Zeitschrift für Pädagogische Psychologie, 18*(3/4), 249-254

Ettrich, C., & Ettrich, K. U. (1995). Die Bedeutung sozialer Netzwerke und erlebter sozialer Unterstützung beim Übergang zur Elternschaft - Ergebnisse einer Längsschnittstudie. *Psychologie in Erziehung und Unterricht, 42*(1), 29-39

Fuhrer, U. (2009). *Lehrbuch Erziehungspsychologie* (2., überarbeitete Auflage.). Bern: Huber.

Hapke, U., von der Lippe, E., Busch, M., & Lange, C. (2012). Psychische Gesundheit bei Erwachsenen in Deutschland. In Robert Koch Institut (Hrsg.), *Beiträge zur Gesundheitsberichterstattung des Bundes: Daten und Fakten: Ergebnisse der Studie "Gesundheit in Deutschland aktuell 2010"* (S. 39-50). Berlin: Robert Koch-Institut

Kaluza, G., Hanke, C., Keller, S., & Basler, H. -D. (2002). Salutogene Faktoren bei chronischen Rückenschmerzen: Moderieren soziale Unterstützung, Arbeitszufriedenheit und sportliche Aktivität den Zusammenhang zwischen Arbeitsbelastungen und Rückenschmerzaktivität? *Zeitschrift für Klinische Psychologie und Psychotherapie, 31*(3), 159-168

Klauer, T. (2009). Soziale Unterstützung. In M. Jerusalem & J. Bengel (Hrsg.), *Handbuch der Gesundheitspsychologie und medizinischen Psychologie* (S. 80-85). Göttingen: Hogrefe Verlag

Klauer, T., & Schwarzer, R. (2001). Soziale Unterstützung und Depression. *Verhaltenstherapie und Verhaltensmedizin, 22*(4), 1-12

Krause, N. (2005). Explore age differences in the stress-buffering function of social support. *Psychology and Aging, 20*(4), 714-717

Krohne, H. W., El-Giamal, M., & Volz, C. (2003). Der Einfluss sozialer Unterstützung auf die prä- und postoperative Anpassung chirurgischer Patienten. *Zeitschrift für Gesundheitspsychologie, 11*(4), 132-142

Laireiter, A. (2008). Soziales Netzwerk in der Psychologie. *Forum Gemeindepsychologie, 13*(1), 1-24.

Lang, F. R., Martin, M., & Pinquart, M. (2012). *Entwicklungspsychologie - Erwachsenenalter.* Göttingen: Hogrefe Verlag

Lenz, A. (2000). Förderung sozialer Ressourcen—. Eine gemeindepsychologische Perspektive. *Gruppendynamik und Organisationsberatung, 31*(3), 277-302.

Muschalla, B., Markova, M., & Linden, M. (2010). Perceived job-anxiety and general psychosomatic symptom load and perceived social support--is there a relationship? *Work: A Journal of Prevention, Assessment and Rehabilitation, 37*(1), 29-39

Nestmann, F. (2000). Netzwerkintervention und soziale Unterstützungsförderung - konzeptioneller Stand und Anforderungen an die Praxis. *Gruppendynamik und Organisationsberatung, 31*(3), 259-275

Kapitel 8: Menschen sind soziale Wesen: Soziale Netzwerke

Oppikofer, S., Albrecht, K., & Martin, M. (2009). Auswirkungen erhöhter sozialer Unterstützung auf das Wohlbefinden kognitiv beeinträchtigter älterer Menschen. *Zeitschrift für Gerontologie und Geriatrie, 43*(5), 310-316.

Schmitz, B., & Wurm, S. (1999). Soziale Beziehungen, aktuelle und habituelle Befindlichkeit in der Adoleszenz. *Zeitschrift für Pädagogische Psychologie, 13*(4), 223-235

Wagner, M., & Wolf, C. (2001). Altern, Familie und soziales Netzwerk. *Zeitschrift für Erziehungswissenschaft, 4*(4), 529-554.

Wiegand-Grefe, S., Werkmeister, S., Bullinger, M., Plass, A., & Petermann, F. (2012). Gesundheitsbezogene Lebensqualität und soziale Unterstützung von Kindern psychisch kranker Eltern. *Kindheit und Entwicklung, 21*(1), 64-73.

Winter-von Lersner, C. (2006). Soziale Beziehungen im Alter. Eine gerontologisch-epidemiologische Vergleichsstudie an in natürlichen Lebensumwelten und in Heimen lebenden Menschen. *Hallesche Beiträge zu den Gesundheits- und Pflegewissenschaften, 5*, 1-69.

Kapitel 9: Menschen sind soziale Wesen. Wie funktionieren Gruppen? (Sozialpsychologie II)

In diesem Kapitel wird gezeigt, was die Psychologie unter einer Gruppe versteht, wie soziale Gruppen Normen und Einstellungen von Menschen beeinflussen, welche Leistungen Gruppen erbringen können, unter welchen Bedingungen es zu Konflikten zwischen Gruppen kommt und wie man diese reduzieren kann.

1. Am Sonntag findet ein Treffen der Besitzer von Oldtimern statt. Jeder, der einen Oldtimer hat, kann teilnehmen. Auch Mitglieder des bundesweiten Vereins der Besitzer von VW-Käfern werden sich beteiligen.
2. An der Bushaltestelle warten 10 Personen.
3. In einem Fußballstadion gab es eine Panik. Mehrere Menschen wurden verletzt.
4. Fünf Studenten, die zusammen in der Vorlesung „Psychologie" gesessen haben, bereiten sich gemeinsam auf eine Prüfung vor.

Abbildung 98: Beispiele für menschliche Ansammlungen

Bitte diskutieren Sie: Was haben die Beispiele in Abb. 98 gemeinsam? Was sind die Unterschiede?

9.1 Was versteht man unter einer Gruppe?

Die Beispiele in Abb. 98 zeigen, dass Menschen auf sehr unterschiedliche Art „im Plural" vorkommen. Man kann verdeutlichen, was die Psychologie unter einer Gruppe versteht, wenn man diese verschiedenen Formen des „Menschen im Plural" ordnet.

Klasse. Wenn wie in Beispiel 1 mehrere Personen durch bestimmte *gemeinsame Eigenschaften* von anderen Personen unterschieden werden, spricht man von einer Klasse. In unserem Beispiel ist die relevante Eigenschaft der Besitz von Oldtimern. Auch so unterschiedliche Eigenschaften wie „Besitz eines mittelständischen Unternehmens", „Fahrradfahrer", „Personen im Alter von 50-70 Jahren" bezeichnen im psychologischen Sinn eine Klasse. Mitglieder einer Klasse kennen sich in der Regel nicht, sie haben keine persönlichen Beziehungen zueinander und sind auch nicht am gleichen Ort versammelt.

Verband. Wenn die Zugehörigkeit zu einer Klasse das Verhalten jedes der Mitglieder beeinflusst, weil *gemeinsame Interessen* verfolgt werden, bezeichnet man dies als Verband. In unserem Beispiel ist dies der (fiktive) Verein der Besitzer von VW-Käfern. Ein Verband hat im Unterschied zur Klasse eine bestimmte Struktur (z.B. einen Vorsitzenden, Kassenwart etc.), die es möglich macht, die gemeinsamen Interessen zu verfolgen. Dies kann geschehen, ohne dass die Angehörigen des Verbands persönlich Kontakt zueinander aufnehmen. Die meisten

Mitglieder des Verbands werden sich nie persönlich sehen. Gemeinsame Interessen könnten in unserem Beispiel die Versorgung mit Informationen über Ersatzteile, die Verfolgung steuerlicher Vorteile etc. sein.

Menge. Bei einer Menge handelt es sich um eine *konkrete Gemeinschaft*, deren Mitglieder zur gleichen Zeit am gleichen Ort sind. In unserem Beispiel sind dies die Personen an der Bushaltestelle. Außer der Tatsache, dass sie sich zur gleichen Zeit am gleichen Ort befinden, gibt es keine Verbindung zwischen den Mitgliedern einer Menge. Sie existieren nebeneinander.

Masse. Mengen können sich wie in unserem 3. Beispiel zur Masse verwandeln. Eine Masse ist eine Menge, die aus einem bestimmten (manchmal nicht ohne weiteres nachvollziehbaren Anlass) in *heftige und unstrukturierte Aktivität* übergeht. Die Mitglieder existieren weiterhin nebeneinander her, ihre Aktivität ist ungeordnet und kann deswegen wie in unserem Beispiel zu Katastrophen führen.

Gruppe. Mengen können sich aber auch in *strukturierte Formen des Miteinander* verwandeln, wenn sie bestimmte *Ziele* verfolgen. In unserem Beispiel wurde aus einer Teilmenge der zusammen in der Vorlesung sitzenden Studierenden eine Arbeitsgruppe. Gruppenmitglieder sind zur gleichen Zeit am gleichen Ort. Sie haben persönlichen Kontakt zueinander und es gibt eine innere Struktur und Rollenverteilung. Verschiedene Forscher haben darauf hingewiesen, dass darüber hinaus sich die Mitglieder einer Gruppe auch als solche wahrnehmen und sich der Gruppe zugehörig fühlen. (Hofstätter 1971; Stürmer & Siem 2013).

> Eine Gruppe ist aus psychologischer Sicht durch die folgenden Merkmale gekennzeichnet:
> - Zugehörigkeitsgefühl
> - Soziale Struktur und Rollendifferenzierung
> - Geteilte (d.h. von allen akzeptierte) Normen
> - gemeinsame Ziele
> - Interaktionsmöglichkeiten

Weitere Merkmale ermöglichen es, Gruppen genauer zu beschreiben (vgl. Stürmer & Siem 2013; Thomas 1992).

Anzahl der Mitglieder. Die Anzahl der Personen in einer Gruppe ist nach der oben gegebenen Definition nicht festgelegt.
- *Mindestzahl.* Es gibt eine Diskussion zwischen den Forschern, ab welcher Mindestzahl man von einer Gruppe spricht. Die Mehrzahl der Autoren ist der Meinung, dass eine Gruppe mindestens drei Mitglieder haben müsse, damit ein Mindestmaß an innerer Struktur und Rollenteilung möglich sei. Ansonsten gibt es aus psychologischer Sicht keine Begrenzung für die Zahl der Mitglieder einer Gruppe. Damit unterscheidet sich der psychologische Gruppenbegriff von unserem Alltagsbegriff.

9.1 Was versteht man unter einer Gruppe?

- *Kleingruppen vs. Großgruppen.* Eine wichtige Rolle nehmen in der Forschung Gruppen ein, in denen es allen Mitgliedern möglich ist, direkt (face to face) miteinander zu interagieren. Sie werden als Kleingruppen bezeichnet. Kleingruppen bestehen aus *maximal* ca. 15-20 Mitgliedern. Alle anderen Gruppen werden auch als Großgruppen bezeichnet. Kleingruppen entsprechen in etwa der Vorstellung, die wir im Alltag mit dem Begriff „Gruppe" verbinden.

Anlass der Gruppenbildung. Gruppen können aus unterschiedlichen Anlässen entstehen bzw. gebildet werden. Der Anlass beeinflusst die Ziele und die Struktur einer Gruppe.

- *Primärgruppen* sind Gruppen, die wie die Familie im Laufe des Lebens auf „natürlichem Wege" entstehen. In ihnen ist die Verbindung zwischen den Mitgliedern besonders eng und emotional.
- *Sekundärgruppen* werden in der Regel zu bestimmten Zwecken gezielt eingesetzt. Die emotionalen Beziehungen sind weniger eng. Die von der Gruppe zu verfolgenden Ziele stehen im Vordergrund. Kindergartengruppen, Schulklassen, Arbeitsgruppen gehören beispielsweise zu den Sekundärgruppen.
- *Formelle Gruppen* sind in ihrer Struktur und in ihren Zielen durch formelle Vorschriften wie Satzungen, Gesetze etc. festgelegt. Ihre Organisationsstruktur steht fest und sie werden gezielt zusammengesetzt. Ein Beispiel wären Arbeitsgruppen in der Autoproduktion.
- *Informelle Gruppen* entstehen spontan. Die Ziele werden von den Mitgliedern selbst gesetzt. Auch die Organisationsstruktur liegt in der Entscheidung der Mitglieder der Gruppe. Sie ist meistens deutlich flexibler und weniger durchstrukturiert als in formellen Gruppen.

Bezugspunkt. Von außen betrachtet beeinflussen Mitgliederzahl und Entstehungsanlass Struktur und Ziele einer Gruppe. Die Gruppenmitglieder selbst unterscheiden außerdem zwischen den Gruppen, denen sich zugehörig fühlen und „den anderen".

- *Eigengruppen oder „Wir-Gruppen"* sind die Gruppen, denen sich eine Person zugehörig fühlt. Sie identifiziert sich in der Regel mit dieser Gruppe und hegt ihr gegenüber positive Gefühle wie Wir-Gefühl, Sympathie etc. Wenn ein sehr starkes Gefühl der Zusammengehörigkeit zwischen den Gruppenmitgliedern besteht, kann dies zur Folge haben, dass man sich gegen andere Gruppen abgrenzt. Diese werden als *Fremdgruppe oder „Die-Gruppe"* wahrgenommen. Zu ihr bestehen aus der Sicht der Person keine sozialen Beziehungen. Fremdgruppen werden oft negativ beurteilt und als „Gegner" eingestuft.

Abb. 99 gibt einen Überblick über die verschiedenen Formen menschlicher Gruppierungen.

Kapitel 9: Menschen sind soziale Wesen. Wie funktionieren Gruppen?

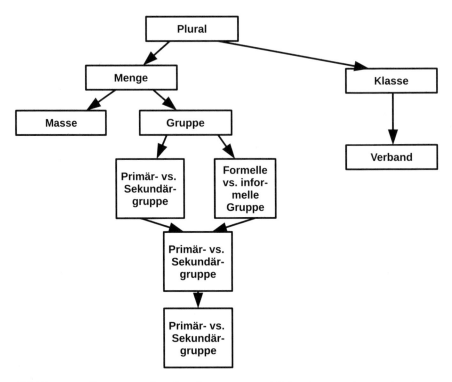

Abbildung 99: Gruppen und andere Formen menschlicher Ansammlungen (nach Hofstätter 1971; Stürmer & Siem 2013)

Während der Ansatz der sozialen Netzwerke die *Beziehungen* einer Person zu ihrer Umwelt betont, beschäftigt sich die Gruppenpsychologie mit der Gruppe als fest umrissener *Einheit*. Die Forschung über Gruppen hat in der Psychologie eine sehr lange Tradition und hat neben zahlreichen Experimenten und Untersuchungen auch verschiedene theoretische Ansätze hervorgebracht (vgl. z.B. Stürmer & Siem 2013; Thomas 1992). In diesem Kapitel können nur Ausschnitte aus diesem umfangreichen Forschungsgebiet vorgestellt werden. Gruppen beeinflussen Menschen. Es werden daher klassische Forschungsansätze zu diesem Thema beschrieben. Oft geht man davon aus, dass es grundsätzlich besser ist, wenn Menschen in Gruppen zusammenarbeiten. Es wird dargestellt, was die Forschung dazu zu sagen hat. Konflikte zwischen Gruppen sind aus sozialpädagogischer Sicht ein besonders wichtiges Thema. Auch damit hat sich die Gruppenforschung beschäftigt. Im Rahmen der hier beschriebenen Forschungsansätze untersuchte man überwiegend Kleingruppen.

9.2 Sozialer Einfluss in Gruppen

Ein erstes Thema der Gruppenforschung war die Erfahrung, dass Menschen ihre Werte, Einstellungen oder Verhalten unter dem Einfluss der Gruppe ändern. Man spricht in diesem Zusammenhang auch vom *Konformitätsdruck* der Gruppe.

9.2.1 Einfluss durch Gruppenmitglieder

Abb. 100 zeigt zwei Experimente, mit denen man diesen Prozess genauer untersuchte.

In zwei berühmten Experimenten untersuchte man den Einfluss anderer Personen auf die Urteile einer Person.

1. Sherif (1935 zit. nach Stürmer & Siem 2013) benutzte in seinem Experiment eine optische Täuschung. Beim „autokinetischen Effekt" scheint sich ein *feststehender* Lichtpunkt im Raum zu bewegen (Grund sind die Augenbewegungen, wenn man ihn in einem dunklen Raum fixiert und keine Möglichkeit hat, sich zu orientieren. Sherifs Probanden sollten (sie kannten das autokinetischen Phänomen nicht) in mehreren Durchgängen schätzen, wie weit sich der Lichtpunkt jeweils bewegte. Nach einigen Durchgängen pendelte sich jede Person *individuell* auf einen bestimmten Wert, also eine persönliche Norm, ein. Wenn die Personen in einer Gruppe (jede Person gab in der Gruppe ihr Urteil laut ab) ihre Urteile abgaben, entstand eine „Gruppennorm". Die einzelnen Urteile näherten sich aneinander an und pendelten sich nun auf einen *gemeinsamen* Wert ein. Diese Gruppennorm behielten die Personen auch bei, wenn sie anschließend noch einmal alleine urteilen sollten.

2. Asch (1956; zitiert nach Stürmer & Siem 2013) führte eine Reihe von Experimenten durch, in denen er untersuchte, ob Personen sich von einer Gruppe auch zu falschen Urteilen bewegen ließen. Die Personen sollten in mehreren Durchgängen entscheiden, welche von drei Linien so groß war wie eine Vergleichslinie (s.u.). Wenn die Personen alleine urteilten, machten 95% der Personen keinen einzigen Fehler. In mehreren weiteren Durchgängen gaben sie ihr Urteil erst ab (laut vor der ganzen Gruppe), nachdem mehrere andere Personen (Mitarbeiter des Versuchsleiters) öffentlich und einstimmig ein *falsches* Urteil abgegeben hatten. Nun waren ca. 37% der von den Probanden abgegebenen Urteile falsch und entsprachen den Urteilen der falsch urteilenden Mehrheit. (Stürmer & Siem 2013, 24-27).

Zu beurteilende Linien und Vergleichslinie im Experiment von Asch

Abbildung 100: Experimente zum sozialen Einfluss in der Gruppe (nach Stürmer & Siem 2013)

In Experiment 1 waren die Probanden in ihrem Urteil unsicher. In dem Bedürfnis, möglichst richtig zu schätzen, orientierten sie sich am Urteil der Gruppe. Sie orientierten sich an der von der Gruppe gegebenen *Information*. In Experiment 2 war die richtige Lösung ganz offensichtlich, trotzdem folgten viele Probanden den falschen Urteilen der Gruppe. Hier hat das Bedürfnis nach Zugehörigkeit und Akzeptanz durch die Gruppe das Verhalten der Probanden beeinflusst. Die Probanden orientierten sich an der von den anderen Gruppenmitgliedern durch deren Urteile aufgestellten *Norm*.

Im Asch-Experiment gaben keineswegs alle Personen gleich viel falsche Urteile ab. Die Teilnehmer erlagen individuell in sehr unterschiedlichem Ausmaß dem Konformitätsdruck. Asch untersuchte in Folgeexperimenten, welche Faktoren es Menschen erleichtern, dem Konformitätsdruck zu widerstehen.

Anonymität des Urteils. Wenn die Probanden ihr Urteil anonym (also *nicht* laut vor der Gruppe) abgeben konnten, sank die Zahl der falschen Urteile drastisch.

Keine Einstimmigkeit bei den Urteilen der Gruppe. Wenn es ein paar „Abweichler" in der Gruppe gab, sank die Konformität der Probanden ebenfalls.

Soziale Unterstützung. Wenn ein Assistent des Versuchsleiters ein von der Mehrheitsmeinung abweichendes, allerdings falsches Urteil abgab, blieben die Probanden eher bei ihrem eigenen Urteil, ihre Konformität sank. Sie fühlten sich offensichtlich in ihrer Abweichung vom Urteil der anderen bestärkt, auch wenn der andere ein falsches Urteil abgab.

In weiteren Untersuchungen fanden Forscher heraus, dass Minderheiten, wenn sie ihre Urteile in der Gruppe ausdauernd und konsequent vertraten, sogar die Meinung der Mehrheit beeinflussten. Dies war allerdings nur der Fall, wenn die Vertreter der Minderheit als zur Gruppe gehörig wahrgenommen wurden. Man schloss daraus, dass Minderheiten für Innovationen und Wandel in Gruppen extrem wichtig sind (Stürmer & Siem 2013), jedoch nicht so weit abweichen dürfen, dass sie nicht mehr als Mitglied der Gruppe wahrgenommen werden.

9.2.2 Einfluss durch Autoritäten

Die Experimente von Sherif und Asch zeigten den Einfluss gleichgestellter Gruppenmitglieder. Gruppen haben aber eine innere Struktur und der Status der Gruppenmitglieder ist unterschiedlich. Die Frage liegt nahe, welchen Einfluss Personen mit einem besonders hohen Status, also Autoritätspersonen haben. Eines der berühmtesten Experimente zu dieser Frage ist das Milgram-Experiment (Milgram 1982; Abb. 101).

9.2 Sozialer Einfluss in Gruppen

> Milgram (1982) führte seit den 60er Jahren des vorigen Jahrhunderts Experimente zum Einfluss von Autoritätspersonen auf das Verhalten von Menschen durch. Die Anordnung des ersten Experiments sah folgendermaßen aus: Es wurden freiwillige Versuchspersonen geworben, die an einem Lernexperiment teilnehmen sollten. Zu Beginn des Experiments wurden sie vom Versuchsleiter (im weißen Kittel, um seine Autorität zu erhöhen) informiert, dass sie einem „Schüler", der im Nachbarraum saß und nicht zu sehen war, immer dann Stromstöße geben sollten, wenn er beim Lernen Fehler machte. Der „Schüler", ein Schauspieler, machte in einer vorher festgelegten Reihenfolge Fehler. Der Apparat für die „Stromstöße" gab zwar keine echten Stromstöße ab, zeigte aber die Stärke der vermeintlichen Stöße an. Mit jedem „Fehler" des Schülers nahm die Stärke der Stromstöße zu. Die Reaktionen des „Schülers" auf die „Stromstöße" wurden mit steigender Stärke der Stöße heftiger und schmerzvoller bis hin zu lauten Schreien und vollkommener Stille bei der höchsten Stromstärke. Wenn die Probanden zögerten, weitere Stromstöße zu geben oder abbrechen wollten, wurden sie vom Versuchsleiter ermahnt, weiterzumachen mit Worten wie: „Das Experiment erfordert, dass Sie weitermachen". An dem Experiment nahmen 40 Personen teil, 14 Personen brachen vorzeitig ab, 26 Personen machten weiter bis zur höchsten Stromstärke.

Abbildung 101: Milgram-Experiment (vgl. Milgram 1982; Stürmer & Siem 2013)

Das Experiment zeigte, dass keineswegs nur charakterschwache Menschen gegen ihre eigenen Überzeugungen und Werte den Instruktionen einer Autoritätsperson folgen, sondern auch ganz „normale" Menschen. Natürlich hat man versucht zu erklären, warum ein hoher Anteil der Probanden den Instruktionen des Versuchsleiters folgte. Die wichtigsten Erklärungen waren: Der Versuchsleiter gab seine Instruktionen streng und bestimmt und mit seiner ganzen Autorität als Wissenschaftler und übte so *normativen Druck* aus. Die Probanden befanden sich außerdem in einer ungewohnten, für sie unklaren Situation, die Unsicherheit erzeugte. Sie waren daher eher bereit, dem *informationellen Einfluss* des Versuchsleiters zu folgen, wenn dieser ihnen versicherte, die Stromstöße richteten keinen Schaden an und das wissenschaftliche Experiment habe wie geplant abzulaufen (Stürmer & Siem 2013; Milgram 1965).

Milgram variierte die ursprüngliche Versuchsanordnung, um genauer herauszufinden, wann sich die hohe Konformität der Probanden verringerte. Er fand verschiedene Faktoren, die dazu führten, dass mehr Personen das Experiment vorzeitig abbrachen.

Widersprüchliche Information. In einer Abwandlung des ursprünglichen Experiments gab es zwei Versuchsleiter. Als der Schüler aufschrie, begannen sie zu diskutieren, ob man das Experiment fortsetzen solle. Unter dieser Bedingung brachen alle Probanden vorzeitig ab.

Distanz zum „Schüler". Je geringer der Abstand zum Schüler war, desto eher weigerten sich die Probanden weitere Stromstöße zu geben.

Infragestellen der Autorität des Versuchsleiters reduzierte ebenfalls die Bereitschaft, den Instruktionen zu folgen.

Abweichler. Wenn sich in Gegenwart der Probanden andere Personen weigerten, den Instruktionen des Versuchsleiters zu folgen, weigerten sich die Probanden ebenfalls sehr viel eher, weiterzumachen. Auch hier zeigt sich wieder, wie wichtig Personen sind, die „gegen den Strom schwimmen". (Milgram 1965; Stürmer & Siem 2013)

9.3 Leistungen von Gruppen

Gruppen können unterschiedliche Ziele haben. In Primärgruppen wie Familie oder Freundesgruppen stehen Ziele wie emotionale Verbindung, Geselligkeit etc. im Vordergrund. Andere Gruppen wie die Studentengruppe in unserem Beispiel haben zum Ziel, bestimmte Leistungen zu erbringen. Bei genauerer Betrachtung zeigt sich, das die Art der Leistungen, die eine Gruppe erbringen kann, unterschiedlich ist. Hofstätter (1971) hat ein einfaches System zur Unterscheidung verschiedener Leistungsarten vorgeschlagen.

Leistungen vom Typus des Hebens und Tragens. Es leuchtet unmittelbar ein, dass bei solchen Leistungen (z.B. Tragen eines Feuerwehrschlauchs) die Gruppe Vorteile hat. Die Kräfte der einzelnen Personen addieren sich und die Leistung der Gruppe ist größer als die jeder einzelnen Person. Voraussetzung ist allerdings, dass die Zusammenarbeit in der Gruppe gut *koordiniert* ist (die Feuerwehrleute dürfen nicht übereinander stolpern). Manchmal wirkt sich gute Koordination erst unter schwierigen Bedingungen positiv aus. Goodman (1986 zit. nach Brodbeck 2003) stellte fest, dass gut koordinierte Teams im Kohlebergbau dann bessere Ergebnisse erzielten als schlecht koordinierte, wenn die äußeren Bedingungen schwierig waren (schlechte Witterung), nicht aber unter normalen Bedingungen. Leistungen vom Typus des Hebens und Tragens findet man bei allen körperlich arbeitenden Gruppen.

Leistungen vom Typus der Suchens und Findens bestimmen im Alltag die Ziele vieler Gruppen. Es geht darum, Probleme zu analysieren und lösen, Antworten auf Fragen zu finden etc. Auch hier kann die Leistung einer Gruppe der von Einzelpersonen überlegen sein. Da mehrere Personen nach Lösungen bzw. Antworten suchen, kommen mehr Lösungsmöglichkeiten zustande und die Wahrscheinlichkeit ist groß, dass eine dieser Möglichkeiten die geeignete ist. Fehler, die von einzelnen Personen gemacht werden, gleichen sich innerhalb der Gruppe aus. Allerdings müssen bestimmte Bedingungen erfüllt sein. Die einzelnen Mitglieder müssen unabhängig voneinander „suchen" und dürfen in ihrem Suchprozess nicht behindert werden, d.h. einzelne Lösungen dürfen nicht vorschnell als als ungeeignet abqualifiziert werden. Die verschiedenen Lösungsversuche müssen verglichen und eingeschätzt werden. Man darf sich also nicht vorschnell auf „bewährte" Lösungswege einigen. Eine gemeinsame Lösung muss erstellt werden. Bei der Entwicklung der gemeinsamen Lösung besteht die Chance, evtl. noch bestehende Fehler und Ungenauigkeiten zu korrigieren. Damit wird deutlich, dass Gruppenleistungen bei dieser Art von Aufgaben nicht nur gute Koordination erfordern, sondern auch hohe Anforderungen an die *Kommunikation* und *Kooperation* zwischen den Mitgliedern stellen.

9.3 Leistungen von Gruppen

Leistungen vom Typus des Bestimmens. Auch Leistungen des Bestimmens prägen den Gruppenalltag. Bei Leistungen dieser Art geht es darum, gemeinsame Normen, Vorgehensweisen, Maßstäbe etc. festzulegen oder Entscheidungen zu treffen, bei denen es keine objektiven Vorgaben für die „richtige" Lösung gibt. Gemeinsame Prozesse bei Leistungen vom Typus des Bestimmens sind von Vorteil, weil die oft nur implizit vorhandenen Gruppennormen, Entscheidungskriterien etc. explizit gemacht werden müssen. Wenig funktionale Normen können auf diesem Wege verändert und Entscheidungskriterien überprüft werden. Durch die Diskussion der Normen und Entscheidungen in der Gruppe und die gemeinsame Einigung fühlen sich die einzelnen Mitglieder zudem stärker verpflichtet, sich daran zu halten, als wenn angeblich „selbstverständliche" oder von Autoritäten vorgeschriebene Normen oder Entscheidungen zu befolgen sind. Selbstverständlich gelten auch hier die für die anderen Leistungsarten genannten Voraussetzungen. Gruppenprozesse bei Leistungen von der Art des Bestimmens unterliegen jedoch einer besonderen Problematik. Als Sozialpsychologen folgenschwere Entscheidungen der amerikanischen Regierung anhand von Kabinettsprotokollen und Gesprächsnotizen analysierten, stießen sie auf das Phänomen des *Gruppendenkens oder „Gruppengeistes" (group think)* (Thomas 1992). Es tritt bei Gruppen mit hohem Zusammenhalt unter Zeitdruck, Stress und großer Bedrohung bei komplexen Problemen auf. Die Gruppenmitglieder analysieren das Problem nicht mehr ausführlich, sondern gehen „lösungsorientiert" vor, d.h. sie bemühen sich um eine schnelle Entscheidung. Dabei entsteht ein hoher Anpassungsdruck (Abb. 102).

„Bei der Analyse der politischen Entscheidungsprozesse, die zur Invasion Kubas unter Billigung Kennedys im April 1961 führten, ebenso wie bei der Analyse der politischen Entscheidungen im Zusammenhang mit Pearl Harbor und der Eskalation des Vietnamkrieges glaubt Janis die gleichen Struktur- und Entscheidungsprozesse aufzeigen zu können: „Auf Kosten kritischen Denkens entwickeln sich Gruppennormen, die unter einem falsch verstandenen Loyalitätsbegriff (Gruppengeist) selbst dann noch aufrechterhalten werden, wenn sie sich ganz offensichtlich als falsch erweisen (...). Je stärker der Zusammenhalt der Gruppe wird, umso größer wird für den einzelnen der innere Zwang, Einigkeit zu demonstrieren. Die Folge davon ist,dass man allen Vorschlägen des Gruppenleiters oder eines Gruppenmitgliedes einen großen Vertrauensvorschuss einräumt" (Janis, 1972b, S. 77-78). Gruppenentscheidungen unter den Bedingungen hoher Gruppenkohäsion und eines starken Konformitätsdrucks in Gruppen führen zur Überschätzung der eigenen Handlungsmöglichkeiten, zur voreiligen Anpassung an die Autoritäts- oder Mehrheitsmeinung, zur Abwehr kritischer Einwände von außen und innen und zu einem Gefühl, sich selbst zu genügen und auf nichts anderes mehr achten zu müssen als nur auf die eigene Gruppe. Schließlich kommt es zu der folgenschweren Annahme, dass alle anderen ernstzunehmenden Personen die zur Entscheidung anstehenden Probleme ebenso beurteilen wie man selbst und die eigene Gruppe, was nicht selten eine Fehlannahme ist." (Thomas 1992, S. 159-160).

Abbildung 102: Beispiel für „group think" (Thomas 1992, S. 159-160)

Gerade weil es keine objektiv richtige Norm oder Entscheidung gibt, ist die Verlockung groß, bestimmte Informationen oder Argumente nicht zur Kenntnis zu nehmen und die Lösungswege von vornherein in gangbare und nicht gangbare zu unterteilen. Die Mitglieder der Gruppe stehen bei dieser Art von Leistungen vor der Herausforderung, die *Komplexität* des Problems nicht unzulässig zu reduzieren und hinreichend *Zeit* für die Normen- bzw. Entscheidungsfindung bereitzuhalten

9.4 Beziehungen zwischen Gruppen

Es gehört zu den Mechanismen von Gruppen, dass ihre Mitglieder sich mit der eigenen Gruppe identifizieren und gegen andere Gruppen abgrenzen.

9.4.1 Konflikte zwischen Gruppen

Unter bestimmten Bedingungen kann die Abgrenzung zur Fremdgruppe zum Problem werden. Ein klassisches Experiment aus der Gruppenpsychologie macht dies deutlich (Abb. 103).

> Sherif u.a. 1961 (zit. nach Stürmer & Siem 2013) führten ein Experiment durch, um die Entstehung von Konflikten zwischen Gruppen zu untersuchen. Jungen, die sich zuvor nicht kannten, verbrachten zusammen Zeit in einem Ferienlager. Nachdem die Jungen mehrere Tage als große Gruppe verbracht hatten, wurden sie in zwei gleich große Gruppen aufgeteilt, wobei man darauf achtete, dass Freunde in getrennte Gruppen kamen. Die Gruppen unternahmen getrennt voneinander verschiedene Aktivitäten, bis sie ein „Wir-Gefühl" entwickelt hatten. Danach ließ man die Gruppen gegeneinander in Wettbewerben antreten, welche jedoch zugunsten von immer derselben Gruppe manipuliert wurden. Es dauerte nicht lange, bis die Mitglieder der einen Gruppe die Mitglieder der anderen Gruppe beschimpften und ihnen gegenüber aggressiv wurden. Anschließend versuchte Sherif, den Konflikt zwischen den Gruppen wieder aufzulösen. Zuerst ließ man beide Gruppen gemeinsam essen oder Filme sehen, jedoch reduzierte dies nicht das negative Bild der anderen Gruppe und die Gehässigkeiten zwischen den Gruppen. Erst als man den Gruppen Aufgaben stellte, die sie nur gemeinsam lösen konnten (beispielsweise blieb der Lastwagen mit den Lebensmitteln stecken und musste gemeinsam wieder flott gemacht werden) verminderten sich die Feindseligkeiten.

Abbildung 103: Das Robbers Cave Experiment von Sherif u.a. (1961; nach Stürmer & Siem 2013, S. 67)

Negative Interdependenz. Das Experiment von Sherif zeigt, unter welchen Bedingungen es zu Konflikten zwischen Gruppen kommt. Manchmal sind die Ziele und Interessen der eigenen und der Fremdgruppe unvereinbar. Beide Gruppen möchten, wie im Robbers Cave Experiment, Zugriff auf die gleichen Ressourcen (den Gewinn beim Wettbewerb) haben, die aber nur für eine Gruppe reichen oder (im Experiment von Sherif) bereitgestellt werden. Man spricht in einem solchen Fall von negativer Interdependenz. Sie fördert die Entstehung bzw. Verstärkung von Vorurteilen und Feindseligkeit zwischen den Gruppen. Kann die Gruppe dagegen ihre Ziele nur erreichen, wenn sie mit der Fremdgruppe zusam-

9.4 Beziehungen zwischen Gruppen

menarbeitet (positive Interdependenz; im Robbers Cave Experiment der Lebensmittellastwagen, der nur gemeinsam wieder flottgemacht werden konnte) entstehen positive Einstellungen zur Fremdgruppe.

Relative Deprivation. Im Robbers Cave Experiment konnte im Wettbewerb nur eine Gruppe gewinnen. Es gab also einen objektiven Grund für die Unvereinbarkeit der Ziele der beiden Gruppen. Man kann aber beobachten, dass Konflikte zwischen Gruppen auch entstehen, wenn jede der Gruppen über ausreichende Ressourcen verfügen kann. In solchen Fällen vergleichen die Gruppenmitglieder ihre Gruppe mit der Fremdgruppe und gewinnen den *subjektiven* Eindruck, ihre Gruppe sei benachteiligt. Sie sind der Meinung, ihre Gruppe verfüge verglichen mit der Fremdgruppe über weniger Ressourcen als ihr eigentlich zusteht. Man nennt dies relative Deprivation. Auch aus der relativen Deprivation entstehen Unzufriedenheit und Ärger, was dann zu Konflikten zwischen den Gruppen führt.

Negative soziale Identität. Menschen streben grundsätzlich nach einer positiven sozialen Identität. Wenn Menschen die eigene Gruppe mit einer anderen Gruppe vergleichen und in wichtigen Bereichen Nachteile für die eigene Gruppe wahrnehmen, wird dieses Bedürfnis verletzt. Sie fühlen sich als Mitglieder einer minder wertvollen Gruppe. Wenn die Gruppe über keine produktiven Strategien zur Bewältigung dieses Problems verfügt, greift sie zum sozialen Wettbewerb. Die Fremdgruppe wird herausgefordert und attackiert. (Stürmer & Siem 2013)

9.4.2 Bewältigung von Konflikten zwischen Gruppen

Allen Konfliktsituationen zwischen Gruppen ist gemeinsam, dass die Mitglieder der Fremdgruppe nicht mehr als Einzelpersonen wahrgenommen werden, sondern als Angehörige einer bestimmten negativen Kategorie von Menschen („Die...sind alle gleich"), gegen die man die eigene Gruppe mit positiven Kategorien abgrenzt. Um Konflikte zwischen Gruppen zu verringern, wird vorgeschlagen, auf verschiedene Weise bei dieser Kategorisierung anzusetzen.

Dekategorisierung - Personalisierung. Man versucht durch verschiedene Maßnahmen die Bedeutung der vorhandenen Kategorien für die Beurteilung der Mitglieder von Eigen- und Fremdgruppe soweit zu reduzieren, dass sie nicht mehr relevant sind. Durch verschiedene Vorhaben, z.B. interkulturelle Projekte, will man erreichen, dass die Mitglieder der Eigengruppe die Mitglieder der Fremdgruppe als *Einzelpersonen* kennenlernen. Auf diesem Wege können außerdem neue Kategorien, die sich aus der Rolle im Projekt ergeben (z.B. Organisator, Musiker etc.) gegen die alten Kategorien gesetzt werden und diese unwirksam machen.

Rekategorisierung - „Common-Ingroup-Identity". Bei dieser Strategie versucht man nicht, die vorhandenen Kategorien zu reduzieren, sondern ergänzt sie durch neue, *übergeordnete Kategorien*. Auf diesem Wege werden die ursprünglichen Mitglieder von Eigen- und Fremdgruppe (z.B. Deutsche und Polen) zu den Mitgliedern einer neuen gemeinsamen Gruppe (Europäer), die sich wiederum von anderen Gruppen (z.B. Amerikanern) unterscheidet.

Wechselseitige Differenzierung. Andere Autoren sind der Meinung, dass Konflikte zwischen Eigen- und Fremdgruppe nur verringert werden können, wenn die Mitglieder der Eigengruppe ihre eigene *positive Identität* (also die positiven Kategorien für die eigene Gruppe) behalten und gleichzeitig positive Erfahrung mit der Fremdgruppe *als* Fremdgruppe machen können. Zu diesem Zweck müssen Kontaktsituationen geschaffen werden, in denen die Gruppen kooperieren, aber die Eigen- und Fremdgruppenmitglieder unterschiedliche, sich ergänzende Rollen übernehmen. Im Idealfall behalten dadurch die Mitglieder der Eigengruppe ihre positive Identität und nehmen die Mitglieder der Fremdgruppe als zwar anders aber ebenfalls positiv wahr (Stürmer & Siem 2013; Thomas 1992).

9.5 Zusammenfassung

Die Grafik fasst noch einmal die Inhalte dieses Kapitels zusammen (Abb. 104).

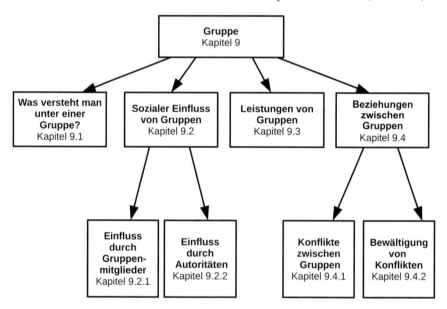

Abbildung 104: Inhalte des Kapitels 9

Fragen

1. Wie funktionieren Gruppen?
    a) Es ist nicht unbedingt nötig, eine gemeinsame Identität zu schaffen, um Konflikte zwischen Gruppen zu überwinden.

b) „Group Think" kommt nur in der Politik vor, nicht aber im normalen Leben.
c) Eine Gruppe ist eine Ansammlung von maximal 20 Personen, die face to face Kontakt haben, gemeinsame Ziele, eine innere Struktur und Rollenverteilung, geteilte Normen und ein gemeinsames Zugehörigkeitsgefühl.
d) Konflikte zwischen Gruppen entstehen vor allem, wenn Menschen große Vorurteile haben.
e) Der Einfluss von Gruppen auf die Normen und Wahrnehmungen wurde nur experimentell bewiesen.
f) Gruppen können die Wahrnehmung, die Normen und die Urteile von Personen besonders dann beeinflussen, wenn die Situation unklar ist, das Problem sehr komplex, Zeitdruck herrscht und die Gruppe einen hohen Zusammenhalt hat.
g) Eine Gruppe ist das Gleiche wie ein soziales Netz.
h) Konflikte zwischen Gruppen entstehen vor allem, wenn einerseits ein starkes Gefühl der Zugehörigkeit zur „Wir-Gruppe" besteht, andererseits „Wir-" und „Die-Gruppe" tatsächlich oder vermeintlich um Ressourcen konkurrieren.
i) Bei Gruppenkonflikten werden den Angehörigen der „Die-Gruppe" in Abgrenzung zur eigenen Gruppe viele negative Merkmale unterstellt.

Literatur

Brodbeck, F. C. (2003). Analyse von Gruppenprozessen und Gruppenleistung. München: Ludwig-Maximilians-Universität. Wirtschafts- und Organisationspsychologie. WOP. Working Paper No. 2003/2. Abgerufen von http://www.psy.lmu.de/wirtschaftspsychologie/forschung/working_papers/wop_working_paper_2003_2.pd auch erschienen als

Brodbeck, F. C. (2004). Analyse von Gruppenprozessen und Gruppenleistung. In H. Schuler (Hrsg.), *Lehrbuch Organisationspsychologie* (S. 415-438). Bern: Hans Huber.

Hofstätter, Peter Robert. (1971). *Gruppendynamik. Kritik der Massenpsychologie.* Reinbek b. Hamburg) Rowohlt

Milgram, S. (1965). Some conditions of obedience and disobedience to authority. *Human Relations, 18*(1), 57-76

Milgram, S. (1982). Das Milgram-Experiment: Zur Gehorsamsbereitschaft gegenüber Autorität. Reinek b. Hamburg: Rowohlt

Stürmer, S., & Siem, B. (2013). *Sozialpsychologie der Gruppe.* **München: Ernst Reinhardt UTB**

Thomas, A. (1992). *Grundriss der Sozialpsychologie: Individuum-Gruppe-Gesellschaft* (Band 2). Göttingen: Hogrefe Verlag.

Kapitel 10: Was sind „psychische Störungen"? (Klinische Psychologie I).

In diesem Kapitel geht es darum, was man unter einer psychischen Störung versteht und welche Prinzipien bei einer Diagnose berücksichtigt werden müssen. Die klassischen Klassifikationsschemata werden vorgestellt und es gibt einen Überblick über die wichtigsten psychischen Störungen.

1. Frau Maier (55) hat vor einem halben Jahr ihren Ehemann verloren. Er starb sehr plötzlich an einem Herzinfarkt. Frau Maier ist seitdem sehr niedergeschlagen. Wenn sie an ihren Mann denkt, muss sie weinen. Wenn Verwandte oder Freunde sie zu gemeinsamen Unternehmungen einladen, um sie aufzumuntern, sagt sie oft ab. Einer Freundin erzählt sie: „Ich denke immer noch, gleich kommt er zur Tür herein. Ohne ihn macht alles keinen Spaß."

2. Anna, 15 Jahre alt, ist nach Aussage der Eltern kaum zu bändigen. Wenn die Eltern von ihr verlangen, dass sie abends rechtzeitig nach Hause kommt, antwortet sie entweder gar nicht oder schreit sie an. Sie "kommt und geht, wann sie will". Sie liebt Discos und verbringt fast jedes Wochenende bis zum frühen Morgen dort. Sie hat viele Freunde, einige sind älter als sie. Anna wirkt deutlich älter als sie ist. Anna ist eine sehr gute Schülerin und ihre Leistungen sind seit Jahren gut (sie geht aufs Gymnasium). Anna raucht und trinkt nicht.

3. Sophie, 8 Jahre alt, fällt in der Schule auf, weil sie sich im Unterricht nie meldet und es ihr offensichtlich unangenehm ist, wenn sie dran kommt, obwohl sie die richtigen Antworten weiß. Sie hält sich grundsätzlich von den anderen Kindern fern und ist sehr ernst. Zu Hause liest sie viel, spielt allein oder mit der 2 Jahre jüngeren Schwester. Sie ist zu Hause lebhaft, redet viel und streitet auch.

4. Herr Schneider (45) ist krankgeschrieben. Er hat immer wieder heftige Herzattacken. Er ist von seinem Hausarzt gründlich untersucht worden und war auch schon in einer Herzklinik. Die Ärzte haben nichts gefunden, er ist körperlich vollkommen gesund. Herr Schneider geht nach Möglichkeit nur noch in Begleitung aus dem Haus, weil er befürchtet, wieder eine Attacke zu bekommen.

Abbildung 105: Haben diese Personen eine psychische Störung?

Bitte diskutieren Sie die Beispiele in Abb. 105 und beantworten Sie die Frage. Überlegen Sie: Welche Kriterien haben Sie verwendet, um zu entscheiden, ob eine der Personen eine psychische Störung hat?

Sozialpädagogen begegnen bei ihrer beruflichen Tätigkeit oft Personen, die auffallen. Sie geraten ständig mit Verwandten oder Nachbarn in Streit und werden gewalttätig; sie können sich zu nichts aufraffen und lassen die Wohnung verkommen; Kinder haben in der Schule Probleme, weil sie „aggressiv" sind; Mädchen und junge Frauen sind extrem dünn etc. Bei manchen dieser Personen stellt sich die Frage, ob ihre Schwierigkeiten etwas mit ihrer psychischen Verfassung zu tun haben. Bei den Fachvertretern der Psychiatrie und Klinischen Psychologie hat sich dafür der Begriff „psychische Störung" eingebürgert. Bei Vielem von dem, was wir im Alltag als auffällig empfinden, handelt es sich aus psychologischer Sicht keineswegs um eine psychische Störung und andererseits kann es vorkommen, dass Personen große psychische Probleme haben, ohne dass es sofort sichtbar wird. Sozialpädagogen sollten daher wissen, was aus psychologischer Sicht unter einer psychischen Störung verstanden wird und wie eine Diagnose zustande kommt. Sie sollten außerdem einige Störungsbilder kennen.

10.1 Was versteht man unter einer „psychischen Störung"?

Die Beispiele in Abb. 104 haben Ihnen vielleicht schon deutlich gemacht, dass es gar nicht so einfach ist, zu entscheiden, wann jemand eine psychische Störung hat. Alle Menschen erleben im Laufe ihres Lebens Krisen oder schwierige Zeiten, in denen sie nicht so kompetent handeln wie üblich und sich auch deutlich schlechter fühlen, also problematisches Verhalten und Erleben zeigen. Um entscheiden zu können, ob dieses Verhalten und Erleben tatsächlich Störungs- bzw. Krankheitswert hat, muss man eine grundsätzliche Vorstellung davon haben, was eine Störung ausmacht. Solche Vorstellungen unterscheiden sich je nach der dahinter stehenden Denktradition. Drei Denktraditionen waren bzw. sind besonders einflussreich.

Störungs- oder Krankheitsmodelle in medizinischer Denktradition. Die wesentlichen Vorstellungen der traditionellen medizinischen Denktradition lassen sich folgendermaßen charakterisieren: Man sieht die konkreten einzelnen problematischen Verhaltens- oder Erlebensweisen einer Person (z.B. sie hat Schwierigkeiten sich zu Aktivitäten aufzuraffen, sie kann sich an nichts mehr freuen, sie denkt, ihr Leben ist sinnlos) als *Symptome* an. Diese Symptome kann man zu Mustern oder *Syndromen* zusammenfassen. Unterschiedliche Syndrome werden von unterschiedlichen dahinter stehenden *Krankheiten* verursacht, wobei diese jeweils auf einen bestimmten Defekt oder eine bestimmte Funktionsstörung zurückgeführt werden können (wobei es irrelevant ist, ob diese bereits bekannt ist). Man muss also auf der Grundlage der gezeigten Symptome das „richtige" Syndrom diagnostizieren um auf die dahinter liegende Ursache, die Krankheit schließen zu können. Eine Störung kann nur überwunden werden, wenn die Therapie an der hinter den Symptomen stehenden Krankheit ansetzt. Abb. 106 zeigt in vereinfachter Form die wesentlichen Annahmen des Modells.

> Psychische Störungen werden von Störungsmodellen in medizinischer Denktradition als innerer Zustand einer Person verstanden. Man sieht sie als klar abgrenzbare und eindeutig vom normalen Zustand unterscheidbare Einheiten an. Es gibt einen qualitativen Unterschied zwischen gesundem und gestörtem Verhalten und Erleben. Aus der Sicht dieses Modells ist man entweder „psychisch krank" oder „psychisch gesund" (vgl. Maercker 2011a, Kap. 1.3; Berking 2012, Kap. 3.1).

Kapitel 10: Was sind „psychische Störungen"? (Klinische Psychologie I).

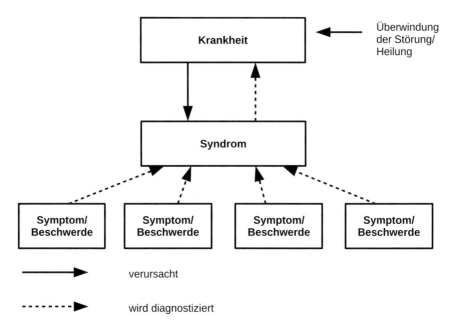

Abbildung 106: Modell psychischer Störungen in medizinischer Denktradition (in Anlehnung an Maercker 2011a; Berking 2012)

Störungs- oder Krankheitsmodelle in sozialwissenschaftlicher Denktradition. In den siebziger Jahren des vorigen Jahrhunderts stellten Forscher, die der lernpsychologisch orientierten Verhaltenstherapie verpflichtet waren, dem medizinischen Modell ein sozialwissenschaftliches Denkmodell entgegen. Dieses Modell hat eine andere Sicht auf die problematischen Verhaltens- und Erlebensweisen einer Person. Personen begegnen in ihrem Leben oft Problemen verschiedenster Art, die sie bewältigen müssen. Sie wählen Strategien zur *Problembewältigung*, die aus verschiedenen einzelnen Erlebens- und Verhaltensweisen bestehen. In manchen Fällen sind diese Strategien ungünstig, d.h. die mit ihnen verbundenen Verhaltens- und Erlebensweisen sind für die Person belastend oder ihre Umwelt empfindet sie als belastend oder unangemessen. In anderen Worten, die Strategien erzeugen *Beschwerden*. Die (lernpsychologisch gedachten) Konsequenzen in der Umwelt und/oder der Person für einzelne Verhaltensweisen oder ganze Strategien tragen dazu bei, dass die ungünstigen Bewältigungsstrategien beibehalten werden oder sich sogar verstärken. Die Störung kann überwunden werden, wenn man die Konsequenzen für die ungünstige Problembewältigung ändert. Abb. 107 zeigt die Annahmen des Modells in vereinfachter Form.

10.1 Was versteht man unter einer „psychischen Störung"?

> Psychische Störungen werden von Störungsmodellen in der sozialwissenschaftlichen Denktradition als Versuche zur Bewältigung von Problemen angesehen. Diese Versuche werden von der Person als belastend empfunden oder von der Umwelt als unangemessen angesehen. Gesundes und gestörtes Verhalten und Erleben sind gleichermaßen gelernt und unterscheiden sich nur in dem Ausmaß an Belastung bzw. Ablehnung durch die Umwelt, das sie hervorrufen. Es gibt daher nur einen quantitativen Unterschied zwischen gesund und gestört. Die Grenze zwischen beiden Zuständen ist letztendlich eine Sache der gesellschaftlichen und fachlichen Übereinkunft und muss von den Fachvertretern entschieden und festgelegt werden (vgl. Maercker 2011a).

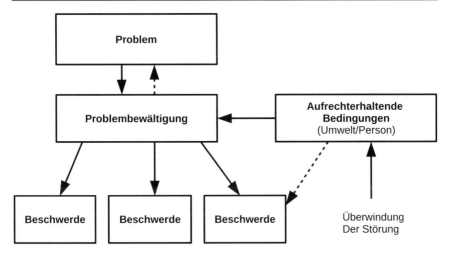

Abbildung 107: Modell psychischer Störungen in sozialwissenschaftlicher Denktradition (in Anlehnung an Maercker 2011a)

Integratives Modell der Entstehung und Aufrechterhaltung psychischer Störungen. Medizinische und sozialwissenschaftliche Denktradition haben jeweils eine einseitige Sichtweise psychischer Störungen. Die medizinische Denktradition betont den Rolle der Person und ihres Organismus, die sozialwissenschaftliche Tradition die Bedeutung der Umwelt für das Entstehen und Aufrechterhalten der Störung. Aus heutiger Sicht lässt sich die Vorstellung von psychischer Störung als ausschließlich im Organismus verankerte Krankheit ebenso wenig halten wie die Ansicht, nur die Zuschreibungen und Übereinkünfte von Gesellschaft und Fachwelt bestimmten, wann das Verhalten und Erleben einer Person Störungscharakter hat. Man hat versucht, das Wissen, das man über die *Faktoren* hat, die zur *Entstehung* und *Aufrechterhaltung* psychischer Störungen beitragen, in einem integrativen Modell zu bündeln. Ein vereinfachtes Beispiel für ein solches Modell finden Sie in Abb. 108.

Kapitel 10: Was sind „psychische Störungen"? (Klinische Psychologie I).

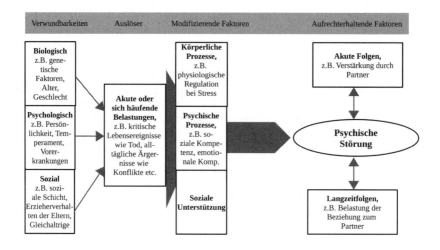

Abbildung 108: Integratives Modell psychischer Störungen (in Anlehnung an Berking 2012, Abb. 3.1.)

In diesem Modell finden sich sowohl Elemente des medizinischen Modells, z.B. bei den biologischen Faktoren, die als „Verwundbarkeiten" der Person verstanden werden, als auch des sozialwissenschaftlichen Modells, z.B. bei den Auslösern oder den aufrechterhaltenden Faktoren. Zusätzlich zeigt das Modell, dass *belastende* Faktoren wie Verwundbarkeiten und Krisensituationen und *entlastende* Faktoren wie gute soziale und emotionale Kompetenzen bei der Entstehung psychischer Störungen zusammenwirken und auch die kurz- oder langfristigen Konsequenzen die Problematik verstärken oder verringern können. Das Modell als Ganzes wendet sich deutlich vom medizinischen Störungsbegriff ab. Was eine psychische Störung ist, ergibt sich nicht direkt aus dem Störungsbild, sondern muss festgelegt werden.

10.2 Diagnose psychischer Störungen

> Unter psychischer Störung wird ein Syndrom zusammenhängender, klinisch relevanter Verhaltens- und Erlebensweisen (Symptome) verstanden, das „mit momentanem Leiden (z.b. einem schmerzhaften Symptom) oder einer Beeinträchtigung (z.B. Einschränkung in einem oder mehreren wichtigen Funktionsbereichen) oder mit einem stark erhöhten Risiko einhergeht, zu sterben, Schmerz, Beeinträchtigung oder einen tiefgreifenden Verlust an Freiheit zu erleiden. Zusätzlich darf dieses Syndrom oder Muster nicht nur eine verständliche und kulturell sanktionierte Reaktion auf ein bestimmtes Ereignis sein, wie z.b. den Tod eines geliebten Menschen. Unabhängig von dem ursprünglichen Auslöser muss gegenwärtig eine verhaltensmäßige, psychische oder biologische Funktionsstörung bei der Person zu beobachten sein. Weder normabweichendes Verhalten (z.b. politischer, religiöser oder sexueller Art) noch Konflikte des Einzelnen mit der Gesellschaft sind psychische Störungen, solange die Abweichung oder der Konflikt kein Symptom einer oben beschriebenen Funktionsstörung bei der betroffenen Person darstellt" (Saß u.a. 2003, S. 979).

Das vorliegende Kapitel folgt diesem Verständnis psychischer Störungen aus der Sicht des integrativen Modells.

10.2 Diagnose psychischer Störungen

Die oben gegebe Definition psychischer Störungen zeigt, dass es nicht möglich ist, per Augenschein zu entscheiden, ob sich Verhalten und Erleben einer Person noch im Rahmen tolerierbarer Abweichungen und Belastungen bewegt oder bereits „klinisch relevant" ist. Es muss also eine ausführliche fachliche Diagnose gestellt werden.

Diagnostischer Prozess. Als Grundlage für fachlichen Diagnosen haben sich die Klassifikationssysteme ICD-10 und DSM-IV (s.unten) etabliert. Unter Klassifikation versteht man üblicherweise die Einordnung einzelner Ereignisse oder Phänomene in übergeordnete Kategorien. Während der diagnostischen Prozesse werden die Verhaltens- und Erlebensweisen der Betroffenen anhand expliziter Kriterien in bestimmte Kategorien eines Systems von Kategorien psychischer Störungen eingeordnet. Zu diesem Zweck müssen zunächst die einzelnen Verhaltens- und Erlebensweisen (Symptome) genau erfasst werden. Dann muss man prüfen, ob sie sich zu Syndromen zusammenfassen lassen (zeigt eine Person ein Syndrom, dass aus großer körperlicher Inaktivität, negativer Stimmung und dem Gefühl der Sinnlosigkeit besteht, könnte z.b. ihr Verhalten und Erleben in die Kategorie „Depression" einzuordnen sein). Allerdings rechtfertigt das Vorkommen eines Syndroms allein noch nicht eine Diagnose (in diesem Fall: Depression), denn es kann auch bei anderen psychischen Störungen vorkommen. Es müssen also weitere Kriterien geprüft werden, um zu entscheiden, ob das Syndrom der gedachten Kategorie zuzuordnen ist. Die Verfasser der Klassifikationssysteme bemühen sich, klare *Kriterien* anzugeben, anhand derer man entscheiden kann, ob das für die Diagnose geforderte Syndrom vorhanden ist oder

Kapitel 10: Was sind „psychische Störungen"? (Klinische Psychologie I).

nicht. So findet man in den Klassifikationssystemen bei jeder Diagnose eine Liste von Kriterien, die nicht nur das jeweilige Verhalten und Erleben genauer beschreiben, sondern auch dessen Häufigkeit, die Funktionsbereiche, die beeinträchtigt sind etc. Zusätzlich werden genaue *Entscheidungsregeln* dafür angegeben, wann die Diagnose zu stellen ist, beispielsweise dass mindestens 4 von 10 Kriterien erfüllt sein müssen (Abb. 109).

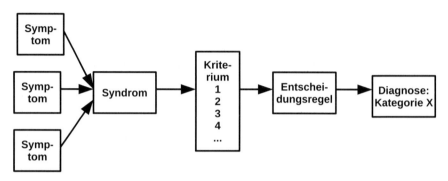

Abbildung 109: Diagnostischer Prozess (in Anlehnung an Rief & Stenzel 2012)

Klassifikationssysteme. Es gibt zwei Klassifikationssysteme, die bei der Diagnose psychischer Störungen verwendet werden.

- **DSM-IV.** Von der Amerikanischen Psychiatrischen Vereinigung wurde das DSM (Diagnostic and statistical manual of mental diseases) zur Diagnose psychischer Störungen entwickelt und immer wieder überarbeitet. Es liegt in Deutschland in der Version DSM-IV-TR vor (Saß u.a. 2003). Das DSM-IV ist in diagnostische Kategorien aufgeteilt (z.B. „Angststörungen inkl. Panikstörung, Agoraphobie, posttraumatische Belastungsstörung, soziale Phobie"), für die dann jeweils Kriterien und Entscheidungsregeln angegeben werden. Die Diagnosen können auf verschiedenen Ebenen gleichzeitig vorgenommen werden (man nennt sie Achsen).
  - Achse 1: Diagnostik der klinischen Störungen
  - Achse 2: Diagnostik von geistiger Behinderung und Persönlichkeitsstörungen
  - Achse 3: Diagnostik der medizinischen Krankheitsfaktoren
  - Achse 4: Diagnostik der psychosozialen Probleme (z.B. im sozialen Umfeld)
  - Achse 5: Diagnostik des globalen Funktionsniveaus. Dieses wird üblicherweise mit Hilfe einer Skala (Global assessment of functioning; GAF) erfasst, die von 1 (extreme Beeinträchtigung) bis 100 (volle Funktionsfähigkeit) geht.

10.2 Diagnose psychischer Störungen

Das DSM-IV vergibt für jede einzelne Diagnose einen Zahlencode. (vgl. Rief & Stenzel 2012)

- **ICD-10.** Die Weltgesundheitsorganisation (WHO) gibt einen Katalog zur Klassifikation von Krankheiten heraus, der in der 10. überarbeiteten Version vorliegt (International classification of diseases). Im Unterschied zum DSM-IV klassifiziert das ICD nicht nur psychische Störungen, sondern **alle Krankheiten**. In Deutschland haben Krankenkassen und Rentenversicherungsträger die Diagnose nach ICD-10 verpflichtend gemacht. Jeder Arzt oder Psychotherapeut muss seine Diagnosen nach diesem Klassifikationssystem stellen. Zum ICD-10 gibt es zwei Versionen:
  - eine **Wissenschaftler-Version,** bei der die einzelnen Kriterien sehr genau ausführlich ausformuliert sind
  - eine **Praktiker-Version,** bei der die einzelnen Krankheitsbilder etwas knapper definiert sind.

Die psychischen Störungen werden im ICD-10 in einem gesonderten Kapitel nach Kategorien (z.B. affektive Störungen) aufgeführt (vgl. Dilling u.a. 2011; Dilling u.a. 2013). Auch das ICD-10 vergibt Codes. Der Code für alle psychischen Störungen beginnt mit einem F, dahinter stehen zwei Zahlen für die Störungen der jeweiligen Kategorie (z.B. F30-F39 für affektive Störungen). Bis zu zwei Stellen nach dem Komma können die genaue Diagnose charakterisieren (z.B. F40.01 für eine Agoraphobie mit Panikstörung). Vom ISD-10 gibt es nationale Versionen, z.B. ICD-10 GM (german version) in Deutschland. In den nationalen Versionen finden sich einzelne Störungsbilder, die in denVersionen der anderen Länder nicht vorkommen (vgl. Rief & Stenzel 2012).

Abb. 110 zeigt in Anlehnung an Maercker (2011b) eine vereinfachte Einteilung psychischer Störungen, die auf DSM-IV und ICD-10 basiert.

Kapitel 10: Was sind „psychische Störungen"? (Klinische Psychologie I).

Vereinfachte Einteilung	ICD-Klassifikation mit Code	DSM-Klassifiktion mit DSM-IV-TR-Codenummer
Demenzen (als Hauptvertreter der organischen psychischen Störungen)	Organische psychische Störungen (F0)	Delir, Demenz, Amnestische und andere kognitive Störungen (290-291 teilweise, 291-294)
Sucht- und Abhängigkeitsstörungen	Störungen durch psychotrope Substanzen (F1)	Störungen im Zusammenhang mit psychotropen Substanzen (291 teilweise, 292, 304, 305)
Schizophrene Psychosen	Schizophrene und verwandte Störungen (F2)	Schizophrenie und andere psychotische Störungen (295, 297 bis 298)
Affektive Störungen	Affektive Störungen (F3)	Affektive Störungen (296, 300, teilweise, 301)
Emotionale oder neurotische Störungen	Neurotische, Belastungs- und somatoforme Störungen (F4)	Angststörungen (300 teilweise, 301)
Belastungsstörungen		Somatoforme Störungen (300 teilweise)
		Vorgetäuschte Störungen (300 teilweise)
		Dissoziative Störungen (300 teilweise)
		Anpassungsstörungen (309)
Weitere psychische Funktionsstörungen: Essstörungen, Schlafstörungen, sexuelle Störungen	Verhaltensauffälligkeiten in Verbindung mit körperlichen Störungen und Faktoren (F5)	Sexuelle und Geschlechtsidentitätsstörungen (302, 306, 607 bis 625)
		Essstörungen (307 teilweise)
		Schlafstörungen (307 teilweise)
Persönlichkeitsstörungen	Persönlichkeits- und Verhaltensstörungen (F6)	Persönlichkeitsstörungen (301)
Störungen mit Beginn in Kindheit und Jugend	Intelligenzminderung (F7)	Störungen die gewöhnlich zuerst im Kleinkindalter, in der Kindheit oder Adoleszenz diagnostiziert werden (299, 307 bis 319)
	Entwicklungsstörungen (F8)	
	Störungen mit Beginn in Kindheit und Jugend (F9)	

Abbildung 110: Vereinfachte Einteilung psychischer Störungen (in Anlehnung an Maercker 2011b, Tab. 9)

> Die Klassifikationssysteme geben zwar Kategorien für psychische Störungen und klare Kriterien vor, bei welchen Symptomkombinationen welche Störung zu diagnostizieren ist. Man sollte sich aber immer dessen bewusst sein, dass es sich dabei nicht um ein objektives Abbild im Menschen vorhandener Defizite oder Beeinträchtigungen handelt, sondern um ein (von Menschen entworfenes) System, um die vielen einzelnen Symptome, die Personen zeigen können, in eine Ordnung zu bringen.

Diagnoseverfahren. Selbstverständlich können nur ausgebildete Fachleute (Psychiater, zugelassene Psychotherapeuten) psychische Störungen diagnostizieren. Um sicherzustellen, dass die Diagnose wirklich entsprechend der in den Klassifikationssystemen vorgegebenen Kriterien erfolgt, gibt es zwei Wege.

- **Klinisches Interview.** Es gibt eine Reihe von stark strukturierten und standardisierten Interviewleitfäden auf der Basis von DSM-IV oder ICD-10, die sicherstellen sollen, dass sich die diagnostizierende Person an die Vorgaben des entsprechenden Klassifikationssystems hält. Halten sich Diagnostiker an einen dieser Leitfäden, sind ihre Diagnosen hinreichend objektiv und zuverlässig. Um einen ersten Eindruck zu gewinnen und die Betroffenen zunächst einmal grob einer Kategorie zuzuordnen, eignen sich auch die Kurzversionen der Leitfäden.
- **Fragebögen.** Ergänzend und als Kontrolle für die Ergebnisse des Klinischen Interviews verwendet man standardisierte Fragebögen, die in der Regel einen umschrieben Störungsbereich (z.B. Angst) abfragen und von den Betroffenen selbst ausgefüllt werden. (vgl. Rief & Stenzel 2012).

10.3 Psychische Störungen bei Erwachsenen

Umfassende Darstellungen psychischer Störungen bei Erwachsenen finden Sie bei Berking & Rief (2012) und Petermann u.a. (2011). Für dieses Kapitel wurden Störungen ausgewählt, die häufig diskutiert werden oder denen Sozialpädagogen bei ihrer Arbeit beggnen. Die knappen Beschreibungen lehnen sich an Maercker (2011b) an. Sie sollen Ihnen eine Vorstellung davon geben, was unter dem jeweiligen Störungsbild verstanden wird. **Sie sind nicht dazu geeignet, bei einer Person eine entsprechende Störung festzustellen!**

10.3.1 Demenzen

Demenzen sind Störungen, die im höheren Lebensalter auftreten. Kennzeichen ist die Entwicklung von Gedächtnisstörungen und weiteren kognitiven Beeinträchtigungen. Die Betroffenen haben Schwierigkeiten, sich neue Inhalte zu merken. Sie verlieren nach und nach auch die Erinnerung an frühere Ereignisse. Hinzu kommen Schwierigkeiten beim Erkennen von Objekten, in der Sprache und bei zielgerichteten Bewegungen. Die häufigste Form der Demenz ist die *Alzheimer-Demenz*. Es gibt andere Formen der Demenz, die teilweise mit neurologischen Erkrankungen einhergehen. Man kann sie nur mit ausführlichen neurologischen Untersuchungen von der Alzheimer-Demenz unterscheiden. Das Gedächtnis von Personen mit einer Alzheimer-Demenz baut im Verlauf der Krankheit immer mehr ab, so dass sie alltägliche Fähigkeiten verlernen, über die sie vorher verfügten und nahestehende Personen und Alltagsgegenstände nicht mehr erkennen. Auch ihr Verhalten und ihre Stimmungen ändern sich. Sie bekommen z.b. unbegründete Wutausbrüche, werden ruhelos oder wandern ziellos umher. Die Fähigkeit, über sich selbst nachzudenken, Wünsche und Bedürfnisse zu äußern verschwindet. Alzheimer-demente Personen im fortgeschrittenen Stadium sind nicht fähig, allein zu leben und sich zu versorgen. Die Prognose der Störung ist ausgesprochen schlecht. Heilungs- und Therapiemöglichkeiten sind praktisch nicht vorhanden.

10.3.2 Sucht- und Abhängigkeitsstörungen

Man unterteilt die Sucht- und Abhängigkeitsstörungen in *substanzinduzierte* Störungen wie Alkoholismus und Störungen, die nicht an Substanzen gebunden sind. Während man sich einig ist, welche Störungen man zu den substanzinduzierten Störungen zählt (z.B. Alkoholismus, Medikamentenabhängigkeit, Abhängigkeit von „harten" Drogen wie Heroin), gibt bei der Kategorie nicht an Substanzen gebundener Abhängigkeiten (z.B. Spielsucht) noch Diskussionen darüber, anhand welcher Kriterien man sie diagnostizieren solle.

Bei den substanzgebundenen psychischen Störungen werden im Diagnoseprozess vier Arten von Kriterien benutzt:

- **Intoxikation.** Dieses Kriterium beschreibt das Ausmaß des Vergiftungs- bzw. Überdosierungszustands, der durch die Einnahme der Substanz bewirkt wurde.
- **Entzug.** Wenn die Person die Substanz absetzt, erlebt sie deutliche körperliche und psychische Belastungsreaktionen.
- **Missbrauch bzw. schädlicher Gebrauch.** Die Person benutzt zu hohe Mengen der Substanz. Dies hat deutliche *soziale Beeinträchtigungen* zur Folge (Kriterien dafür werden angegeben). Diese Beeinträchtigungen müssen mindestens einen Monat massiert oder während eines Jahres immer wieder aufgetreten sein.
- **Abhängigkeit.** Die Person benutzt zu hohe Mengen der Substanz. Dies hat charakteristische Folgen: *Toleranzentwicklung (*zunächst Dosissteigerung, dann Dosisminderung); *Entzugssysmptome; Kontrollverlust* (die Person nimmt immer wieder die Substanz häufiger oder länger ein, als sie eigentlich beabsichtigt), *unbezwingbares Verlangen* nach der Substanz; *viel Zeitaufwand* um die Substanz zu beschaffen, zu konsumieren und sich vom Konsum zu erholen; *Beeinträchtigung* im sozialen, beruflichen und Freizeitbereich. Damit man von Abhängigkeit sprechen kann, müssen diese Kriterien 12 Monate lang erfüllt sein.

Angaben über Verlauf und Prognose sind je nach Substanzkonsum unterschiedlich. Es gibt etablierte Psychotherapieverfahren, die jedoch nur bei einem Teil der Betroffenen erfolgreich sind.

10.3.3 Schizophrene Psychosen

Schizophrene Psychosen sind schwere psychische Störungen. Die Betroffenen verlieren zumindest zeitweise den Bezug zur Realität. Dabei treten zwei Arten von Symptomen auf.

- **Halluzinationen** sind Sinneswahrnehmungen ohne dass die entsprechenden Sinnesorgane stimuliert werden. Dazu gehört z.b. das *Stimmenhören*.
- **Wahn**. Menschen haben persönliche Überzeugungen, die sie aufrechterhalten, obwohl es unbestreitbare Beweise gibt, dass diese Überzeugungen falsch sind (Maercker 2011b).

Außer Wahn bzw. Halluzination gibt es weitere Kriterien, die für die Diagnose einer Schizophrenie erfüllt sein müssen (vgl. Ziegler & Lincoln 2012). Schizophrene Psychosen verlaufen sehr oft in Schüben.

Schizophrenien werden medikamentös behandelt, um die Symptomatik zu reduzieren und die Betroffenen vor weiteren Schüben zu schützen. Nicht alle Betroffenen sprechen auf diese Behandlung an. Sie hat außerdem Nebenwirkungen, die von einem Teil der Betroffenen als unangenehm empfunden wird. Dies führt dazu, dass sie ihre Medikamente nicht hinreichend konsequent einnehmen. In den letzten Jahren hat man vermehrt zusätzlich Verfahren aus der kognitiven Verhaltenstherapie eingesetzt, die vor allem zum Ziel haben, die Symptome der kognitiven Realitätsverzerrungen zu reduzieren und das Verhalten im Umgang mit anderen zu verbessern. Verschiedene Untersuchungen haben gezeigt, dass diese Formen der Psychotherapie wirksam sind (Ziegler & Lincoln 2012).

10.3.4 Affektive Störungen: Depressive Störungen

Unter die Kategorie „affektive Störungen" fallen Depression und depressive Störung, die bipolare Störung (manisch-depressive Störung), außerdem affektive Störungen, die auf medizinische Faktoren oder den Einfluss von Medikamenten oder Drogen zurückgeführt werden können (Beesdo & Wittchen 2006).

Depressive Störungen. Die wichtigsten Formen depressiver Störungen sind die *Major Depression* (Schwere Depression) und die *Dysthymie*. Sie zeichnen sich durch ähnliche Symptome aus (Abb. 111).

Kriterien	Major Depression	Dysthymie
• Niedergeschlagene, traurige Stimmung • Interesse- und Freudeverlust • Gewichtsverlust oder -änderung • Schlaflosigkeit oder vermehrter Schlaf • psychomotorische Unruhe oder Verlangsamung • Gefühle von Wertlosigkeit, Schuldgefühle • Konzentrationsprobleme • wiederkehrende Gedanken an Tod und Selbstmord	• Symptome in schwerer Ausprägung. Symptomatik einer Episode muss über zwei Wochen lang auftreten. • Es treten mindesten zwei Episoden auf, zwischen denen deutlich unterscheidbar mindestens zwei Monate ohne Symptomatik liegen	• Symptome weniger stark ausgeprägt • Symptomatik tritt innerhalb von zwei Jahren in der überwiegenden Zeit jedes Tages oder mindestens in der Hälfte aller Tage auf

Abbildung 111: Ausschnitt aus den Kriterien für depressive Störungen (nach Maercker 2011b)

Bei der Major Depression wechseln sich Phasen schwerer Beeinträchtigung mit weitgehend symptomfreien Phasen ab. Bei der Dysthymie sind die Symptome nicht so schwerwiegend. Da sie aber chronisch auftreten, ist die Belastung für die Betroffenen hoch (vgl. Abb. 111).

Wird die Major Depression nicht behandelt, treten bei etwa zwei Drittel der Betroffenen weitere Episoden auf. Die Dysthymie beginnt schleichend. Der Anfang liegt meistens im Jugend- oder frühen Erwachsenenalter. Im mittleren Lebensalter werden beide Formen der Depression seltener. Manche Autoren sind der Ansicht, dass depressive Störungen im hohen Lebensalter wieder ansteigen. Schwere Depressionen werden mit einer Kombination aus Medikamenten und Psychotherapie (in der Regel Formen der kognitiven Verhaltenstherapie) behandelt. Bei mittelschweren und leichtere Depressionen konzentriert man sich auf die Psychotherapie (Berking & Rief 2012).

10.3.5 Emotionale oder neurotische Störungen: Angststörungen

Unter der Kategorie „Angststörungen" findet man viele unterschiedliche Störungsbilder. Im Vordergrund dieser Störungen steht eine starke *Angstreaktion*, die immer wieder auftritt und mit der realen Gefährdung nichts zu tun hat. Die Strategien, die die Personen zur Bewältigung ihrer Angst einsetzen, sind *dysfunktional*. Sie vermeiden z.B. dauerhaft die angstauslösende Situation und generalisieren auf ähnliche Situationen.

Bei der *sozialen Phobie* haben die Betroffenen sehr starke und dauerhafte Angst vor Situationen, in denen sie Umgang mit anderen Menschen haben. Sie befürchten, ihr Verhalten oder (oft nur für sie selbst registrierbare) körperliche Anzeichen wie Zittern, Schwitzen etc. würden von anderen Menschen negativ bewertet. Sie schämen sich und fühlen sich gedemütigt. In der Folge vermeiden

10.3 Psychische Störungen bei Erwachsenen

sie soziale Situationen so oft, dass sie erhebliche Beeinträchtigungen in Schule oder Beruf erfahren und unter der Situation stark leiden.

Für Angststörungen gibt es sehr wirksame Therapieverfahren aus der kognitiven Verhaltenstherapie, die spezifisch auf die Art der Störung zugeschnitten werden können. Nehmen die Betroffenen eine solche Therapie in Anspruch, kann die Störung vollständig überwunden werden.

10.3.6 Belastungsstörungen: Posttraumatische Belastungsstörung

Wenn Personen *Traumata* wie Krieg, Folter, Gewalthandlungen etc. erleiden, kann sie dies langfristig massiv beeinträchtigen. Als Traumata bezeichnet man alle Ereignisse oder Belastungen, bei denen das Leben oder die Unversehrtheit einer Person bedroht ist. Die Reaktionen auf solche Traumata lassen sich nach ihrer Intensität unterscheiden.

Normale Belastungsreaktion. Die Person zeigt maximal zwei Tage lang die Symptome von Abb. 112

Akute Belastungsstörung. Personen zeigen länger als zwei Tage und nicht länger als einen Monat lang die Symptome von Abb. 112.

Posttraumatische Belastungsstörung (PTBS). Das Symptommuster von Abb. 112 ist stark ausgeprägt und dauert länger als einen Monat an. Weitere Symptome kommen hinzu: Einengung der Aufmerksamkeit, ein Gefühl der Losgelöstheit, Desorientierung etc. Außerdem können die Personen unkontrollierbare Gefühlsausbrüche (Weinen, Aggression) erleben.

Intrusion	Unwillkürliche, schmerzliche Erinnerungen in allen Sinnesmodalitäten (Bilder, Geräusche, Gerüche). Diese Erinnerungen können in Form von Flashbacks oder Albträumen erlebt werden.
Anhaltendes Vermeidungsverhalten und emotionale Taubheit	Vermeidung erstreckt sich auf Gefühle, Gedanken und Situationen. Es kann vollständige oder Teilamnesien des Erlebten geben.
Erhöhte Erregbarkeit	Ein- und Durchschlafstörungen, Reizbarkeit, Wutausbrüche, Konzentrationsprobleme, übertriebene Wachsamkeit, gesteigerte Schreckreaktion etc.

Abbildung 112: Ausschnitt aus den Kriterien für eine Posttraumatische Belastungsstörung (in Anlehnung an Maercker 2011b, Tab. 16)

Es gibt spezifische Therapieformen für die posttraumatische Belastungsstörungen, die deutliche Erfolge haben (Maercker 2013). Bei akuten Belastungsstörungen kann es durch zu frühe Interventionen zu einer Verschlechterung des Befindens kommen. Fachleute empfehlen daher „beobachtendes Zuwarten" (watchfull waiting) (Maercker 2011b).

10.3.7 Persönlichkeitsstörungen: Antisoziale Persönlichkeitsstörung

Als Persönlichkeitsstörungen werden Störungen bezeichnet, bei denen die Betroffenen mit ihrem Erleben und Verhalten dauerhaft deutlich von kulturell akzeptierten Normen abweichen. Diese Abweichung ist stabil und dauert lange an. Sie hat im späten Kindesalter oder der Adoleszenz begonnen. Die Person zeigt die symptomatischen Erlebens- und Verhaltensmuster nicht gezielt als Reaktion auf bestimmte Situationen, sondern als Standardverhalten über verschiedenen Situationen hinweg. Das Erlebens- und Verhaltensmuster der Person führt entweder bei ihr selbst zu persönlichem Leiden und /oder sie beeinträchtigt die Personen ihrer Umwelt massiv.

Antisoziale Persönlichkeitsstörung. Personen mit dieser Störung missachten und verletzen die Rechte anderer in extremer Form. Sie haben oft kein Mitgefühl für andere. Sie neigen dazu, andere zu manipulieren. Sie missachten soziale Normen und Regeln. Ihnen fehlt jegliches Schuldbewusstsein und sie sind unfähig, aus negativen Erfahrungen zu lernen. Sie sind reizbar und erregbar und suchen die Schuld für Konflikte bei anderen. Es gibt spezifische Therapieprogramme auf kognitiv-verhaltenstherapeutischer Basis.

10.3.8 Weitere psychische Funktionsstörungen: Essstörungen

In dieser Kategorie werden Störungen zusammengefasst, die lebenswichtige Funktionen des Menschen betreffen.

Essstörungen. Man unterscheidet verschiedene Formen der Essstörung. Bei der *Anorexie* bemühen sich die Betroffenen, nicht zu dick zu werden. Sie verringern ihr Gewicht deutlich unter das Maß, das aus gesundheitlichen Gründen noch tolerierbar ist. Gleichzeitig leugnen sie ihr Untergewicht und weigern sich, zuzunehmen. Manche Betroffene (5% bis 10%) hungern sich regelrecht zu Tode. Figur und Gewicht sind für das Selbstwertgefühl der Betroffenen außergewöhnlich wichtig. Bei der *Bulimie* wechseln sich Heißhunger mit Fressanfällen und unangemessene Maßnahmen zur Regulation des Gewichts wie Erbrechen, Missbrauch von Abführmitteln etc. ab. Die Klassifikationssysteme geben genaue Kriterien an, was unter Fressanfällen zu verstehen ist und wie oft sie vorkommen müssen, damit die Diagnose Bulimie vergeben wird.

Bei beiden Störungsformen werden multimodale (gemischte) Therapieverfahren angewendet. Der Erfolg bei der Anorexie ist begrenzt. Etwa 20% der Betroffenen entwickeln eine schwere chronische Störung oder zusätzliche Symptomatiken. Im Unterschied dazu vermindert sich bei ca. 75% der bulimischen Betroffenen nach einer Therapie die Symptomatik deutlich.

10.4 Psychische Störungen bei Kindern und Jugendlichen

Die Diagnose psychischer Störungen bei Kindern stößt auf größere Schwierigkeiten als bei Erwachsenen. Es muss berücksichtigt werden, dass das Verhalten und Erleben der Kinder vom Kleinkind- bis zum Jugendalter sich stark verän-

10.4 Psychische Störungen bei Kindern und Jugendlichen

dert. So können Verhaltens- und Erlebensweisen, die sich bei einem sehr jungen Kind noch im Bereich des üblichen bewegen, in einer späteren Altersphase als auffällig gelten (z.b. heftige Wut- und Trotzanfälle). Die Erfassung der Gefühls- und Erlebenswelt jüngerer Kinder stößt auf Schwierigkeiten, da sie nur unzureichend über ihren inneren Zustand und Gefühle der Belastung und des Leidens Auskunft geben können. Normvorstellungen über angemessenes Verhalten beeinflussen Berichte der Personen im sozialen Umfeld über das Verhalten und Erleben der Kinder und die Gefahr ist noch größer als bei Erwachsenen, dass Abweichungen vom erwünschten Wohlverhalten als „Störung" wahrgenommen werden. Remschmidt (1988, S. 146, zit. nach Petermann 2011, Kap. 8.1.1) hat sich daher bemüht, eine auf die Situation von Kindern und Jugendlichen abgestimmte Definition psychischer Störungen zu formulieren. Nach ihm ist

> eine psychische Störung bei Kindern und Jugendlichen „ein Zustand willkürlich gestörter Lebensfunktionen, der durch Beginn, Verlauf und ggf. auch Ende eine zeitliche Dimension aufweist und ein Kind oder einen Jugendlichen entscheidend daran hindert, an den alterstypischen Lebensvollzügen teilzunehmen und diese zu bewältigen."

Für psychische Störungen bei Kindern und Jugendlichen sind ebenso wie für die Erwachsener Kategorien in DSM-IV und ICD-10 vorgesehen. Psychische Störungen bei Kindern und Jugendlichen werden in zwei Gruppen eingeteilt, nämlich *Entwicklungsstörungen* sowie *Verhaltens- und emotionale Störungen*. Das ICD-10 sieht für jede der beiden Gruppen ein Kapitel vor, das DSM-IV-TR fasst sie als „Störungen, die zuerst im Kleinkindalter, in der Kindheit oder der Adoleszenz diagnostiziert werden" zusammen. Die Anforderungen an die Diagnose sind die gleichen wie bei Erwachsenen, d.h. es gibt klare Kriterien und Entscheidungsregeln für die Vergabe einer Diagnose.

Entwicklungsstörungen. Unter Entwicklungsstörungen werden Störungen verstanden, die ausnahmslos im Kleinkindalter oder der Kindheit beginnen. Sie sind durch eine Einschränkung oder Verzögerung der Entwicklung von Funktionen gekennzeichnet, die eng mit der Reifung des zentralen Nervensystems verbunden sind. Man unterscheidet zwei Formen. 1. *Umschriebene Entwicklungsstörungen*, bei denen bestimmte, klar abgrenzbare Funktionen beeinträchtigt sind, welche die Sprache (Sprachstörungen), schulische Fertigkeiten (z.B. Lese-Rechtschreibschwäche) oder die Motorik betreffen. Unter die Kategorie *tiefgreifende Entwicklungsstörungen* werden die autistischen Störungen eingeordnet.

Verhaltens- und emotionale Störungen. Verhaltens- und emotionale Störungen werden üblicherweise in externalisierende und internalisierende Störungen aufgeteilt. Kinder und Jugendliche mit Verhaltens-bzw. emotionalen Störungen zeigen massive Verhaltensabweichungen vom Verhalten ihrer Altersgruppe. Im Vergleich zu durchschnittlichen Kindern zeichnen sie sich durch sehr eingeschränkte Handlungsmöglichkeiten aus. Sie haben wenige Handlungsalternativen und/oder zeigen extreme, für die Situation unangemessene Handlungsweisen. Ihre Verhaltensmuster beeinträchtigen entweder die Rechte anderer oder gefährden die eigene Entwicklung (Petermann 2011). Abb. 113 gibt einen Überblick über die wichtigsten Störungen.

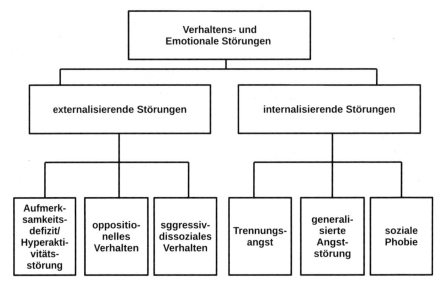

Abbildung 113: Verhaltens- und emotionale Störungen bei Kindern und Jugendlichen (in Anlehnung an Petermann 2011, Abbildung 37)

10.5 Häufigkeit psychischer Störungen

In den Medien kursieren die unterschiedlichsten Angaben darüber, wie weit verbreitet psychische Störungen in der Bevölkerung seien. Um solche Angaben einschätzen zu können, muss man wissen, wie sie zustande kommen.
Im Rahmen des Bundesgesundheitssurveys des Robert Koch Instituts hat man im Jahr 2011 in einer Zusatzbefragung das Ausmaß psychischer Störungen in der Bevölkerung erfragt.
Prävalenzrate. Erhoben wurde die Prävalenzrate, d.h. der Prozentsatz der Bevölkerung, der innerhalb der letzten 12 Monate eine oder mehrere psychische Störungen hatte, unabhängig davon, ob diese schon länger bestanden hatte oder erst neu aufgetreten war. Abb. 114 zeigt die Verteilung der häufigsten psychischen Störungen bei Männern und Frauen.

10.5 Häufigkeit psychischer Störungen

Im Rahmen einer Zusatzbefragung wurde beim Gesundheitssurvey 2011 des Robert Koch Instituts die Prävalenzrate psychischer Störungen bezogen auf die letzten 12 Monate bei einer repräsentativen Stichprobe von 4484 Personen im Alter von 18 bis 79 Jahren erhoben. Klinische Untersucher führten mit den Betreffenden persönlich ein standardisiertes computerisiertes diagnostisches Interview zu psychischen Störungen durch. Man orientierte sich dabei an den Kriterien von DSM-IVTR. Die Abbildung zeigt getrennt nach Männern und Frauen den Prozentsatz der Personen (bezogen auf die Gesamtbevölkerung), der in der betreffenden Kategorie alle notwendigen Kriterien für das Vorliegen dieser Störung erfüllte.

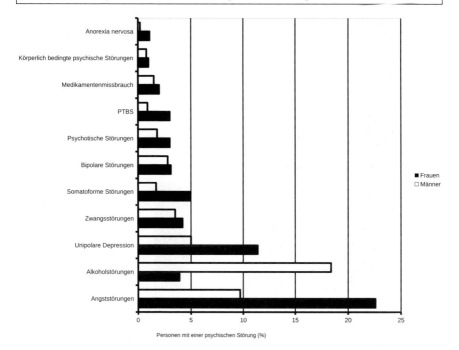

Abbildung 114: Prävalenzrate psychischer Störungen bezogen auf 12 Monate bei Männern und Frauen (nach Wittchen & Jacobi 2012)

Insgesamt gibt es keinen bedeutsamen Unterschied zwischen Männern und Frauen, was das *Ausmaß* psychischer Störungen angeht, allerdings unterscheidet sich die *Art* der Störungen, die diagnostiziert werden. Darüber hinaus sagen die Zahlen zwar etwas über die Häufigkeit psychischer Störungen aus, nicht aber über ihren Schweregrad und Verlauf oder über Art und Umfang der benötigten Therapien. Um herauszufinden, ob die Betroffenen wegen ihrer Störung in irgendeiner Art von Behandlung waren, fragten die Interviewer auch danach, ob wegen der Störung Kontakt zum Gesundheitssystem bestünde. Im Durchschnitt waren dies etwa 38% der Personen, wobei jüngere Personen und Männer sich seltener in „Behandlung" begaben (Wittchen & Jacobi 2012).

Kapitel 10: Was sind „psychische Störungen"? (Klinische Psychologie I).

Zunahme psychischer Störungen? Häufig wird die Ansicht vertreten, psychische Störungen hätten in den letzten Jahrzehnten deutlich zugenommen. Um dies belegen zu können, müsste es Studien geben, die im Abstand von mehreren Jahren psychische Störungen auf gleiche Art erhoben. Es gibt relativ wenige Studien, die auf diese Weise vorgingen. Die vorhandenen Studien geben keinerlei Hinweise darauf, dass psychische Störungen zugenommen haben. Ein Beispiel dafür zeigt Abb. 115.

In den USA wurde im Jahr 1992 der National Comorbidity Survey zu psychischen Störungen durchgeführt und 2002 wiederholt. Die Abbildung zeigt die Ergebnisse (in Anlehnung an Jacobi 2009).

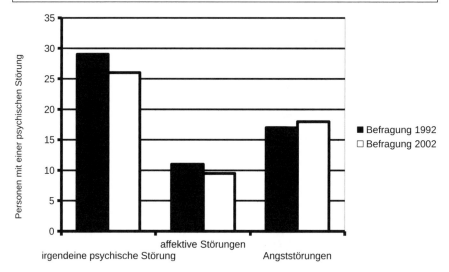

Abbildung 115: Wiederholungsstudie in den USA zu psychischen Störungen (nach Jacobi 2009)

Die Ergebnisse im Kinder- und Jugendbereich sehen ähnlich aus. Man kann allerdings feststellen, dass heute auf psychische Störungen mehr Krankheitstage und Behandlungen verbucht werden als früher, während bei körperlichen Krankheiten eine Abnahme zu beobachten ist. Manche Autoren vermuten, dass hier eine Verlagerung der Diagnosen von körperlichen auf psychische Erkrankungen stattgefunden hat. Die Schlussfolgerung ist: Psychische Störungen werden stärker beachtet, obwohl ihre Zahl aus objektiver Sicht nicht gestiegen ist (Jacobi 2009).

10.6 Zusammenfassung

Sehen Sie in Abb. 116 noch einmal einen Überblick über die Inhalte dieses Kapitels.

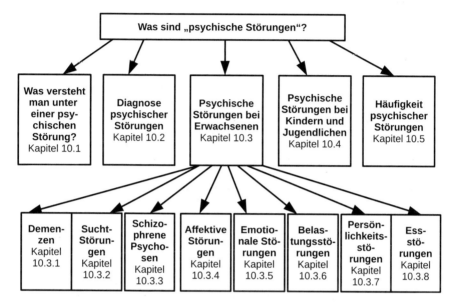

Abbildung 116: Inhalte des Kapitels 10

Fragen

1. Was wissen Sie über psychische Störungen?
   a) Zentrales Kriterium für die Diagnose einer psychischen Störung ist neben dem Vorhandensein entsprechender Symptomkombinationen die Schwere des subjektiven Leidens und/oder das Ausmaß der Beeinträchtigung, die die Personen der Umwelt durch die Person erleben.
   b) Unter einer psychischen Störung versteht man eine Abweichung vom Normalverhalten.
   c) Jede psychische Störung hat eindeutige Symptome.
   d) Es gibt eigentlich keine psychischen Störungen. Menschen werden von der Gesellschaft für psychisch gestört erklärt.
   e) Bei Kindern muss für die Diagnose einer psychischen Störung immer auch berücksichtigt werden, welches Verhalten und Erleben üblicherweise in der entsprechenden Altersphase auftritt.
   f) Das Erkennen psychischer Störungen wird durch die Klassifikationssysteme sehr erleichtert. Mit ihrer Hilfe kann man auch als Sozialarbeiter/Sozialpädagoge erkennen, ob eine Person psychisch krank ist.

g) Personen, die eine psychische Störung haben, sollten auf keinen Fall Medikamente nehmen.
h) Psychische Störungen haben in den letzten Jahrzehnten deutlich zugenommen.
i) Für psychische Störungen bei Kindern gibt es keine Klassifikationssysteme.

Literatur

Beesdo, K., & Wittchen, H. -U. (2006). Depressive Störungen: Major Depression und Dysthymie. In H. Wittchen & Hoyer, J. (Hrsg.), *Klinische Psychologie und Psychotherapie* (S. 731-762). Berlin, Heidelberg: Springer .

Berking, M. & W. Rief (Hrsg.), *Klinische Psychologie und Psychotherapie für Bachelor* (**Band I: Grundlagen und Störungswissen, S. 19-28). Berlin, Heidelberg: Springer.**

Berking, M. (2012). Ursachen psychischer Störungen. In M. Berking & W. Rief (Hrsg.), *Klinische Psychologie und Psychotherapie für Bachelor* (Band I: Grundlagen und Störungswissen, S. 19-28). Berlin, Heidelberg: Springer.

Berking, M., & Rief, W. (2012). Affektive Störungen und Suizidalität. In M. Berking & W. Rief (Hrsg.), *Klinische Psychologie und Psychotherapie für Bachelor* (Band I: Grundlagen und Störungswissen, Kap. 4). Berlin, Heidelberg: Springer.

Dilling, H., Mombour, W., WHO (Hrsg.) (2011). *Internationale Klassifikation psychischer Störungen: ICD-10 Kapitel V (F); Diagnostische Kriterien für Forschung und Praxis.* Bern: Huber.

Dilling, H., Mombour, W., WHO (Hrsg.) (2011). *Internationale Klassifikation psychischer Störungen: ICD-10, Kapitel V (F), Klinisch-diagnostische Leitlinien.* Bern: Huber.

Jacobi, F. (2009). Nehmen psychische Störungen zu? *Report Psychologie, 34*(1), 16-28.

Maercker, A. (2011a). Kap. 1.3 Modelle der Klinischen Psychologie. Grundmodelle der Störungslehre. In F. Petermann, A. Maercker, W. Lutz, & U. Stangier (Hrsg.), *Klinische Psychologie - Grundlagen.* Göttingen: Hogrefe

Maercker, A. (2011b). Kap. 9. Klassifikation psychischer Störungen bei Erwachsenen. In F. Petermann, A. Maercker, W. Lutz, & U. Stangier (Hrsg.), *Klinische Psychologie - Grundlagen.* Göttingen: Hogrefe

Maercker, A. (Hrsg.) (2013). *Posttraumatische Belastungsstörungen* (4. vollst. überarb. u. aktualisierte Auflage). Berlin, Heidelberg: Springer

Petermann, F., Maercker, A., Lutz, W., & Stangier, U. (2011). *Klinische Psychologie - Grundlagen.* **Göttingen: Hogrefe Verlag.**

Petermann, F. (2011). Kap. 8. Klassifikation psychischer Störungen bei Kindern und Jugendlichen. In F. Petermann, A. Maercker, W. Lutz, & U. Stangier (Hrsg.), *Klinische Psychologie - Grundlagen.* Göttingen: Hogrefe

Rief, W., & Stenzel, N. (2012). Diagnostik und Klassifikation. In M. Berking & W. Rief (Hrsg.), *Klinische Psychologie und Psychotherapie für Bachelor* (Band I. Grundlagen und Störungswissen, S. 9-17). Berlin, Heidelberg: Springer.

Saß, H., Wittchen, H., Zaudig, M., & Houben, I. (2003). *Diagnostisches und statistisches Manual psychischer Störungen--Textrevision-DSM-IV-TR.* Göttingen: Hogrefe.

Wittchen, H., & Jacobi, F. (2012). *Was sind die häufigsten psychischen Störungen in Deutschland?* [Chart]. Dresden: Robert Koch-Institut. Abgerufen von http://www.rki.de/DE/Content/Gesundheitsmonitoring/Studien/Degs/degs_w1/Symposium/degs_psychische_stoerungen.pdf?__blob=publicationFil

Ziegler, M., & Lincoln, T. M. (2012). Schizophrenie. In M. Berking & W. Rief (Hrsg.), *Klinische Psychologie und Psychotherapie für Bachelor* (Band I: Grundlagen und Störungswissen, Kap. 8). Berlin, Heidelberg: Springer

Kapitel 11: Was kann man bei psychischen Problemen unternehmen? Erprobte Therapieverfahren. (Klinische Psychologie II).

Es gibt Therapieverfahren, die auf ihre Wirksamkeit geprüft sind und teilweise auch von Krankenkassen anerkannt und bezahlt werden. Dieses Kapitel informiert über die Rahmenbedingungen von Psychotherapie, d.h. darüber, wer Psychotherapie ausüben darf und wann sie von Krankenkassen bezahlt wird. Es diskutiert, woran man „gute" Therapeuten erkennt. Es informiert über wirkungsvolle Therapieverfahren und beschreibt die Prinzipien ihres Vorgehens.

> Frau Müller (44) hat große Probleme. Sie leidet unter plötzlichen Panikanfällen. Sie bekommt heftiges Herzrasen, ihr wird schlecht und sie hat Angst, in Ohnmacht zu fallen. Sie ist dann starr vor Angst und kann sich nicht mehr bewegen. Die Anfälle kommen für sie völlig überraschend. Manchmal hat sie ein paar Tage Ruhe, dann wieder hat sie jeden Tag einen oder mehrere Anfälle. Frau Müller fährt nicht mehr Auto und traut sich nicht mehr, ohne Begleitung das Haus zu verlassen, weil sie ständig befürchtet, wieder einen Anfall zu bekommen. Sie ist krankgeschrieben. Der Arzt hat ihr Beruhigungsmittel verschrieben, die halfen anfangs, mittlerweile zeigen sie keine Wirkung mehr. Frau Müller hat alles Mögliche unternommen. Sie hat an Meditations- und Entspannungskursen teilgenommen, praktiziert Yoga und lebt sehr gesund. Trotzdem verschlimmert sich ihre Symptomatik immer mehr. Als ihr eine Freundin rät, zum Psychotherapeuten zu gehen, sagt sie, da sei sie schon gewesen, das habe auch nicht geholfen. Es stellt sich heraus, dass sie bei einem Heilpraktiker für Psychotherapie war, der mit ihr Achtsamkeits- und Entspannungsübungen gemacht hat.

Abbildung 117: Frau Müller benötigt Psychotherapie

Bitte sammeln Sie in Ihrer Arbeitsgruppe Vermutungen, warum Frau Müllers Versuch einer Psychotherapie erfolglos war.

11.1 Rahmenbedingungen von Psychotherapie

In Deutschland ist das Ausüben von Psychotherapie gesetzlich geregelt. Dabei müssen zwei Regelungsbereiche unterschieden werden.

11.1.1 Psychotherapie nach dem Psychotherapeutengesetz.

Seit 1999 regelt das Psychotherapeutengesetz (PsychThG), wer in Deutschland „heilkundliche Psychotherapie" ausüben und sich *Psychotherapeut* nennen darf. Diese Regelung beschränkt die geschützte Bezeichnung Psychotherapeut auf bestimmte Berufsgruppen, knüpft sie an Voraussetzungen, stellt Anforderungen an die auszuübenden Therapieverfahren und regelt die Tätigkeit der Psychotherapeuten.

- **Berufsgruppen.** Das Gesetz kennt drei Arten von Psychotherapeuten: *Ärztliche Psychotherapeuten* sind Ärzte, die eine Ausbildung in Psychotherapie und/oder Kinder- und Jugendlichenpsychotherapie absolviert haben. *Psychologische Psychotherapeuten* sind Psychologen, die nach dem Studium eine dreijährige Ausbildung in einem anerkannten Therapieverfahren durchlaufen und mit einer Prüfung abgeschlossen haben. *Kinder- und Jugendlichenpsychotherapeuten* sind Psychologen, Pädagogen oder Sozialpädagogen, die nach dem Studium eine dreijährige Ausbildung in einem anerkannten Therapieverfahren der Kinder- und Jugendlichenpsychotherapie absolviert und mit einer Prüfung abgeschlossen haben. Voraussetzung für die Berufsausübung in allen drei Gruppen ist die *Approbation*, für die es gesetzliche Regelungen gibt. Approbierte nicht-ärztliche Psychotherapeuten sind in der Bundespsychotherapeutenkammer organisiert, ärztliche Psychotherapeuten in der Bundesärztekammer.

- **Anerkannte Therapieverfahren.** Der wissenschaftliche Beirat Psychotherapie (WBP) erstellt Gutachten zur Wissenschaftlichkeit von Therapieverfahren. Diese Gutachten sind dann Grundlage für die Anerkennung von Ausbildungsstätten zur Psychotherapie und für die Approbation von Psychotherapeuten. Anerkannt sind zurzeit *psychoanalytisch und psychodynamisch* begründete Verfahren, *Verhaltenstherapie*, *Gesprächspsychotherapie* und *systemisch begründete* Verfahren.
- **Tätigkeit.** Approbierte Psychotherapeuten und Kinder- und Jugendpsychotherapeuten dürfen nur psychische Störungen mit Krankheitswert (Richtlinie ist das ICD-10) behandeln und nur anerkannte Therapieverfahren anwenden. Die Verordnung von Medikamenten bleibt Ärzten oder ärztlichen Psychotherapeuten vorbehalten. Approbierte Psychotherapeuten sind zu regelmäßiger Weiterbildung verpflichtet. Soziale Konflikte, allgemeine Lebenskrisen etc. fallen nicht unter das Psychotherapeutengesetz. *Krankenkassen* bezahlen bestimmte Formen der Psychotherapie (psychoanalytisch und psychodynamisch begründete Verfahren, Verhaltenstherapie). Voraussetzung ist, dass die Störung Krankheitswert hat und der Therapeut bei der Krankenkasse zugelassen ist.

11.1.2 Psychotherapie nach dem Heilpraktikergesetz

Die zweite Regelung zur Ausübung von Psychotherapie geschieht durch das Heilpraktikergesetz. Heilpraktiker ist nach dem Gesetz, wer Heilkunde ausübt, ohne als Arzt approbiert zu sein. Es gibt keine gesetzlich geregelte Ausbildung zum Heilpraktiker und damit auch keine gesetzlich geregelte Ausbildung zum Psychotherapie ausübenden Heilpraktiker. Das Gesetz regelt nur das Verfahren der staatlichen Erlaubnis zur Ausübung des Heilpraktikerberufs (vorgenommen in der Regel von den Gesundheitsämtern).

Voraussetzungen zur Erlaubnis. Es gibt zwei Voraussetzungen für die Erlaubnis zur Ausübung der Heilkunde im Bereich der Psychotherapie.

- *Persönliche Voraussetzungen.* Die Person muss mindestens 25 Jahre alt sein, mindestens einen Hauptschulabschluss haben, gesund sein (ärztliches Attest) und charakterlich geeignet für den Beruf (polizeiliches Führungszeugnis).
- *Prüfung,* in der nachzuweisen ist, dass das Ausüben der Heilkunde durch die betreffende Person „keine Gefahr für die Volksgesundheit" ist. Die Prüfung hat einen schriftlichen und einen mündlichen Teil. Die Person muss in ihr *Kenntnisse* psychischer Krankheiten und Persönlichkeitsstörungen, Diagnostik, Rechts- und Berufskunde und Therapieformen nachweisen. Dazu gehören auch genauere Kenntnisse in einem Psychotherapieverfahren, das allgemein gültigen Kriterien und Anforderungen an Psychotherapieverfahren genügt. Der Nachweis einer Therapieausbildung ist nicht Teil des Erlaubnisverfahrens. Manche Gesundheitsämter weisen in ihren Richtlinien zur Prüfung jedoch darauf hin, dass nur beim Vorliegen entsprechender Nachweise davon ausgegangen werden kann, dass die Person über hinreichende Fähigkeiten zur Ausübung von Psychotherapie verfügt.

Erlaubnisverfahren für Psychologen. Psychologen mit abgeschlossenem Studium, die als Prüfungsfach „Klinische Psychologie" hatten, können in einem verkürzten Verfahren die Erlaubnis zur Ausübung der Heilkunde auf dem Gebiet der Psychotherapie bekommen. Es ist je nach Bundesland unterschiedlich, welche Behörde für diese Erlaubnis zuständig ist. Außerdem verlangen manche Bundesländer für die Erlaubnis zusätzlich den Nachweis einer Therapieausbildung, andere nicht.

Bezeichnung. Personen, die nach dem Heilpraktikergesetz die Erlaubnis zur Ausübung der Heilkunde auf dem Gebiet der Psychologie erworben haben, dürfen sich

- Heilpraktiker beschränkt auf das Gebiet der Psychotherapie
- Heilpraktiker für Psychotherapie
- Heilpraktiker (Psychotherapie)

nennen. Wenn sie sich „Psychotherapeut" nennen, machen sie sich strafbar, weil diese Bezeichnung approbierten Psychotherapeuten vorbehalten ist. Heilpraktiker für Psychotherapie können nicht über die Krankenkasse abrechnen.

> Wenn man ernsthafte psychische Probleme hat, sollte man einen approbierten Psychotherapeuten aufsuchen. Nur so kann man sicher sein, dass seine Ausbildung und Tätigkeit gründlich auf ihre Qualität geprüft wurden.

11.2 Therapieverfahren

Dieser Abschnitt gibt einen knappen Überblick über die im oben beschrieben Sinne anerkannten Therapieverfahren. Ausführlichere Informationen findet man z.B. bei Lutz u.a. (2012); Berking & Rief (2012b); Wittchen & Hoyer (2006). Therapieverfahren gründen sich auf unterschiedliche theoretische Modelle über die Entwicklung und die Persönlichkeit von Menschen, über die Entstehung von

Störungen und über Prozesse der Veränderung. Die verschiedenen Therapieverfahren werden daher geordnet nach ihren Hintergrundtheorien vorgestellt.

11.2.1 Psychoanalytisch und psychodynamisch begründete Verfahren

„Psychoanalytisch oder psychodynamisch begründete Verfahren beruhen auf der Annahme, dass sich die Struktur der Persönlichkeit unbewusst durch Verinnerlichung zwischenmenschlicher Beziehungen entwickelt. Psychische Störungen werden als Probleme zwischen Persönlichkeitsanteilen („Konflikte") verstanden oder können durch schlecht oder unzureichend ausgebildete Persönlichkeitsanteile selbst („Strukturen") entstehen." (Lutz & Bittermann 2012, Kap. 2.1).

Psychoanalyse. „Die Behandlung kann sich nun darauf richten, Probleme in der Gegenwart aus ihren Ursachen in der Vergangenheit, z.B. den unbewussten Konflikten, zu verstehen...damit verbunden ist die Bearbeitung der Beziehung (*therapeutische Beziehung*) zum Therapeuten und der darin zum Ausdruck kommenden patientenspezifischen Sicht auf die Wirklichkeit" (Lutz & Bittermann 2012, Kap. 2.1). Ein solches auf die Entstehung der Problematik gerichtetes Vorgehen findet man in der Psychoanalyse. Sie ist das aufwendigste der psychodynamisch begründeten Verfahren. Sie richtet sich nicht nur auf die Bewältigung aktueller Probleme, sondern will die Persönlichkeit des „Analysanden" ergründen und tiefgreifende Veränderungen bewirken. Am Ende der Therapie soll die Person sich selbst und andere tiefer und differenzierter verstehen. Klassische Psychoanalyse ist ein lang andauernder Prozess. Die Behandlung wird oft in ca. drei bis fünf 45-minütigen Sitzungen pro Woche über drei bis fünf Jahre durchgeführt. Bestimmte Techniken und Prinzipien sind für die Psychoanalyse charakteristisch.

- **Therapeutische Neutralität.** Der Analytiker ist zwar einfühlsam, ergreift aber nicht Partei und mischt sich nicht in die Entscheidungen und Zielsetzungen des Patienten ein. Der Patient liegt auf einer Couch, die so steht, dass er den Therapeuten nicht sehen kann.
- **Freie Assoziation.** Der Analysand soll während der Behandlung ohne Zensur alles aussprechen, was ihm durch den Sinn geht: Wünsche, Phantasien, Gefühle, Gedanken. Er liefert damit Hinweise auf verborgene Bedeutungen und unbewusste Kräfte, die sein Seelenleben bestimmen.
- **Deutungen.** Der Analytiker bleibt nicht passiv, sondern ermuntert den Patienten mit Fragen, konkreter über sein Verhalten und seine Gefühle zu sprechen. Er bietet ihm Deutungen von dessen Gefühlen und Verhalten an. Damit teilt er dem Patienten seine Wahrnehmung der unbewussten Elemente mit, die dessen Erlebnissen zugrunde liegen. Die Interpretation von Träumen spielt dabei eine wichtige Rolle.
- **Übertragungsreaktion.** In der Übertragung überträgt eine Person die Gefühle und Einstellungen, die sie den Personen ihrer Kindheit entgegenbrachte, unbewusst auf Personen in der Gegenwart. Im Laufe des Therapieprozesses entwickelt der Analysand eine Übertragungsreaktion gegenüber seinem The-

rapeuten. Er durchlebt die gleichen Gefühle und Phantasien noch einmal, die er als Kind wichtigen Schlüsselfiguren gegenüber hatte. Durch die Untersuchung der Übertragung können verborgene Wurzeln gestörter seelischer Mechanismen aufgedeckt werden.

- **Durcharbeitung.** Im Zuge der Untersuchung der Übertragungsmechanismen lernt der Analysand, die verborgenen und verdrängten Wünsche und Bedürfnisse aus der Kindheit zuzulassen und zu akzeptieren. Damit ist die die Basis für neue Verhaltens- und Erlebensweisen gegeben (Wittchen u.a. 2006).

Psychoanalytische (psychoanalytisch orientierte) Therapie arbeitet überwiegend nach den gleichen Prinzipien, wenn auch der Therapeut aktiver ist als in der Psychoanalyse. Der therapeutische Prozess ist weniger umfassend und tiefgehend. Der zeitliche Umfang der Therapie ist mit ein bis drei Sitzungen pro Woche über ein bis drei Jahre geringer als bei der Psychoanalyse. Entsprechend der aktiveren Rolle des Therapeuten ist es in dieser Therapieform nicht zwingend, dass der Patient liegt (Filipek u.a. 2012).

Tiefenpsychologische Verfahren. Bei diesen Verfahren benutzt man zwar psychoanalytische Verfahren und Prinzipien, die Behandlung ist aber stärker auf die augenblicklichen Probleme und Schwierigkeiten als auf die Vergangenheit ausgerichtet. Häufigkeit und Rhythmus der Sitzungen werden den Bedürfnissen des Patienten angepasst und sind insgesamt geringer als bei den beiden vorgenannten Therapieformen. International werden diese Verfahren als *„psychodynamische Verfahren"* bezeichnet (Lutz & Bittermann 2012).

Psychodynamische Kurzzeittherapie dient der Bearbeitung eines klar umrissenen Problems innerhalb eines vorher festgelegten Zeitraums. Die Zahl der der Sitzungen beträgt etwa 25 Sitzungen.

Wirksamkeit psychoanalytisch und psychodynamisch begründeter Verfahren. Lange Zeit haben sich die Vertreter psychoanalytischer und psychodynamischer Therapierichtungen gegen eine empirische Überprüfung gewehrt. Mittlerweile liegen einige Untersuchungen vor, diese betreffen aber kaum die Langzeittherapien. Die wenigen existierenden Studien berichten zwar von deutlichen Effekten, wurden aber wegen methodischer Mängel kritisiert.

> Zu den psychodynamischen Kurzzeittherapien gibt es sehr viel mehr Studien, die dieser Therapieform insgesamt eine gute Wirksamkeit bei unterschiedlichen Störungsbildern bescheinigen. Es konnte allerdings keine Überlegenheit gegenüber anderen Therapieformen (wie z.B. der kognitiven Verhaltenstherapie) nachgewiesen werden (Filipek u.a. 2012).

11.2.2 Verhaltenstherapeutisch und kognitiv verhaltenstherapeutisch begründete Therapieverfahren

Verhaltenstherapie bezeichnet eine Gruppe von Therapieverfahren, denen der Anspruch gemeinsam ist, dass ihre Theorien zur Erklärung von Störungen und zur Begründung von Therapieverfahren sowie die Therapieverfahren selbst empirisch-wissenschaftlich überprüft sind. Man betont den Zusammenhang zwischen den aktuell problematischen Verhaltens- und Erlebensweisen einer Person und den Reizen in der Umwelt und in der Person, die dieses Verhalten auslösten bzw. aufrechterhalten. Psychische Störungen entstehen aus der Sicht der Verhaltenstherapie durch eine Kombination aus bestimmten Prädispositionen und einer fehlgeleiteten *Lerngeschichte*. Diese Lerngeschichte umfasst sowohl Konditionierungs- und Verstärkungsprozesse als auch den Einfluss von Kognitionen (vgl. Kap. 3 und 4). Ziel der Therapie ist es, den Patienten dabei zu unterstützen, neue bzw. veränderte Verhaltens- und kognitive Strategien zu entwickeln, durch die er Probleme (dazu gehört auch eine problematische psychische Verfassung) auf Dauer wieder selbständig bewältigen kann.

Zu Beginn bezog man die theoretischen Grundlagen und die Anregungen für therapeutisches Vorgehen aus der behavioristischen Lernpsychologie. Heute bezieht die Verhaltenstherapie ihre theoretischen und praktischen Anregungen zusätzlich aus einem breiten Spektrum empirisch gesicherter Forschungsgebiete wie z.B. der Stressforschung, der Neurologie, der Persönlichkeitspsychologie etc. Margraf (2009) schlägt deswegen vor, von Verhaltenstherapie nicht als von einer Gruppe von Therapieverfahren, sondern von einer *therapeutischen Grundrichtung* zu sprechen (Margraf 2009).

Das methodische Spektrum der Verhaltenstherapie ist sehr breit. Sie verfügt über eine große Zahl einzelner Verfahren und Techniken, die sich sowohl auf das konkrete Verhalten der Person, als auch auf ihre Kognitionen und Emotionen beziehen. Je nach Patient und Störungsbild wird eine Auswahl solcher Techniken kombiniert. Man kann verhaltenstherapeutische Therapiemethoden auf unterschiedlichen Ebenen beschreiben.

Basisfertigkeiten wie Gesprächsführung, Beziehungsgestaltung und Motivationsarbeit sind unabhängig von der Therapieform. Jeder Therapeut benötigt sie, wenn er wirksam arbeiten will.

Störungsübergreifende verhaltenstherapeutische Maßnahmen muss jeder Verhaltenstherapeut flexibel in seinen Therapieplan einarbeiten. Dazu zählen

- *Konfrontationsverfahren.* Der Sammelbegriff ist etwas irreführend. Er umfasst Therapiemethoden, bei denen eine (meist ängstliche) Person lernt, sich einem gefürchteten Reiz auszusetzen. Man kann diese Methoden danach unterscheiden, ob dies in der Vorstellung oder in der Realität geschieht und ob die Konfrontation mit dem Reiz allmählich oder plötzlich stattfindet (Abb. 118).

Kapitel 11: Was kann man bei psychischen Problemen unternehmen?

Konfrontationsart	In der Vorstellung	In der Realität
schrittweise	Systematische Desensibilisierung	Habituationstraining
massiert	Implosion	Flooding

Abbildung 118: Unterschiedliche Konfrontationsverfahren.

Ein Beispiel für eine schrittweise Konfrontation in der Realität zeigt Abb. 119.

Frau K. ist in der Ausbildung zur Restauratorin, Schwerpunkt Malerin und Vergolderin. Zu ihren Aufgaben gehört es u.a., auf einem Baugerüst an den Fassaden alter Häuser die Stuckelemente zu restaurieren. Frau K. hat Höhenangst und traut sich nicht aufs Baugerüst. Bis jetzt war ihre Höhenangst nicht weiter hinderlich, nun befürchtet sie, dass sie ihre Ausbildung nicht abschließen kann. Frau K. ist ansonsten nicht extrem ängstlich.

Der Therapeut erstellt zusammen mit Frau K. eine Angsthierarchie, d.h. eine Abfolge der Schritte beim Besteigen des Baugerüstes von „kaum Angst" bis „maximale Angst". Die Angsthierarchie sieht folgendermaßen aus:

1. Sie kommt an einem alten Haus mit Stuckfassade vorbei
2. Sie steht direkt vor dem Gerüst
3. Sie stellt den Fuß auf die unterste Planke (diese ist üblicherweise etwa 50 cm über dem Boden)
4. Sie steht mit beiden Füßen auf der untersten Planke
5. Sie bewegt sich auf der Planke
6. Sie stellt einen Fuß auf die Leiter
7. Sie stellt beide Füße auf die Leiter
8. Sie klettert bis zum Beginn der zweiten Plankenebene
9. Sie stellt sich auf die Planken der zweiten Plankenebene
10. Sie bewegt sich auf der Planke
11. Sie stellt beide Füße auf die Leiter, um noch höher zu klettern
12. Sie steht auf der nächsten Plankenebene
13. Sie bewegt sich auf der Planke
14. usw... bis
15. Sie steht oben auf der Leiter und schaut auf die letzte Plankenebene, die auf der Höhe ihres Gesichts ist
16. Sie klettert weiter, bis die letzte Plankenebene auf der Höhe ihrer Füße ist
17. Sie stellt einen Fuß auf die Planke
18. Sie stellt beide Füße auf die Planke
19. Sie geht auf der Planke hin und her

> 20. Sie schaut nach unten
>
> Der Therapieplan sieht folgendermaßen aus:
>
> Die Schritte 1-7 werden in folgender Reihenfolge vollzogen:
> 1. der Therapeut steht neben ihr
> 2. der Therapeut steht auf der anderen Straßenseite
> 3. Frau K. macht den Schritt allein
>
> Die restlichen Schritte sollen so verlaufen:
> 1. der Therapeut steht dabei auf der anderen Straßenseite
> 2. Frau K. macht den Schritt allein
>
> Die Konfrontation mit dem Angstreiz wird wie geplant durchgeführt. Es stellt sich heraus, dass es Frau K. bereits ab Schritt 4 reicht, wenn der Therapeut auf der anderen Straßenseite steht. Ab Schritt 12 reicht es aus, wenn der Therapeut am Handy erreichbar ist. Frau K. übt nun drei- bis viermal pro Woche. Nach einem halben Jahr hat sie es geschafft. Sie kann problemlos auf Baugerüste klettern und ihre Arbeit verrichten.

Abbildung 119: Schrittweise Konfrontation mit einem Angstreiz in der Realität

- *Operante Methoden.* Dazu gehören Strategien wie der Einsatz positiver Verstärkung oder Löschung durch Ignorieren. Beim Einsatz von Tokens bekommt die Person statt realer Verstärker symbolische Verstärker, z.B. Chips. Eine bestimmte Zahl Tokens kann später gegen einen größeren realen Verstärker eingetauscht werden. Bei Response cost erhält die Person bei erwünschtem Verhalten eine bestimmte Zahl von Tokens, bei unerwünschtem Verhalten müssen Tokens abgegeben werden.
- *Kognitive Methoden.* Mit Hilfe verschiedener kognitiver Methoden sollen die Betroffenen lernen, schädliche situationsbezogene Gedanken, Selbstbewertungen, Erwartungen etc. (s. Kap. 4) zu verändern. Man analysiert z.B. fehlerhafte Kognitionen, setzt bestimmte Formen des Dialogs mit den Patienten ein, um katastrophisierende Selbstverbalisationen zu überprüfen, benutzt Tagebücher positiver und negativer Gedanken oder trainiert günstige Selbstinstruktionen. Abb. 120 zeigt ein Beispiel für den Einsatz von Selbstinstruktionen und Selbstbewertungen.

Kapitel 11: Was kann man bei psychischen Problemen unternehmen?

> Im Gruppentraining sozialer Kompetenzen (GSK) von Hinsch & Pfingsten (2007) üben die Teilnehmer u.a. sozial kompetentes Verhalten in Rollenspielen. Um diese Übung zu erleichtern, sollen sie gezielt günstige Selbstinstruktionen und Selbstbewertungen einsetzen, z.B.
>
> „**Vor** der Situation: geben Sie sich selbst positive Instruktionen (z.B. „Ich werde es schaffen" „Das ist mein gutes Recht")
>
> **Nach** der Situation: Verstärken Sie sich für Ihre Fortschritte. Anerkennen sie Ihre eigenen Bemühungen" (Hinsch 2007, S. 157).

Abbildung 120: Der Einsatz von Selbstinstruktionen und Selbstbewertungen im Gruppentraining sozialer Kompetenzen (Hinsch & Pfingsten 2007)

- *Entspannungsverfahren* wie die „progressive Muskelentspannung" nach Jacobsen werden häufig eingesetzt.
- *Methodenpakete.* Über diese einzelnen Verfahren hinaus verwendet die Verhaltenstherapie störungsübergreifend unterschiedliche „Methodenpakete", z.B. Trainings sozialer Kompetenzen oder Problemlösetrainings. (Margraf 2009).

Störungsspezifische Therapieprogramme sind möglichst genau auf die Bedingungen der verschiedenen Störungsbilder zugeschnitten und kombinieren verschiedene verhaltenstherapeutische Verfahren und Methodenpakete. Inzwischen gibt es spezielle verhaltenstherapeutische Therapieprogramme für die meisten psychischen Störungen.

Alltagsorientierung. Eine Besonderheit verhaltenstherapeutischen Vorgehens ist es, dass sich die Methoden nicht auf das therapeutische Setting beschränken, sondern auch die Übertragung in die Alltagssituation anleiten und begleiten. Es gibt eine große Gruppe von Methoden, bei denen es ausdrücklich darum geht, dass der Patient in der Alltagssituation gezielt bestimmte Beobachtungen macht, Übungen durchführt, Dinge die in der Therapiesitzung geübt wurden, im Alltag anwendet usw. Die schrittweise Konfrontation in Abb. 119 ist ein Beispiel dafür.

Wirksamkeit der Verhaltenstherapie. Die Verhaltenstherapie ist der am besten empirisch erforschte Therapieansatz. Neu entwickelte therapeutische Maßnahmen und spezielle Therapieprogramme werden grundsätzlich immer auf ihre Wirksamkeit überprüft.

> Verhaltenstherapie ist die am besten empirisch abgesicherte Therapieform. In zahlreichen empirischen Untersuchungen hat sich gezeigt, dass mit der Verhaltenstherapie für viele verschiedene Störungsbilder sowohl bei Erwachsenen als auch bei Kindern und Jugendlichen signifikante Verbesserungen erreicht werden können (Lutz & Bittermann 2012).

11.2.3 Humanistisch begründete Therapieverfahren

Als humanistische Therapien bezeichnet man eine Gruppe von Therapieformen die ein gemeinsames Menschenbild haben. Sie sind Teil einer psychologischen Theorierichtung, die sich in den frühen sechziger Jahren des vorigen Jahrhunderts gründete und „Humanistische Psychologie" nannte. Vertreter humanistischer Therapie wandten sich einerseits gegen psychoanalytische Theorievorstellungen und Menschenbilder, andererseits gegen die Verhaltenstherapie, die in den fünfziger und sechziger Jahren des vorigen Jahrhunderts stark behavioristisch ausgerichtet war. Die wichtigste Therapierichtung ist die klientenzentrierte oder Gesprächspsychotherapie.

Klientenzentrierte Psychotherapie/Gesprächspsychotherapie. Der Begründer dieser Therapierichtung war Carl Rogers. Er stellte schon 1942 ein neues Therapiekonzept vor, welches er dann zur „client centered therapy" weiterentwickelte. Rogers entwarf eine ausführliche Begründung seines Therapiekonzepts in Form einer „Persönlichkeitstheorie". Die Kernaussagen finden sich in Abb. 121.

Die *Entwicklung* von Personen ist eingebettet in die Interaktion mit der Umwelt.

Jeder Mensch lebt in seiner *eigenen Welt*, die geprägt ist durch die subjektiven Wahrnehmungen und Erfahrungen bei dieser Interaktion.

Das *Selbst* bildet sich aus der Interaktion mit der Umwelt heraus.

Menschen besitzen eine *Aktualisierungstendenz*, d.h. die Fähigkeit, das zu tun, was für ihre Entwicklung förderlich ist und sie in ihrer Entwicklung weiter bringt. Dazu gehört auch die Fähigkeit, Probleme und Konflikte selbst zu lösen.

Diese Fähigkeit wird dann wirksam, wenn eine Person ihren eigenen subjektiven Wahrnehmungen und Erfahrungen fortlaufend symbolisiert und *in ihr Selbst integriert*. Das Selbst entwickelt, verändert, differenziert und erweitert sich auf diesem Wege.

Da sich die grundlegenden Bedürfnisse aller Individuen gleichen, wächst auf diesem Weg auch der *Zusammenhalt* und die Gemeinsamkeiten zwischen Menschen.

Gelingt es einer Person nicht, wichtige Erfahrungen in ihr Selbst zu integrieren, entsteht eine *Inkongruenz*. Erfahrung und Selbst widersprechen sich, es entstehen psychische Spannungen und Angstgefühle, die Person verliert ihre Fähigkeit zur Selbstaktualisierung.

In einer *akzeptierenden, bedrohungsfreien Atmosphäre* kann es der Person gelingen, nach und nach die relevanten Erfahrungen in ihr Selbst zu integrieren und ihre Fähigkeit zur Selbstaktualisierung wieder zu gewinnen.

Abbildung 121: Kernaussagen der Persönlichkeitstheorie von C. Rogers (Nach Rogers, 1972)

Aus Rogers' Persönlichkeitstheorie folgt, dass die wichtigste Aufgabe des Therapeuten ist, den Patienten dabei zu unterstützen, seine Fähigkeit zur Selbstaktualisierung wiederzugewinnen. Verfügt er erst einmal wieder über diese Fähigkeit, findet er selbst angemessene Wege zur Bewältigung von Problemen. Um seine Fähigkeit zur Selbstaktualisierung wieder zu erlangen, muss der Patient in Be-

rührung mit den Erfahrungen kommen, die er bis dahin nicht symbolisiert oder verzerrt oder geleugnet hat und sie in sein Selbstkonzept integrieren. Dafür benötigt er eine akzeptierende, bedrohungsfreie Atmosphäre.
Notwendige Kerneigenschaften des Therapeuten. Durch bestimmte Eigenschaften und Grundhaltungen kann der Therapeut eine solche bedrohungsfreie Atmosphäre herstellen.

- *Echtheit.* Der Therapeut soll in der Therapie er selbst sein. Was er sagt oder tut, muss mit seinem eigenen inneren Zustand übereinstimmen und darf nicht von einer professionellen Fassade bestimmt sein. Dies bedeutet nicht, dass er alles, was er gerade denkt und fühlt, dem Patienten mitteilt, vielmehr muss *das was er mitteilt* mit seinem inneren Erleben übereinstimmen.
- *Empathie.* Der Therapeut bemüht sich, das Erleben des Patienten so, wie dieser es wahrnimmt, genau zu verstehen und teilt diesem mit, was er verstanden hat. Er versucht, die Welt mit den Augen des Patienten zu sehen.
- *Bedingungslose positive Beachtung.* Der Therapeut bringt dem Patienten eine nicht an Bedingungen gebundene positive Wertschätzung und Achtung entgegen. (Lutz & Bittermann 2012, Kap. 2.3.3.1)

Wirksamkeit der klientenzentrierten Psychotherapie. Rogers verwendete bereits in seinen Anfängen in den vierziger Jahren des vorigen Jahrhunderts (damals sehr innovative) Methoden zur systematischen Überprüfung der Effektivität der klientenzentrierten Therapie wie Tonbandaufzeichnungen der Therapien, Kontroll- und Wartegruppendesigns und die Verwendung umfangreicher Testbatterien.

> Die Wirksamkeit der klientenzentrierten Psychotherapie bei affektiven Störungen, Angststörungen, Anpassungsstörungen, Belastungsstörungen, psychischen und sozialen Faktoren bei somatischen Krankheiten konnte vielfach empirisch gesichert werden (v. Blankenburg u.a. 2012).

11.2.4 Systemisch begründete Therapieverfahren

Systemisch begründete Therapieverfahren betrachten psychische Probleme in ihrem systemischen Kontext. Sie richten ihre Interventionen nicht nur auf die Gefühle und Erlebnisse der Einzelperson, sondern auf die Beziehungen und Kommunikationsmuster innerhalb des sozialen Systems, das die Person umgibt. Deshalb werden zusätzlich zum Patienten auch andere Personen in die Therapie mit einbezogen, die in einer aktuellen Beziehung zu ihm stehen.

In der Therapie soll herausgearbeitet werden, wie die unterschiedlichen Personen miteinander interagieren, z.B. welchen Rollenverteilung und welche Kommunikationsmuster es gibt. Ziel ist es, die Kommunikation innerhalb des Systems und dessen Struktur konstruktiv zu verändern.

Systemtheoretisches Denken wurde seit den 50er Jahren des vorigen Jahrhunderts in familientherapeutischen Konzepten rezipiert. Mittlerweile haben sich die Konzepte so weiter entwickelt und erweitert, dass viele Vertreter die Eingrenzung auf familiäre Settings ablehnen und nur noch von „systemischer Therapie" sprechen.

Systemisch begründete Verfahren. Bis heute ist die systemische Therapielandschaft extrem heterogen. Der Kern systemisch begründeter Verfahren lässt sich wie folgt darstellen.

- Menschen werden als *biopsychosoziales System* angesehen, welches wiederum nur verstanden und in seinen Veränderungsprozessen unterstützt werden kann, wenn man es in seiner Einbettung in und als Teil von übergeordneten Systemen wie Familie oder Beruf betrachtet.
- Es gibt keine objektive *Wirklichkeit,* daher auch kein „objektiv gesund" oder „objektiv krank". Trotzdem wird in der Regel eine Therapie oder Beratung begonnen, weil eine Person als „krank", „abweichend" „sehr belastet" o.ä. beschrieben wird.
- In der frühen systemischen Familientherapie galt nicht diese Person als krank, sondern das System, in dem sie sich bewegte (in der Regel die Familie). Insbesondere in den Kommunikationsstrukturen sollte die Disfunktionalität des familiären Systems sichtbar werden. Daher galt es, die Familie so zu beeinflussen, dass die Kommunikationsstrukturen wieder nützlich und hilfreich waren.
- In den neueren Ansätzen sind die präsentierte Störung und die darum gebildeten Interaktionen die zurzeit *bestmögliche Lösung* in einer Konflikt- oder Problemsituation. Ziel der Therapie muss es sein, das System dabei zu unterstützen, die Zahl der Lösungsmöglichkeiten zu erweitern.
- Systeme (seien es Einzelpersonen oder übergeordnete Systeme wie Familie oder Beruf), die unzureichende Problemlösungen erzeugen, zeichnen sich oft durch *„Erstarrung"* aus, d.h. der größte Teil ihres Verhaltens und ihrer Regulationsprozesse ist darauf gerichtet, einen bestimmten Zustand konstant zu erhalten. Ziel der Intervention muss es sein, durch „Irritation" das erstarrte System in Bewegung und zur Neuorganisation zu bringen.
- Die Veränderung selbst ist im systemischen Verständnis nicht das unmittelbare Ergebnis der therapeutischen Intervention. Vielmehr erzeugt *das System* selbst in Antwort auf die Irritation eine neue Ordnung.
- Welche Richtung genau der therapeutische Prozess nehmen wird und wie genau die Interventionen des Therapeuten wirken werden, lässt sich nicht vorhersagen. Seine Aufgabe besteht in wertschätzendem Begleiten, Irritieren und „Ausprobieren". (Kowalsky 2012)

Abb. 122 zeigt einige in der systemischen Therapie verwendete Therapiemethoden.

Kapitel 11: Was kann man bei psychischen Problemen unternehmen?

Methode/Technik	Beschreibung	Ziel
Zirkuläre Fragen	Kein direktes Erfragen sondern über Dritte („Was denken Sie, was er denkt?")	Erfassen der Beziehungen und Sichtweisen der Personen übereinander
Familienskulptur	Beziehungen und Verhalten der Familienmitglieder zueinander werden symbolisch dargestellt	Systemisches Verständnis über sich selbst und die Beziehung zu anderen entwickeln
Kommunikationstraining	Kommunikationsfertigkeiten werden trainiert, Fehler aufgedeckt und behoben	Bessere Verständigung
Genogramm	Bestimmte Symbole liefern „harte Fakten" (Name, Daten, Beruf, Krankheiten) und „weiche Informationen" (Glaubenssätze, Atmosphäre, Streitthemen)	Übersichtliche Darstellung von komplexen Informationen über Systeme
Reframing	Umdeuten einer Situation/eines Verhaltens	Neue Sichtweisen entwickeln, Umdenken

Abbildung 122: Therapiemethoden systemischer Therapieansätze am Beispiel der Familientherapie

Ebenso wie die systemisch begründeten Therapieansätze sind auch ihre Therapiemethoden ausgesprochen heterogen. Neben „genuin systemischen" Methoden verwendet man auch Vorgehensweisen aus Verhaltens- und Gesprächspsychotherapie.

Paartherapie. Einige Autoren berichten über Paartherapie im Kontext systemischer Ansätze, obwohl diese überwiegend als kognitiv-verhaltenstherapeutisches Verfahren entwickelt wurde (Kowalsky 2012).

Wirksamkeit systemisch begründeter Therapieverfahren. Weil die Gruppe der systemisch begründeten Therapieverfahren so heterogen ist, kann man kaum etwas über die Wirksamkeit eines konkreten einzelnen Ansatzes aussagen. Einige Wirksamkeitsstudien beziehen sich auf Ansätze, bei denen auch Methoden aus Verhaltens- und Gesprächspsychotherapie verwendet wurden.

11.4 Zusammenfassung

> Insgesamt konnte für systemische Therapieansätze bei Erwachsenen deren Wirksamkeit bei affektiven Störungen und Essstörungen belegt werden, bei psychischen und sozialen Faktoren somatischer Krankheiten und Suchterkrankungen sowie Schizophrenie wurden ebenfalls positive Auswirkungen gefunden, allerdings weist ein Teil der Studien deutliche Mängel auf. Bei Kindern und Jugendlichen wurde die Wirksamkeit für affektive Störungen und externalisierende Störungen nachgewiesen. Bei Essstörungen und Drogen- und Substanzmittelmissbrauch fanden sich ebenfalls positive Auswirkungen, ein Teil der Studien weist wiederum Mängel auf (Wissenschaftlicher Beirat 2008). Die verhaltenstherapeutisch orientierte Paartherapie hat sich als hochwirksam erwiesen (Kowalsky 2012).

11.3 Wie entscheidet man sich für die „richtige" Therapieform?

Die Entscheidung für die richtige Therapieform hängt von verschiedenen Kriterien ab.

Persönliche Kriterien. Unterschiedliche Therapieformen stellen unterschiedliche Anforderungen. *Psychoanalytische* Verfahren erfordern von den Betroffenen hinreichende Intelligenz, die Bereitschaft, schmerzhafte Gefühle und Frustrationen zu ertragen und große Ausdauer. Bei den psychodynamischen *Kurztherapien* sollten die Betroffenen sich nicht in einer tiefen Krise befinden. *Klientenzentrierte Psychotherapie* setzt voraus, dass die Betroffenen eher aktiv sind und Dinge gerne selbst in die Hand nehmen. Um einen *systemischen Ansatz* wählen zu können, muss es möglich sein, Personen des sozialen Umfelds zur Teilnahme zu motivieren. *Verhaltenstherapie* kommt Betroffenen entgegen, die konkretes Handeln benötigen, um sich wohl zu fühlen. Im Übrigen kann die Verhaltenstherapie mit ihrer Vielzahl an Methoden und Verfahren gut an die individuellen Bedürfnisse des Patienten angepasst werden. Es liegt am Therapeuten, ob er dazu in der Lage ist.

Person des Therapeuten. Nicht jedem Therapeuten liegt jeder Patient und nicht jedem Patienten liegt jeder Therapeut. Es beeinflusst die Bereitschaft des Patienten, in der Therapie zu kooperieren und letztendlich auch den Therapieerfolg, inwieweit es eine intuitive Übereinstimmung zwischen Therapeut und Klient gibt. Alle anerkannten Therapieverfahren sehen Probesitzungen vor, in denen der Patient nicht nur prüfen kann, ob das Therapieverfahren zu seiner Person passt, sondern auch abschätzen kann, inwieweit er mit dem Therapeuten als Person zurechtkommen wird.

Wirksamkeit. Nicht alle Therapieverfahren sind für jede Art von Problematik geeignet. Ein ausführlicher diagnostischer Prozess soll gewährleisten, dass nur geeignete Therapieverfahren in Betracht gezogen werden.

11.4 Zusammenfassung

Die folgende Abbildung (Abb. 123) gibt noch einmal die Inhalte dieses Kapitels wider.

Kapitel 11: Was kann man bei psychischen Problemen unternehmen?

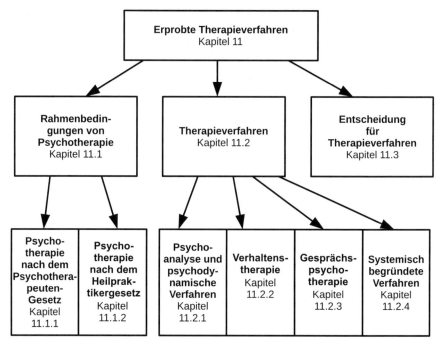

Abbildung 123: Inhalte des Kapitels 11

Fragen

1. Eine Person hat psychische Störungen und benötigt eine Psychotherapie. An wen sollte sie sich wenden?
    a) An einen psychologischen oder ärztlichen Psychotherapeuten. Er hat eine entsprechende Ausbildung hinter sich.
    b) An einen Psychiater. Psychiater sind für psychische Krankheiten zuständig.
    c) An einen Psychoanalytiker. Psychoanalytiker sind Fachleute für Psychotherapie.
    d) An einen Psychologen. Psychologen sind für die Psyche von Personen zuständig.
    e) An einen Heilpraktiker für Psychotherapie. Das Gesundheitsamt hat seine Eignung geprüft.
    f) An einen Sozialpädagogen, Psychologen oder Pädagogen mit Ausbildung zum Kinder- und Jugendpsychotherapeuten. Er ist geeignet, wenn es sich um ein Kind oder einen Jugendlichen handelt.

11.4 Zusammenfassung

2. Wie unterscheiden sich die verschiedenen Therapieformen?
   a) Verhaltenstherapie orientiert sich an lerntheoretischen und weiteren empirisch geprüften Ansätzen der Psychologie.
   b) Klassische Psychoanalyse ist für jedes Problem am besten geeignet. Sie geht am gründlichsten vor und berücksichtigt die Ursachen der Probleme.
   c) Die Gesprächspsychotherapie ist nur für alltägliche Schwierigkeiten geeignet.
   d) Systemisch orientierte Therapieansätze berücksichtigen besonders das Eingebundensein von Personen in ihre umgebenden sozialen Systeme.
3. Welche Kriterien sind bei der Entscheidung für eine Therapieform wichtig?
   a) Personen haben subjektive Vorlieben für bestimmte Vorgehensweisen und Erklärungsmodelle. Sie sollten bei der Entscheidung für ein Therapieverfahren berücksichtigt werden.
   b) Therapeut und Patient müssen miteinander zurechtkommen.
   c) Die Entscheidung muss der behandelnde Arzt oder Therapeut treffen. Er weiß als Fachmann am besten, welches Verfahren das geeignete ist.
   d) Man sollte Bekannte, Freunde oder Kollegen fragen, mit welchem Verfahren sie gute Erfahrungen gemacht haben.
   e) Die verschiedenen Verfahren haben etwas unterschiedliche Schwerpunkte, was die Effektivität bei unterschiedlichen psychischen Störungen angeht. Dies sollte auf jeden Fall berücksichtigt werden.
   f) Wenn die Kasse zahlen soll, hat man nur die Wahl zwischen psychodynamisch orientierten Verfahren und Verhaltenstherapie.
   g) Als Sozialpädagoge ist man fachkundig genug, um sinnvolle Empfehlungen zu geben.

Literatur

Berking, Matthias, Rief, Winfried. (2012). *Klinische Psychologie und Psychotherapie für Bachelor Band II: Therapieverfahren*. Lesen, Hören, Lernen im Web. Berlin, Heidelberg: Springer Berlin Heidelberg.

Hinsch, R., & Pfingsten, U. (2007). *Gruppentraining sozialer Kompetenzen GSK. Grundlagen, Durchführung, Anwendungsbeispiele*. 5., vollständig überarbeitete Auflage. Weinheim: Beltz PVU

Hinsch, R. (2007). Manual zum Gruppentraining sozialer Kompetenzen (GSK). In R. Hinsch & U. Pfingsten (Hrsg.), *Gruppentraining sozialer Kompetenzen GSK* (S. 81-92). Weinheim, Basel: Beltz PVU

Filipek, M., Hartmann, M., & Schneider, S. (2012). Kap. 7. Psychodynamische Therapien. In M. Berking, & W. Rief, *Klinische Psychologie und Psychotherapie für Bachelor Band II: Therapieverfahren*. Lesen, Hören, Lernen im Web. Berlin, Heidelberg: Springer Berlin Heidelberg

Kowalsky, J. (2012). Kap. 8. Paar- und Familientherapie und systemische Ansätze. In M. Berking, & W. Rief, *Klinische Psychologie und Psychotherapie für Bachelor Band II: Therapieverfahren*. Lesen, Hören, Lernen im Web. Berlin, Heidelberg: Springer Berlin Heidelberg

Kapitel 11: Was kann man bei psychischen Problemen unternehmen?

Lutz, W., Stangier, U., Maercker, A., & Petermann, F. (2012). *Klinische Psychologie - Intervention und Beratung*. Göttingen: Hogrefe Verlag

Lutz, W., Bittermann, A. (2012). Kapitel 2. Theoretische Grundkonzeptionen Klinisch-psychologischer Intervention. In Lutz, W., Stangier, U., Maercker, A., & Petermann, F. (2012). *Klinische Psychologie - Intervention und Beratung*. Göttingen: Hogrefe Verlag

Margraf, J. (2009). Hintergründe und Entwicklung. In S. Schneider & J. Margraf (Hrsg.), *Lehrbuch der Verhaltenstherapie* (S. 3-45). Heidelberg: Springer.

v. Blanckenburg, P, Gottschalk, J.-M. & M. Berking (2012). Kapitel 4. Gesprächspsychotherapie. In M. Berking, & W. Rief, *Klinische Psychologie und Psychotherapie für Bachelor Band II: Therapieverfahren. Lesen, Hören, Lernen im Web*. Berlin, Heidelberg: Springer Berlin Heidelberg

Rogers, C. (1972). *Die klientenzentrierte Psychotherapie*. Frankfurt: Fischer. (17. Auflage 2005)

Wissenschaftlicher Beirat Psychotherapie. (2008). *Gutachten zur wissenschaftlichen Anerkennung der systemischen Therapie*. Abgerufen von http://www.wbpsychotherapie.de/page.asp?his=0.113.134.13

Wittchen, H. U., & Hoyer, J. (2006). *Klinische Psychologie und Psychotherapie*. Berlin, Heidelberg, New York, Tokio: Springer.

Wittchen, H. -U., Hoyer, J., Fehm, L., & Jacobi, F. (2006). Klinisch-psychologische und psychotherapeutische Verfahren im Überblick. In H. Wittchen & J. Hoyer (Hrsg.), *Klinische Psychologie & Psychotherapie* (S. 449-475). Heidelberg: Springer.

Kapitel 12: Ist psychologische Beratung das Gleiche wie Psychotherapie? (Klinische Psychologie, Pädagogische Psychologie).

Sucht man nach Unterstützung bei psychischen Problemen kann man leicht in Verwirrung geraten. Für entsprechende Hilfsangebote wird manchmal der Begriff „Psychotherapie", manchmal der Begriff „psychologische Beratung" benutzt. In diesem Kapitel sollen beide Interventionsformen gegeneinander abgegrenzt und unterschiedliche Beratungsansätze vorgestellt werden.

1. Frau Schneider (45) ist Krankenschwester. Sie liebt ihren Beruf und ist sehr engagiert. Zur Zeit gibt es aber Probleme. Auf der Station wurde eine neue Oberschwester eingesetzt und seitdem gerät Frau Schneider immer öfter in Konfliktsituationen. Die alte Oberschwester schätzte Frau Schneiders Berufserfahrung sehr und ließ ihr bei der Arbeit viel Freiheit. Bei der neuen Oberschwester eckt sie mit ihrer gewohnten Arbeitsweise ständig an. Das geht so weit, dass sie beschuldigt wurde, sich bewusst Anordnungen zu widersetzen und die Autorität der Oberschwester zu untergraben. Frau Schneider wird immer lustloser und muss sich oft richtig aufraffen, um zur Arbeit zu gehen.

2. Herr Schmidt (50) ist in der Gefahr, seinen Arbeitsplatz zu verlieren. Vor zwei Jahren starb seine Frau. Der Verlust traf ihn sehr. Er war ständig in niedergedrückter Stimmung, musste sich zu jeder Aktivität mühselig aufraffen und sah eigentlich keinen Sinn mehr in seinem Leben. Auch jetzt, zwei Jahre nach dem Tod seiner Frau, ist seine Stimmung ständig sehr niedergedrückt und negativ. Er muss sich zwingen, zur Arbeit zu gehen. Im letzten halben Jahr schaffte er das sehr oft nicht.

3. Silke (14) hat heftige Konflikte mit ihren Eltern. Sie kommt und geht wann sie will. Wenn die Eltern sie um Hilfe im Haus bitten oder versuchen, mit ihr Zeiten fürs nach Hause kommen zu vereinbaren, überschüttet sie sie mit Schimpfwörtern. Auch in der Schule hat Silke oft Auseinandersetzungen mit Lehrern und Mitschülern. Sie war schon mehrmals in heftige Schlägereien verwickelt, die von ihr gezielt angezettelt wurden. Jüngere Schüler ärgert und quält sie mit Begeisterung. Silke versteht überhaupt nicht, warum sich alle über sie aufregen und ihre Eltern nerven sie nur noch. Sie möchte am liebsten woanders wohnen.

4. Klaus (14) hat ständig Auseinandersetzungen mit seinen Eltern. Sie versuchen, jeden Schritt, den er tut, zu kontrollieren und verlangen, dass er ihre Anordnungen sofort und aufs Wort befolgt. Wenn er wagt, zu widersprechen, prügelt der Vater, die Mutter hält zum Vater. Klaus darf keine Freunde besuchen, abends nicht weggehen und nicht an Klassenfahrten teilnehmen. Mit Lehrern und Mitschülern hat Klaus keine Auseinandersetzungen. Zur Zeit ist er allerdings in der Gefahr, zum Außenseiter zu werden, weil er an vielen Aktivitäten nicht teilnehmen kann. Klaus würde am liebsten woanders wohnen.

Abbildung 124: Beratung oder Therapie?

Überlegen Sie bitte: in welchen der Fälle von Abb. 123 würden Sie eine Therapie für sinnvoll halten, in welchen eine Beratung? Was waren die Kriterien für Ihre Entscheidung?

Kapitel 12: Ist psychologische Beratung das Gleiche wie Psychotherapie?

Wir benutzen den Begriff „Beratung" im Alltag für ein breites Spektrum an Aktivitäten. Wir „beraten" uns mit Freunden oder Verwandten, manchmal auch mit Personen des erweiterten sozialen Umfelds, wenn eine Entscheidung bevorsteht oder wenn wir nicht weiter wissen. Die vielfältigen Informationsquellen, Erfahrungen und Fähigkeiten unserer "Laienberater" helfen uns, Probleme zu lösen und unsere Fähigkeiten zu verbessern.

12.1 Professionelle Beratung

In einer professionellen Beratung bieten speziell ausgebildete Fachkräfte Hilfe zur Orientierung und Entscheidung für Einzelne oder Gruppen und Organisationen an. Die Beratungsfelder sind außerordentlich vielfältig, z.b. Rechts- oder Finanzberatung, Steuerberatung, Unternehmens- oder Personalberatung.

Psychologische Beratung beschäftigt sich mit individuellen oder sozialen Problemen in einer Vielzahl von Handlungsfeldern. Dazu gehören z.B. Ehe-, Erziehungs-, Schul- oder Berufsberatung, Schwangerschaftskonfliktberatung oder Beratung von Angehörigen psychisch Kranker. In der Beratungssituation treffen ein psychologischer Experte mit entsprechenden fachlichen Kenntnissen und eine (oder mehrere) ratsuchende Person(en) aufeinander, die Unterstützung bei der Entscheidung und Bewältigung von Problemsituationen benötigt. Im Unterschied zu Ländern wie den USA ist psychologische Beratung in Deutschland kein eigenständiges Berufsbild mit geregelter Ausbildung und es gibt auch keine allgemeingültige Definition von Beratung. Fasst man die Aussagen zusammen, die in verschiedenen Beratungsdefinitionen immer wieder vorkommen, findet man die folgenden Elemente.

> Psychologische Beratung ist ein zwischenmenschlicher Prozess. Es gibt einen oder mehrere Ratsuchende und eine psychologisch ausgebildete Person, den Berater. Im Zentrum der Beratung steht die Kommunikation zwischen Ratsuchendem und Berater. Der Ratsuchende hat ein Problem, steht vor einer Entscheidung etc. und benötigt Unterstützung, um über das Problem und seine Bewältigungsmöglichkeiten mehr Klarheit zu gewinnen. Ein wesentliches Ziel der Beratung ist es, die Problemlösefertigkeiten des Ratsuchenden zu steigern, so dass er in Zukunft selbständig Lösungen finden kann. Dies wird als „Hilfe zur Selbsthilfe" bezeichnet. Beratung erstreckt sich auf einen vergleichsweise kurzen Zeitraum und das Beratungshandeln auf Seiten des Beraters ist planvoll und theoretisch fundiert (in Anlehnung an Warschburger 2009, S. 18).

Aus dieser Definition von Beratung folgt, dass es nicht Aufgabe des Beraters ist, Problemlösungen vorzugeben oder Ziele festzulegen. Ziel der Beratung kann es nur sein, "die Beteiligten in die Lage zu versetzen, durch eigene Kraft eine Lösung des Problems zu finden" (Hofer 1996, S. 11). Viele Autoren sehen ein weiteres wichtiges Merkmal von Beratung in ihrer Freiwilligkeit. Dagegen ist einzuwenden, dass es durchaus Beratungsformen gibt, die nicht freiwillig aufgesucht werden, z.B. Schwangerschaftskonfliktberatung oder vom Jugendgericht angeordnete Beratungen (Warschburger 2009).

Beratung vs. Therapie. Man muss bedenken, dass durch das Psychotherapeutengesetz Tätigkeit und Berufsbezeichnung des Psychotherapeuten geschützt sind, es anerkannte Therapieformen und genaue Ausbildungsrichtlinien für Psychotherapeuten gibt. Tätigkeit und Berufsbezeichnung des Beraters sind dagegen frei verfügbar und unterliegen keinerlei rechtlicher Regelung. Es ist daher sinnvoll, das Verhältnis der beiden Interventionsformen zueinander genauer zu bestimmen. Aussagen zum Verhältnis von Beratung und Therapie lassen sich auf drei Positionen zurückführen.

1. Es findet *keine ausdrückliche Unterscheidung* von beratender und therapeutischer Tätigkeit statt. Beratung und Therapie werden in einem Atemzug genannt oder beide Begriffe werden im wechselseitigen Austausch benutzt. Eine solche Position wird verständlich, wenn man die theoretischen Hintergrundtheorien von Beratung bzw. Therapie als Kriterium benutzt. Es ist auf dieser Basis kaum möglich, eine Unterscheidung zu treffen, da die Hintergrundtheorien für die meisten Beratungsansätze aus dem Therapiebereich stammen.
2. Es wird von einem Kontinuum mit Beratung an einem, Psychotherapie am anderen Ende der Skala ausgegangen. Beratung und Therapie unterscheiden sich demnach nicht grundsätzlich, was Interventionsmethoden und -anlässe angeht. Es gibt aber *quantitative Abstufungen*. Die Probleme, die eine Beratung erforderlich machen, gelten als weniger schwerwiegend und umfassend, die Interventionsdauer ist kürzer und die Ausbildung der Berater muss nicht so tiefgreifend sein. Kurz gefasst: Beratung gilt als "kleine Psychotherapie".
3. Die dritte - mittlerweile dominierende - Auffassung betont, dass sich Beratungs- und Therapiesituationen zwar auf formaler Ebene in ihren Grundkomponenten gleichen, inhaltlich aber *deutliche qualitative Unterschiede* aufweisen. Die verschiedenen Ausprägungen dieser Sichtweise ähneln der formalrechtlichen Abgrenzung von Psychotherapie zu anderen Interventionsformen, wie sie das Psychotherapeutengesetz macht. Als Ziel von Psychotherapie gilt die Behandlung psychischer Störungen, also eine Form der „Heilkunde". Tätigkeiten außerhalb dieser Heilkunde wie Unterstützung bei sozialen Konflikte, Prävention etc. werden vom Psychotherapeutengesetz ausdrücklich ausgeschlossen. Beratung gehört zu diesen „nicht-heilkundlichen" Tätigkeiten. Unterschiede zur Therapie liegen insbesondere in drei Bereichen.
   - **Anlässe für die Intervention.** Anlass sind nicht wie in der Therapie schwerwiegende individuelle Beeinträchtigungen mit Krankheitswert, sondern umschriebene Probleme.
   - **Psychische Verfassung der Ratsuchenden.** Personen, die sich um Beratung bemühen, sehen sich selbst oder werden von anderen in der Regel

nicht als "defizitär" oder "behandlungsbedürftig" angesehen. Die von ihnen empfundene Problematik besteht in einer für sie unklaren, unbefriedigenden oder enttäuschenden Lebenssituation, die sie - bei ansonsten durchaus vorhandenen Kompetenzen - nicht aus eigener Kraft bewältigen können.
- **Zielsetzung.** Die Rat suchende Person benötigt eine zeitlich begrenzte Unterstützung bei der Sammlung und Systematisierung ihrer Kräfte und Ressourcen, um die vorhandenen Probleme zu lösen. Beratung zielt auf die Erweiterung von Kräften, Fähigkeiten und Ressourcen (Warschburger 2009).

Abb. 125 zeigt zusammenfassend wichtige Unterschiede zwischen Beratung und Therapie.

12.1 Professionelle Beratung

Merkmal	Beratung	Psychotherapie
Beteiligte	Psychologischer Berater mit einem oder mehreren Klienten oder Ratsuchenden	Psychotherapeut mit einem oder einer Gruppe von Klienten/Patienten
Anlass	Vielfalt von Beratungsanlässen, z.B. • „normative" Entwicklungsprobleme • Probleme im alltäglichen Lebensvollzug • Entscheidungssituationen (z.B. schulische Laufbahn) • Umgang mit veränderten Lebensbedingungen (z.B. Verlust des Arbeitsplatzes, Krankheit) • eher: akuter Charakter	• Störung mit Krankheitswert, dies schließt mit ein: • Leidensdruck • chronische Probleme
Inanspruchnehmende	• Generelle Handlungsfähigkeit der Ratsuchenden • benötigen zeitlich begrenzte Unterstützung in einer Problemsituation • starke Betonung von Autonomie und Freiwilligkeit der Ratsuchenden (mit Ausnahmen)	• Handlungsfähigkeit eingeschränkt • Autonomie möglicherweise eingeschränkt • Zustimmung zu Therapiemethoden und -zielen für den Therapieerfolg notwendig, Zuweisung zu Therapie nicht immer freiwillig
Methodenrepertoire	• Je nach theoretischer Ausrichtung unterschiedliche Herangehensweise • untergeordnete Bedeutung von Diagnostik • Strategien haben eher anregenden und unterstützenden Charakter • relativ große Bedeutung von Informationen	• Je nach theoretischer Ausrichtung unterschiedliche Herangehensweise • große Bedeutung von Diagnostik • Strategien sollen konkret zum Abbau unangemessenen und zum Aufbau angemessenen Verhaltens und Erlebens beitragen • relativ geringere Bedeutung von Informationen
Ziel/Aufgabe	• Förderung von persönlicher Entwicklung • Stärkung und Erweiterung des Selbsthilferepertoires • Aktivierung von Ressourcen • ggf. Beheben eines Informationsdefizits • ggf. Orientierungshilfe geben	• Linderung/Heilung psychischer Störungen (kurativer Charakter) • Prävention von Folgeerscheinungen • Persönlichkeits- und/oder Verhaltensänderung
Ausbildung	• Keine rechtlich festgelegten Ausbildungsrichtlinien • (nicht verbindliche) Ausbildungsempfehlungen durch die Deutsche Gesellschaft für Beratung • Berufsbezeichnung nicht geschützt	• Rechtlich festgelegte Ausbildungsrichtlinien • Rechtlich geregelte Zulassung zum Psychotherapeuten • Berufsbezeichnung geschützt

Abbildung 125: Unterschied zwischen Beratung und Therapie (in Anlehnung an Warschburger 2009, Tab. 2.2)

Kapitel 12: Ist psychologische Beratung das Gleiche wie Psychotherapie?

Als Folge der deutlichen Unterscheidung von Beratung und Therapie werden zunehmend spezielle Aus- und Fortbildungen für Berater angeboten und viele Institutionen verlangen den Nachweis einer solchen Ausbildung. Verschiedene Verbände haben sich zu einem Dachverband für Beratung organisiert und bemühen sich darum, Qualitätskriterien für Beraterausbildung und -tätigkeit zu etablieren.

12.2 Psychologische Beratungsansätze

Es gibt eine Vielzahl an theoretischen Modellen, an denen sich Berater bei ihrer Tätigkeit orientieren. Beratungsansätze, deren Wirksamkeit empirisch geprüft wurde, sind in der Regel Ableitungen aus therapeutischen Modellen und Theorien. Man findet zu den vier in Kap. 11 beschriebenen Therapiemodellen auch beratungstheoretische Überlegungen und Interventionsformen. Dabei wurden entweder Therapiemodelle gezielt für den Zweck der Beratung weiterentwickelt oder aber davon ausgegangen, dass der bestehende Ansatz sowohl für therapeutische als für beraterische Aktivitäten gültig sei (Schnoor 2011; Fiedler 2009; Weinberger 2004; Hänsel 2014). Einige wenige Beratungsansätze wie z.B. das ressourcenorientierte Beratungsmodell (Schwarzer & Buchwald 2009) orientieren sich an empirisch überprüften nicht-therapeutischen psychologischen Modellen. Im Mittelpunkt der Beratung steht das Gespräch zwischen Berater und Klient. Daher finden sich da, wo man klinische oder andere psychologische Ansätze entsprechend den besonderen Anforderungen der Beratungssituation modifiziert, vor allem Aussagen über Formen und Ablauf der Gesprächssituation.

Psychodynamische Beratung. Psychodynamische Beratung geht ebenso wie psychodynamisch fundierte Therapie davon aus, dass frühkindliche Erfahrungen mit wichtigen Bezugspersonen und in der Psyche ablaufende unbewusste Prozesse das aktuelle Verhalten und Erleben prägen. Auch Beratung muss daher das Ziel haben, diese Prozesse dem Bewusstsein zugänglich zu machen, damit sie bearbeitet und bewusste Entscheidungen getroffen werden können (Schnoor 2011).

- *Psychodynamische Gesprächsführung.* Die Prinzipien psychodynamischer Beratung lassen sich gut am Modell der psychodynamischen Gesprächsführung verdeutlichen. Sie zielt auf eine produktive Beziehung und die Erarbeitung von Kooperationsmöglichkeiten zwischen Klient und Berater. Die Beziehung zwischen Klient und Berater ist das zentrale Arbeitsmittel bei diesem Ansatz. Der Berater in der psychodynamischen Gesprächsführung ist deutlich aktiver als der Therapeut und trifft mehr Entscheidungen (Mattejat & Pauschardt 2009). Abb. 126 zeigt Grundprinzipien der psychodynamischen Gesprächsführung.

12.2 Psychologische Beratungsansätze

Zur Verfügung stehen	• Den inhaltlichen Rahmen der Gesprächssituation definieren • Die verfügbare Zeit definieren • Die Ungestörtheit der Situation sicherstellen • Zu Sprechen ermutigen • Raum geben, Zeit lassen, zuhören • In Kontakt bleiben (durch nonverbale Signale)
Anteilnehmende Beobachtung (Empathie)	• Sich innerlich mit Interesse auf den Anderen ausrichten • Sich in die Gefühlslage und Lebenssituation des Anderen einfühlen • Sich von seinen Mitteilungen und seiner Ausstrahlung berühren lassen • Versuche, den Anderen zu verstehen • Die entstehende Beziehungsgestalt erfassen
Positive Resonanz geben (Wertschätzung)	• Signale des Interesses und des Verstehens geben • Das Gehörte aufgreifen • wiederholen, paraphrasieren, zusammenfassen • Die emotionalen Erlebnisinhalte in Worte fassen • Das Gehörte akzeptieren und unterstützen
Differenzieren (Unterstützen der Selbst- und Problemexploration)	• Weiterführend und klärende Fragen stellen • Differenzierungen vornehmen • Benachbarte Themen eröffnen • Zum Fragen ermutigen
Wir-Bildung (Kooperative Beziehungsgestaltung)	• Sich über die Vorgehensweise einigen • Gemeinsamkeiten in der Zielsetzung erarbeiten (Arbeitsbeziehung etablieren) • Unterschiede und Gegensätze in der Zielsetzung akzeptieren (Grenzen und Kooperationsmöglichkeiten anerkennen)
Selektive authentische Mitteilungen (Echtheit)	• Mitteilen der Wahrnehmungen des Beraters (spiegeln, aufmerksam machen) • Mitteilen des Erlebens und der Emotionen des Beraters („Antwort") • Mitteilen von Vermutungen über Zusammenhänge (Interpretationen, Übungen)

Abbildung 126: Grundprinzipien psychodynamischer Gesprächsführung (nach Mattejat & Pauschardt 2009, Tab. 8.2)

Kognitiv-behaviorale bzw. verhaltenstherapeutische Beratung. Kognitiv-behaviorale Beratung stützt sich auf die Prinzipien der Verhaltenstherapie wie sie in Kap. 11 beschrieben wurden. Der Übergang zwischen Therapie und Beratung ist fließend. Es werden keine speziellen Beratungsmethoden entwickelt, sondern verhaltenstherapeutische Beratung bedient sich aus dem umfangreichen Methodeninventar der Verhaltenstherapie.

Schmelzer (2000) empfiehlt, den Selbstmanagement-Ansatz von Kanfer (s. Kap. 4) als Grundlage für verhaltenstherapeutische Beratung heranzuziehen. Der Ansatz geht in seinen Grundannahmen davon aus, dass Menschen nach Selbstverantwortung und Autonomie streben und im Allgemeinen gut in der Lage sind, ihr Leben ohne professionelle Hilfe zu regeln. Ziel der Beratung muss es sein, sie wieder zu selbständiger Problemlösung zu befähigen. Vom Berater wird empathisches Verstehen und eine interessiert-zugewandte Grundhaltung erwartet. Sechs *Denk- und Handlungsregeln* sollen den Beratungsprozess steuern.

Kapitel 12: Ist psychologische Beratung das Gleiche wie Psychotherapie?

- *Verhaltensnahes Vorgehen.* Vage und ungenaue Äußerungen („Ich weiß nicht weiter") sollen in konkrete Verhaltensbeschreibungen übersetzt werden.
- *Lösungsorientierung.* Es geht nicht darum „über Probleme zu reden", sondern konstruktiv und zielorientiert nach Lösungen zu suchen.
- *Aufmerksamkeitslenkung auf positive Elemente und Ressourcen.* Sie unterstützt die Entschlossenheit und Fähigkeit des Klienten, Lösungen zu finden.
- *Prinzip der kleinen Schritte.* Große, weit entfernte Ziele werden in kleine, bewältigbare Teilziele zerlegt.
- *Flexibles Planen und Handeln.* Das Leben von Menschen ist dynamisch, deswegen müssen Veränderungen registriert und das Vorgehen bei der Beratung daran angepasst werden.
- *Zukunftsorientierung.* Für die Bewältigung aktueller Probleme ist es günstig, mit der Blickrichtung in die Zukunft an Lösungen zu arbeiten.

Für den Beratungsprozess selbst schlägt Schmelzer einen siebenphasigen Ablauf vor, der sich stark an therapeutischen Situationen orientiert (Schmelzer 2000). Für viele Beratungssituationen wird man dieses Ablaufmodell modifizieren müssen.

1. *Eingangsphase.* Schaffen einer günstigen Ausgangssituation
2. Aufbau von *Änderungsmotivation*
3. *Problembeschreibung* und Suche nach aufrechterhaltenden Bedingungen
4. Klären und Vereinbaren von *Zielen*
5. Planung, Auswahl und Durchführung *spezieller Methoden* zum Erreichen der Ziele
6. *Überprüfen* der Fortschritte
7. *Endphase*

Als hilfreiche Grundlage für verhaltenstherapeutisch orientierte Beratungsgespräche wird die sokratische Gesprächsführung angesehen. Sie wurde ursprünglich als einzelne Therapietechnik der kognitiven Verhaltenstherapie entwickelt, lässt sich aber auch in Beratungsgesprächen einsetzen.

- *Sokratische Gesprächsführung.* Mit Hilfe der sokratischen Gesprächsführung sollen dysfunktionale Kognitionen und Selbstverbalisationen bearbeitet und verändert werden. Ziel ist es, dem Klienten zu neuen Einsichten und Erkenntnissen zu verhelfen, damit er selbständig neue Lösungswege für seine Problemsituation finden kann (Abb. 127).

12.2 Psychologische Beratungsansätze

> Sokratische Gesprächsführung bei der kognitiv behavioralen Beratung will durch die Infragestellung der Kognitionen und Selbstverbalisationen des Klienten diesem neue Sichtweisen und Problemlösungen ermöglichen. Die Bearbeitung der Beratungsthemen verläuft in der Regel in drei Phasen.
> 1. *Annahmen und Schlussfolgerungen explizit machen.* Der Berater verhält sich zu Beginn naiv-fragend, um so den Klienten zu veranlassen, sich die mit seinen Selbstverbalisationen und Kognitionen zur Problemsituation verbundenen Annahmen und Schlussfolgerungen bewusst zu machen. Der Berater verhält sich dabei zugewandt und nicht-wertend.
> 2. *Verwirrtheit erzeugen.* In der zweiten Phase werden die vom Ratsuchenden explizit gemachten Annahmen und Schlussfolgerungen über die Problemsituation durch weitere „naive" Fragen in Frage gestellt. Der entstehende Zustand der Verwirrtheit ist der Ausgangspunkt für neue Denk- und Sichtweisen des Klienten.
> 3. *Neues Erklärungsmodell.* Mit Unterstützung des Beraters entwickelt der Klient ein neues Erklärungsmodell für seine Problemsituation, aus dem er veränderte Handlungen und Entscheidungen ableiten kann.

Abbildung 127: Sokratische Gesprächsführung (vgl. Mattejat & Pauschardt 2009)

Personenzentrierte Beratung. Ausgehend von der Humanistischen Persönlichkeitstheorie Rogers' (siehe Kap. 11) beschreibt dieser Ansatz die Verhaltensweisen des Beraters und die Bedingungen der Beratungssituation, die für den Beratungsprozess förderlich sind. Ähnlich wie die klientenzentrierte Gesprächspsychotherapie muss die personenzentrierte Beratung die Ratsuchenden dabei unterstützen, ihre im Prinzip vorhandene Tendenz und Fähigkeit zur positiven Weiterentwicklung zu stärken und zu nutzen (Weinberger 2004). Personenzentrierte Berater müssen daher die drei zentralen Haltungen Wertschätzung, einfühlendes Verstehen und Echtheit ebenso verwirklichen wie Therapeuten. Im Rahmen des gesprächspsychotherapeutischen Ansatzes wird schon seit mehreren Jahrzehnten eine spezielle Ausbildung für Berater angeboten.

Systemische Beratung. Wie auch systemisch orientierte Therapieansätze sehen systemische Beratungsmodelle die Rat suchende Person im Kontext ihrer sozialen Beziehungen. Sie beschäftigen sich nicht nur mit einer Einzelperson, sondern mit dem gesamten "System" sich gegenseitig beeinflussender Personen in einem Lebensumfeld. Es ist zwar möglich, Einzelberatung auf dem Hintergrund systemtheoretischer Ansätze durchzuführen, häufiger ist jedoch das Bemühen, möglichst viele Mitglieder eines Systems in den Beratungsprozess einzubeziehen wie in der systemischen Familienberatung oder bei der Organisationsentwicklung (Hänsel 2014).

Lösungsorientierte Beratung. Aus dem systemischen Therapieansatz ging das Modell der lösungsorientierten Beratung hervor. Es rückt die Suche nach möglichen Lösungsansätzen in den Vordergrund des Beratungsprozesses. Dabei liegt der Schwerpunkt auf der Analyse von Ressourcen, die trotz vorhandener Problemsituation noch funktionieren. Der Beratungsprozess soll so kurz wie möglich gehalten werden. Wichtige Interventionstechniken sind verschiedene Arten

Kapitel 12: Ist psychologische Beratung das Gleiche wie Psychotherapie?

von Fragen, Komplimente und Vereinbarungen. Abb. 128 zeigt die wichtigsten Schritte bei der lösungsorientierten Beratung.

Schritt	Aktivitäten/Ziele
1. Synchronisation	Wertschätzung und Verständnis für Klienten aufbringen, Klärung der Zusammenarbeit, keine direkte Problemanalyse
2. Lösungsvision	Beginn der spezifischeren Intervention, Perspektivenwechsel vom Problem zum Nicht-Problem, Bewusstmachen lösungsorientierten Verhaltens
3. Lösungsverschreibung	Verhaltensaufgaben, um lösungsorientiertes Verhalten zu vermehren
4. Lösungsevaluation	Herausarbeiten und Fokussierung auf Verbesserung
5. Lösungssicherung, Ende der Beratung	Sich als Berater entbehrlich machen

Abbildung 128: Lösungsorientierte Beratung (nach Mattejat & Pauschardt 2009)

Ressourcenorientierte Beratung. Ressourcenorientierte Beratung geht davon aus, dass jeder Mensch über Ressourcen verfügt, die ihn befähigen, sein Leben aktiv zu gestalten und Schwierigkeiten zu bewältigen. Die bis jetzt beschriebenen Beratungsansätze bemühen sich zwar auch um die Stärkung der Ressourcen der Klienten. Sie formulieren aber keine expliziten theoretischen Annahmen über Formen und Funktion von Ressourcen, aus der Leitlinien für ressourcenorientiertes beraterisches Handeln folgen würden. Schwarzer & Buchwald (2009) schlagen daher ein Beratungsmodell vor, welches sich nicht an einem therapeutischen Modell orientiert, sondern die Theorie der Ressourcenerhaltung nach Hobfoll zur Grundlage beraterischen Handelns macht und damit die Ressourcen des Klienten in den Mittelpunkt der theoretischen und praktischen Überlegungen stellt. Kern des Beratungsmodells ist eine ausführliche Analyse der vorhandenen Ressourcen. Diese lassen sich unterscheiden in

- *Objektressourcen* (Wohnraum, Transport- und Kommunikationsmittel),
- *Bedingungsressourcen* (Ressourcen, die sich auf die Lebensumstände beziehen: Status, Sicherheit, soziale Netzwerke)
- *persönliche Ressourcen* (Selbstwert, Bewältigungskompetenz, soziale Kompetenz)
- *Energieressourcen* (Geld, Zeit, Wissen)

Bei der „*Ressourcendiagnostik*" werden die Ressourcen des Klienten in den beschrieben Ressourcenbereichen erfasst. In einem zweiten Schritt erfolgt die *Ressourcenaktivierung*. Bei Klienten mit ohnehin hinreichenden Ressourcen wird es hauptsächlich um eine *Erweiterung* des Ressourcenpools gehen. Verfügen Klienten nur über wenige Ressourcen, müssen diese *stabilisiert* werden und erst im zweiten Schritt kann man versuchen, sie auch zu erweitern. Manche Klienten stecken aufgrund ihrer Lebenssituation in „*Ressourcenverlustspiralen*", sind also akut vom Verlust vorhandener Ressourcen bedroht, z.B. wenn jemand, der arbeitslos ist, sich aus seinem sozialen Umfeld zurückzieht. Hier muss das Beratungshandeln darauf abzielen, weitere *Verluste zu verhindern*, z.b. indem die Person angeregt wird, ein Minimum an sozialen Aktivitäten aufrecht zu erhalten, das soziale Netzwerk (Familie, Freunde) aktiviert wird etc. Besondere Aufmerksamkeit gilt den *Schlüsselressourcen,* die den Aufbau und die Erweiterung des Ressourcenpools erleichtern. Dazu gehört in unserer westlichen Kultur die Selbstwirksamkeitserwartung, d.h. die Überzeugung, nicht nur zu wissen, wie man ein Problem lösen kann, sondern die entsprechenden Handlungsstrategien auch umsetzen zu können. Beraterische Aktivitäten müssen daher darauf ausgerichtet sein, die Selbstwirksamkeit der Klienten zu stärken. Auch soziale Kompetenzen sind zu den Schlüsselressourcen zu zählen und müssen ggf. im Beratungsprozess gefördert werden (Schwarzer & Buchwald 2009).

Internetberatung. Berater haben oft mit dem Problem zu kämpfen, dass ein Teil der Personen, die von einer Beratung profitieren könnte, sich scheut, entsprechende Institutionen aufzusuchen. Vor etwa 20 Jahren begann man daher damit, Beratung über das Internet anzubieten. Vor allem verhaltenstherapeutisch orientierte Berater boten internetbasierte Beratung als Nachsorge nach Therapien an, als Einstieg für Personen, die die reale Beratungs- oder Therapiesituation scheuen, als Krisenintervention und als Begleitung für Life-Interventionen. Inzwischen ist das Spektrum der internet-basierten Beratungsformen sehr breit (vgl. Kühne & Hinterberger 2011). Internet-basierte Beratung ist ebenso wenig wie Life-Beratung ein geschützter Begriff. Die Entwicklung von Qualitätskriterien für Internetberatung steht noch in den Anfängen.

12.3 Zusammenfassung

Die Inhalte dieses Kapitels finden Sie in Abb. 129.

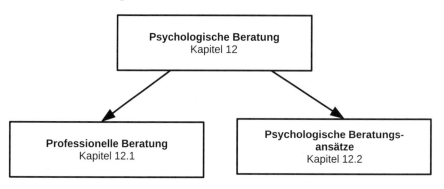

Abbildung 129: Inhalte von Kapitel 12

Kapitel 12: Ist psychologische Beratung das Gleiche wie Psychotherapie?

Fragen

1. Gibt es einen Unterschied zwischen Beratung und Therapie?
   a) Eigentlich gibt es keinen Unterschied. Es gibt die gleichen Hintergrundtheorien und es werden die gleichen Methoden angewendet. Es ist nur eine Frage der Wortwahl.
   b) Beratung unterscheidet sich von Therapie in Hinsicht auf die Zielsetzung, die psychische Situation der Klientel, die Art der Probleme, meistens auch die Dauer und die Ausbildung der Beratung Ausübenden.
   c) Beratung wird von Gesprächspsychotherapeuten als Ausdruck für Therapie benutzt, um die Klienten nicht zu stigmatisieren.
2. Was sind die Besonderheiten des ressourcenorientierten Beratungsansatzes?
   a) Es gibt keine. Der ressourcenorientierte Ansatz benutzt Methoden der Verhaltens- und der Gesprächspsychotherapie.
   b) Der ressourcenorientierte Ansatz benutzt explizit ein empirisch geprüftes Ressourcenmodell als theoretische Grundlage und orientiert auch sein Vorgehen daran.
   c) Im ressourcenorientierten Ansatz konzentriert man sich auf eine positive und optimistische Sichtweise.
   d) Der ressourcenorientierte Ansatz hat eine sehr differenzierte Sicht auf die Ressourcen einer Person.
   e) Im ressourcenorientierten Ansatz geht es darum, vorhandene Ressourcen zu diagnostizieren, zu aktivieren und zu stabilisieren. Außerdem sollen neue Ressourcen hinzugewonnen werden.
3. Schauen Sie sich bitte noch einmal die Beispiele vom Beginn des Kapitels an. Welche der Personen benötigt eine Beratung, welche eine Therapie?
   a) Frau Schneider benötigt keine Therapie, sondern eine Beratung. Die augenblickliche Situation ist zwar sehr unangenehm für Frau Schneider, sie zeigt aber keine massiven psychischen Probleme. Eine Beratung könnte sie dabei unterstützen, Strategien des Umgangs mit der neuen Chefin zu entwickeln.
   b) Herr Schmidt benötigt ebenfalls keine Therapie. Es ist verständlich, dass er um seine Frau trauert.
   c) Silkes Protestverhalten und ihre Aggressionen gehen weit über das in ihrem Alter Übliche hinaus. Es wäre sinnvoll, bei ihr eine genauere Diagnose durch einen Psychotherapeuten und ggf. eine Psychotherapie in die Wege zu leiten.
   d) Klaus ist psychisch nicht sonderlich auffällig. Eine Beratung könnte ihn dabei unterstützen, Auswege aus seiner schwierigen Familiensituation zu finden.

12.3 Zusammenfassung

Literatur

Hänsel, M. (2014). Der Ordnung halber! Grundlagen der systemischen Beratung. In M. Vogel (Hrsg.), *Organisation außer Ordnung* (S. 1-20). Göttingen: Vandenhoek & Ruprecht

Fiedler, P. (2009). Verhaltenstherapeutische Beratung. In S. Schneider & J. Margraf (Hrsg.), *Lehrbuch der Verhaltenstherapie* (S. 743-753). Heidelberg: Springer.

Hofer, M. (1996). Pädagogische Psychologie als Wissenschaft und als beraterische Praxis. In M. Hofer, E. Wild, & B. Pikowsky (Hrsg.), *Pädagogisch-psychologische Berufsfelder. Beratung zwischen Theorie und Praxis* (S. 1-24).

Kühne, S., & Hintenberger, G. (2011). *Handbuch online-Beratung: Psychosoziale Beratung im Internet.* Göttingen: Vandenhoeck & Ruprecht

Mattejat, F., & Pauschardt, J. (2009). Beratung in der Klinischen Psychologie. In P. Warschburger (Hrsg.), *Beratungspsychologie* (S. 171-204). Heidelberg: Springer

Nestmann, F. (1991). Beratung, soziale Netzwerke und soziale Unterstützung. In M. Beck, G. Brückner, & H. Thiel (Hrsg.), *Psychosoziale Beratung* (S. 45-56). Tübingen: dgvt-Verlag

Schmelzer, D. (2000). „Hilfe zur Selbsthilfe": Der Selbstmanagement-Ansatz als Rahmenkonzept für Beratung und Therapie. *Beratung Aktuell, 4.,* 1-20

Schwarzer, C., & Buchwald, P. (2009). Beratung in der pädagogischen Psychologie. In P. Warschburger (Hrsg.), *Beratungspsychologie* (S. 129-151). Heidelberg: Springer.

Schnoor, H. (2011). Psychodynamische Beratung: Ein Anwendungsgebiet der Psychoanalyse. In H. Schnoor (Hrsg.), *Psychodynamische Beratung* (S. 21-36). Göttingen: Vandenhoeck & Ruprecht.

Schnoor, H. (Hrsg.) (2011). *Psychodynamische Beratung.* Göttingen: Vandenhoeck & Ruprecht.

Warschburger, P. (2009). Theoretischer Hintergrund. In P. Warschburger (Hrsg.), *Beratungspsychologie* (S. 12-37). Heidelberg: Springer.

Warschburger, P. (Hrsg.)(2009). *Beratungspsychologie.* Heidelberg: Springer.

Weinberger, S. (2004). *Klientenzentrierte Gesprächsführung* (9., vollständig überarbeitete Auflage). Weinheim: Juventa.

Kapitel 13: Die Fähigkeit mit schwierigen Lebensbedingungen fertig zu werden: Resilienzforschung (Entwicklungspsychologie, Sozialpsychologie).

Es gibt Menschen, die trotz sehr schwieriger Lebensbedingungen keine Probleme entwickeln. Die Psychologie hat bei verschiedenen Personengruppen erforscht, was dazu beiträgt, dass eine Person „resilient" wird.

1. Yang ist 18 Jahre alt. Sie lebt in einem übervölkerten Vorort Pekings. Ihre Eltern sind Arbeitsmigranten. Sie zogen vor Jahren zunächst allein nach Peking und ließen Yang und ihre Schwester bei einem Onkel. Als sich die soziale Situation der Eltern stabilisiert hatte, zog die Familie wieder zusammen. Yang muss sich in eine neue Schule einzuleben, in der sie gemobbt wird. Vor kurzen hatte sie einen Autounfall und erlitt einen Schock, von dem sie sich noch nicht erholt hat.

2. Darlene (19) gehört zu den australischen Ureinwohnern. Als sie 10 Jahre alt war, wurde sie aus ihrer Familie herausgenommen, weil ihre Eltern nicht in der Lage waren, sie angemessen aufzuziehen. Es gab psychische Krankheiten, Drogenmissbrauch und Gewalt in der elterlichen Familie. Bis sie 16 Jahre alt war, pendelte Darlene zwischen ihrer Familie, Erziehungsheimen, Pflegefamilien und Unterkünften für Vertriebene. In den Erziehungsheimen wurde sie sexuell missbraucht. Wenn sie hungrig war, stahl sie Essen in Geschäften. In der Schule schikanierte sie andere Schüler, öfter schwänzte sie auch. In ihrer Freizeit konsumierte sie Drogen mit Freunden.

3. Emilie (15) ist wegen einer Sehbehinderung beinahe blind. Trotzdem muss sie Hausarbeit machen und eine staatliche Schule besuchen. Emilie ist sich ihrer Einschränkungen bewusst, bemüht sich aber, ihre Behinderung herunterzuspielen.

Abbildung 130: Fallbeschreibungen in Anlehnung an Ungar u.a. (2013, S. 10-12)

Diskutieren Sie bitte: Wie geht es den drei Mädchen zur Zeit und was vermuten Sie, wie sie sich weiterentwickeln werden?

Sie haben im Laufe der vergangenen Kapitel sicher bemerkt, dass es einen Fragenkomplex gibt, der die verschiedensten Gebiete der Psychologie beschäftigt. Dieser lautet: Unter welchen Bedingungen entwickeln sich Menschen günstig, sind sie psychisch gesund, fühlen sie sich wohl etc.? Schon lange sucht man in der Psychologie gezielt nach den Faktoren, welche die Entwicklung und die psychische Situation von Menschen beeinträchtigen können bzw. günstige Entwicklungen und psychisches Wohlbefinden fördern. Man folgt dabei zwei verschiedenen Denkansätzen, die sich nicht ausschließen, sondern ergänzen. In *defizitorientierter* Sichtweise untersucht man Faktoren, die Menschen beeinträchtigen oder schädigen können, in *ressourcenorientierter* Sichtweise beschäftigt man sich mit den Einflüssen, die Menschen befähigen, sich trotz bestehender Schwierigkeiten und Krisen positiv zu entwickeln. Stellvertretend für diese Sichtweisen werden in diesem Kapitel die grundlegenden Vorstellungen zweier Modelle beschrieben: die Suche nach Beeinträchtigungen im Modell der *Risikoforschung* und die ressourcenorientierte Beschäftigung mit *Resilienz* oder „Schutzfaktoren".

13.1 Defizitorientierte Sichtweise: Risikoforschung

Man ging zunächst von der Vorstellung aus, dass Menschen dann keine psychischen Störungen entwickeln und sich wohl fühlen, wenn sie keinen schädigenden Einflussfaktoren ausgesetzt sind. Umgekehrt können psychische Probleme, Entwicklungsabweichungen etc. überwunden werden, wenn man die schädigenden Einflussfaktoren beseitigt. Dafür war es notwendig, beeinträchtigende oder schädigende Faktoren zu identifizieren.

13.1.1 Ein-Ursache-Modell.

Bereits in den 40er Jahren des vorigen Jahrhunderts beschäftigte man sich mit den Auswirkungen *einzelner* Faktoren auf die Entstehung von Problemen bei Kindern und Jugendlichen. Man untersuchte Merkmale des *familiären* Bereichs wie z.B. Heimunterbringung, Scheidung der Eltern, psychische oder Suchterkrankungen in der Familie, Misshandlung, aber auch Faktoren im *sozialen* Umfeld wie Kriminalitätsrate im Wohnviertel. Man nahm an, dass, wenn der untersuchte Einflussfaktor die ausschlaggebende Ursache für die entsprechende Beeinträchtigung der Kinder/Jugendlichen wäre, sich ein nahezu hundertprozentiger Zusammenhang zwischen diesem Faktor und der gemessenen psychischen Störung, Entwicklungsabweichung etc. finden lassen müsste.

> Mit diesem Forschungsansatz ging man unausgesprochen davon aus, dass Kinder oder Jugendliche letztendlich *passiv* den auf sie einwirkenden Einflüssen ausgesetzt sind (Abb. 131).

Ein-Ursache-Modell

Abbildung 131: Ein-Ursache-Modell schädigender Einflüsse auf die Entwicklung von Kindern und Jugendlichen.

Das praktische Vorgehen bei diesem Forschungsansatz bestand darin, Stichproben von Kindern bzw. Jugendlichen hinsichtlich unterschiedlicher Merkmale wie Verhaltensprobleme, psychische Störungen, Entwicklungsprobleme, Schwierigkeiten in der Schule etc. zu untersuchen. Gleichzeitig wurde der Einflussfaktor erhoben, von dem man annahm, dass er diese Störungen verursache (vgl. Abb. 132).

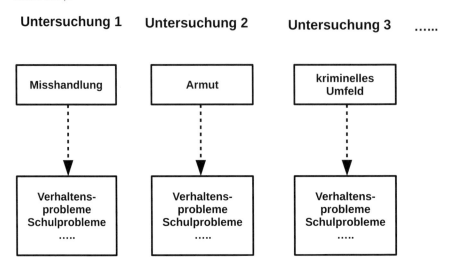

Abbildung 132: Forschungsansatz beim Ein-Ursache-Modell

Die Ergebnisse sprachen dafür, dass man auf dem richtigen Weg war. Kinder oder Jugendliche, die Heimunterbringung, Scheidung der Eltern, psychischen Erkrankungen in der Familie, Misshandlung, einem kriminellen Umfeld oder Ähnlichem ausgesetzt waren, zeigten *im Durchschnitt* mehr Problemverhalten bzw. mehr psychische Störungen oder Entwicklungsabweichungen als Kinder und Jugendliche, die diese Bedingungen nicht erlebt hatten. Es gab aber auch Einschränkungen in der Aussagekraft dieser Untersuchungen.

Zusammenhang zwischen Einflussfaktor und Störungen. Man fand zwar signifikante Zusammenhänge zwischen Einflussfaktoren und Störungen. Die Enge der gefundenen Zusammenhänge lag aber maximal im mittleren Bereich. Kinder, die Misshandlung etc. erlebten, unterschieden sich zwar im Durchschnitt von Kindern, die solchen Beeinträchtigungen nicht ausgesetzt waren, es gab aber deutliche Überschneidungen zwischen beiden Gruppen. Abb. 133 illustriert dies an einem fiktiven Beispiel.

13.1 Defizitorientierte Sichtweise: Risikoforschung

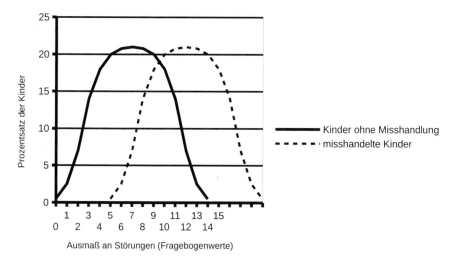

Abbildung 133: Überschneidung im Ausmaß der Störungen zwischen Kindern mit und ohne beeinträchtigenden Einflussfaktor (fiktives Beispiel)

Koppelung von Einflussfaktoren. Die beeinträchtigenden Faktoren traten oft nicht einzeln, sondern gebündelt auf (Armut ist beispielsweise oft gekoppelt mit beengter Wohnsituation, mehr psychischen Erkrankungen der Eltern und mehr Streit in der Familie).

Ursache und Wirkung. Da man im Rahmen der Forschungsansätze zum Ein-Ursache-Modell in der Regel *Querschnittsuntersuchungen* durchführte, konnte man, genau genommen, nicht entscheiden, was Ursache und was Wirkung war. So könnte z.B. der Befund, dass Kinder mit expansivem Problemverhalten (Aggressivität, Hyperaktivität) ein negativeres Erzieherverhalten erleben, als Kinder ohne diese Problematik (Trautmann-Villalba u.a. 2001) einerseits darauf hindeuten, dass das Elternverhalten die Probleme bei Kind verursacht, andererseits aber auch, dass Eltern auf problematisches Kindverhalten mit unzureichendem Erzieherverhalten reagieren.

Mit dem Risikomodell versuchte man, diesen Mängeln zu begegnen.

13.1.2 Risikomodell

Das Risikomodell fragt nicht mehr nach *der* Ursache für Problemverhalten, psychische Probleme etc. bei Kindern und Jugendlichen, sondern berücksichtigt die Koppelung von beeinträchtigenden Faktoren, indem die Wirkung *mehrerer* Faktoren gleichzeitig untersucht wird. Die Vorstellung über den Zusammenhang zwischen Einflussfaktor und Beeinträchtigung orientiert sich nun an der medizinischen Risikoforschung. Man geht nicht von einem nahezu hundertprozentigen Zusammenhang zwischen einem Einflussfaktor und der Beeinträchtigung aus,

Kapitel 13: Die Fähigkeit mit schwierigen Lebensbedingungen fertig zu werden

sondern fragt danach, ob und wie eine ins Auge gefasste Kombination von Einflussfaktoren die Wahrscheinlichkeit, also das *Risiko* für das Eintreten einer Beeinträchtigung erhöht. Um zuverlässig prüfen zu können, ob die untersuchten Faktoren tatsächlich die Ursache der beobachteten psychischen Probleme oder Entwicklungsschwierigkeiten sind, entscheidet man sich in der Regel für *Längsschnittuntersuchungen*. Außerdem interessiert man sich dafür, ob bestimmte Kombinationen von Risikofaktoren mit spezifischem Problemverhalten, spezifischen psychische Störungen etc. in Zusammenhang stehen.

> Unter Risikofaktoren versteht man Faktoren und Bedingungen, die die Wahrscheinlichkeit erhöhen, dass eine Entwicklungsabweichung oder Störung auftritt (vgl. Lohaus & Vierhaus 2013, Kap. 17.3).

Auch das Risikomodell sieht das Kind bzw. den Jugendlichen als passiven Empfänger schädigender Einflüsse an (Abb. 134).

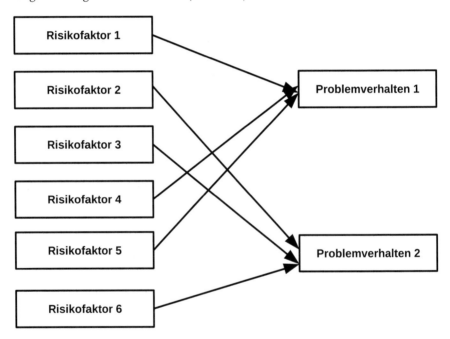

Abbildung 134: Risikomodell: Man untersucht, welche Risikofaktorenkombination welches Problemverhalten auslöst

Das prinzipielle Vorgehen beim Risikomodell sieht folgendermaßen aus: Man erhebt bei einer repräsentativen Stichprobe von Kindern eine Vielzahl von Risikofaktoren (vgl. Abb. 135). Gleichzeitig untersucht man die Kinder mit Instru-

13.1 Defizitorientierte Sichtweise: Risikoforschung

menten zur Erfassung von Entwicklungsabweichungen, Problemverhalten oder psychischen Störungen. Man beginnt idealerweise im Säuglings- oder frühen Kindesalter und verfolgt die Entwicklung der Kinder durch wiederholte Untersuchungen über einen längeren Zeitraum. Anhand der gewonnenen Daten versucht man herauszufinden, ob bestimmte Risikokombinationen zu bestimmten Störungsmustern führen (vgl. Abb. 134). Ein Beispiel für eine solche Studie ist die Mannheimer Risikokinderstudie, die ca. 350 Kinder von der Geburt an in regelmäßigen Abständen psychologisch und medizinisch untersuchte. Sie verfolgt die Entwicklung der Kinder seit nunmehr 25 Jahren (vgl. Laucht 2012) und ermöglicht es, die Wirkung potentieller Ursachenfaktoren auf die Entwicklung der Kinder zuverlässig zu beschreiben und auch die langfristigen Wirkungen von Risikofaktoren zu erfassen. Abb. 135 gibt einen Überblick über Risikofaktoren, mit denen man sich in der Forschung ausgiebig beschäftigt hat.

Risikofaktoren

- *körperlich/biologisch:* Behinderungen, schwere/chronische Krankheiten, Risiken um die Geburt herum
- *Familie:* Krankheit, Arbeitslosigkeit, Trennung/Scheidung, Streit/Gewalt, Sucht, Kriminalität, Heimaufenthalte
- *sozialer Status:* Armut, schlechte Schulausbildung, sehr enge Wohnverhältnisse
- *Umfeld:* sozialer Brennpunkt, Kriminalität, Banden

Abbildung 135: Häufig erforschte Risikofaktoren

Studien zu Risikofaktoren brachten wertvolle Erkenntnisse.
Zahl der Risiken. Betrachtet man den Lebenslauf im Längsschnitt, so findet man kaum Kinder, die nicht irgendwann einmal einen oder mehrere Risikofaktoren erleben. Auch wenn man im Querschnitt eine Stichprobe von Kindern oder Jugendlichen zu einem bestimmten Zeitpunkt untersucht, ist die Zahl der risikofreien Kinder klein. Ein bestimmtes Ausmaß an Risiken scheint zum „normalen Leben" zu gehören und die Mehrzahl der Menschen hat die erforderlichen Kompetenzen, um sie zu bewältigen. Kinder, die ein oder zwei Risiken bewältigen müssen, unterscheiden sich daher wenig von „risikofreien" Gleichaltrigen. Einen regelrechten „Bruch" scheint es ab vier Risiken zu geben. Der Durchschnitt der Kinder, die vier oder mehr Risiken erlebten, zeigte mehr Entwicklungsabweichungen und psychische Störungen als eine Vergleichsgruppe (Meyer-Probst & Reis 1999).

Es scheint ein normales Merkmal menschlichen Lebens zu sein, ein gewisses Maß an Risiken zu erleben. Der Durchschnitt der Menschen ist durchaus in der Lage damit zurecht zu kommen ohne ernsthafte Probleme zu entwickeln.

Kapitel 13: Die Fähigkeit mit schwierigen Lebensbedingungen fertig zu werden

Art der Risiken. Biologische (organische) Risiken wie z.B. Komplikationen während Schwangerschaft und Geburt wirken sich überwiegend auf die motorische und kognitive Entwicklung aus (s. Abb. 136).

> Im Rahmen der Mannheimer Risikokinderstudie untersuchte man, welche langfristigen Folgen unterschiedliche Arten von Risiken für die Entwicklung der Kinder haben. Die Abbildung zeigt wie sich Kinder mit unterschiedlich schweren biologischen Risiken, die zum Zeitpunkt der Geburt bestanden, in Bezug auf motorische Störungen, kognitive Probleme und Störungen im Sozialverhalten bis zum Alter von 11 Jahren entwickelten. Die Abbildung zeigt den Prozentsatz der Kinder die motorische, kognitive und Störungen im Sozialverhalten zeigten. Der schwarze Teil der Säulen zeigt, wie hoch jeweils der Anteil der Kinder mit schweren Störungen ist (Laucht u.a. 2002).

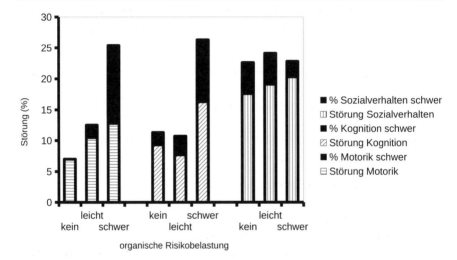

Abbildung 136: Die langfristigen Folgen biologischer Risiken (Reihenfolge der Störungen von links: motorische, kognitive und Störungen im Sozialverhalten) in Anlehnung an Laucht u.a. (2002). Die Autoren führen nicht an, inwieweit sich die Risikosituation im Verlauf der 11 Jahre zum besseren oder schlechteren verändert hat.

Soziale Risiken (Familie, sozialer Status, Umfeld) haben dagegen Probleme im kognitiven, Verhaltens- und emotionalen Bereich zur Folge (Abb. 137).

13.1 Defizitorientierte Sichtweise: Risikoforschung

Im Rahmen der Mannheimer Risikokinderstudie untersuchte man, welche langfristigen Folgen unterschiedliche Arten von Risiken für die Entwicklung der Kinder haben. Die Abbildung zeigt wie sich Kinder mit unterschiedlich schweren sozialen Risiken, die zum Zeitpunkt der Geburt bestanden, in Bezug auf auf motorische Störungen, kognitive Probleme und Störungen im Sozialverhalten bis zum Alter von 11 Jahren entwickelten. Die Abbildung zeigt den Prozentsatz der Kinder die motorische, kognitive und Störungen im Sozialverhalten zeigten. Der schwarze Teil der Säulen zeigt, wie hoch jeweils der Anteil der Kinder mit schweren Störungen ist (Laucht u.a. 2002).

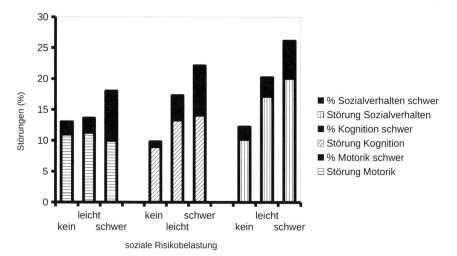

Abbildung 137: Die langfristigen Folgen sozialer Risiken (Reihenfolge der Störungen von links: motorische, kognitive und Störungen im Sozialverhalten) in Anlehnung an Laucht u.a. (2002). Die Autoren führen nicht an, inwieweit sich die Risikosituation im Verlauf der 11 Jahre zum besseren oder schlechteren verändert hat.

Manche Autoren verweisen darauf, dass die Auswirkungen biologischer Risiken mit der Zeit geringer, die sozialer Risiken relativ bedeutsamer werden (Meyer-Probst & Reis 1999). Es zeigte sich außerdem, dass für die spätere Entwicklung nicht allein die Risikokonstellation im frühen Kindesalter ausschlaggebend ist. Beeinträchtigende oder schützende Faktoren, die im weiteren Lebensverlauf dazu kommen, tragen entscheidend zum Ergebnis des Entwicklungsprozesses bei (Meyer-Probst & Reis 1999).

Risiken wirken nicht unabhängig voneinander. Risiken treten gemeinsam auf, weil sie durch Hintergrundfaktoren miteinander verbunden sind. So ist bei alleinerziehenden Müttern sowohl die Wahrscheinlichkeit für biologische Risiken der Kinder in Form von Geburtskomplikationen als auch die für soziale Risiken in Form von Armut erhöht. Risikofaktoren können die Wahrscheinlichkeit für weitere Risikofaktoren beeinflussen. So ergab eine Studie mit Flüchtlingskindern in einer deutschen Flüchtlingsunterkunft, dass diese nicht nur im Heimatland und/oder auf der Flucht traumatische Belastungen erlebt hatten, sondern die aktuelle Exil-Situation weitere Risiken mit sich brachte (Gavranidou u.a. 2008).

Die überwiegende Mehrzahl der Risiken wirkt nicht spezifisch. Zwar lassen sich die Auswirkungen organischer und sozialer Risiken unterscheiden, darüber hinaus scheint es mehr vom „Empfänger" der Risiken als von der Art und Kombination der Risiken abzuhängen, welches Problemverhalten hervorgerufen wird. Eine Ausnahme sind bestimmte Ausprägungen des Erzieherverhaltens der Eltern, die mit großer Wahrscheinlichkeit aggressives Verhalten bei den Kindern bewirken (vgl. Kap. 5).

Wirkung der Risiken. Die Wirkung der Risiken scheint insgesamt komplexer zu sein, als man ursprünglich dachte. Zwei Erkenntnisse haben die nachfolgende Forschung stark beeinflusst und zu einer Veränderung der Sichtweise geführt.

> Kinder und Jugendliche sind Risiken nicht passiv ausgeliefert, sondern beeinflussen durch ihr Bewältungungsverhalten, Selbstwirksamkeitserwartungen und Persönlichkeitsmerkmale *aktiv* die Wirkung der Risikofaktoren.

So entwickelten beispielsweise Mädchen, die einer hohen Belastung durch schwierige Lebensereignisse ausgesetzt waren, weniger psychische Probleme, wenn sie aktive Strategien zur Bewältigung der belastenden Ereignisse einsetzten (Winkler Metzke & Steinhausen 1999) und hoch risikobelastete Jugendliche, die eine hohe Selbstwirksamkeitserwartung hatten, zeigten kein abweichendes Verhalten im Unterschied zu solchen mit niedriger Selbstwirksamkeitserwartung (Bengel u.a. 2009).

Eine besondere Bedeutung hat in diesem Zusammenhang das *Temperament* der Kinder.

> Das psychologische Verständnis von „Temperament" unterscheidet sich deutlich davon, wie wir das Wort im Alltag benutzen. Man versteht darunter grundlegende Reaktionsbereitschaften wie Aktivität, Stimmung etc., die schon bei Säuglingen unterschiedlich ausgeprägt sind.

Temperamentsdimensionen. Man unterscheidet verschiedene Formen dieser Reaktionsbereitschaften. Die in den meisten Untersuchungen verwendeten Temperamentsdimensionen sind: Ausmaß und Intensität körperlicher *Aktivität*; die *Regelmäßigkeit* grundlegender biologischer Rhythmen wie Schlaf-Wach-Rhythmus, Hunger; *Annäherung/Rückzug* als erste Reaktion des Kindes auf ungewohnte Reize und Situationen; das *Anpassungsvermögen* des Kindes an Anforderungen der Umwelt an schnelle Veränderungen seines Verhaltens (z.B. mit dem Spielen aufhören, um Einkaufen zu gehen); die *sensorische Reizschwelle* als Stärke eines Reizes, der nötig ist, um eine Reaktion beim Kind hervorzurufen; die vorherrschende *Stimmungslage* des Kindes; die *Intensität*, mit der das Kind auf Reize und Ereignisse reagiert und die *Ablenkbarkeit* bzw. *Ausdauer* des Kindes. Abhängig vom Alter des Kindes äußern sich diese Dimensionen in unterschiedlicher Form, beispielsweise Aktivität beim Säugling durch heftiges Strampeln beim Gewickeltwerden, beim Vorschulkind durch große Vorliebe für Spiele im Freien und beim älteren Schulkind durch intensive sportlicher Betätigung. Je nach Kombination der Temperamentsdimensionen werden Kinder von ihrer Umwelt als im Umgang leichter oder schwieriger empfunden (Zentner 1999).

„Schwierige" Kinder: unregelmäßiger Rhythmus, starker Rückzug, geringes Anpassungsvermögen, negative Stimmungslage, intensive Reaktionen

Langsam auftauende Kinder: geringe Aktivität, Regelmäßigkeit durchschnittlich, geringes Anpassungsvermögen, durchschnittliche Intensität der Reaktionen

„Leichte" Kinder: große Regelmäßigkeit, starke Annäherung, großes Anpassungsvermögen, positive Stimmungslage

Die Risikoforschung zeigte, dass die Auswirkung von Risiken durch das Temperament der Kinder beeinflusst wird. Insbesondere bei den schwierigen Kindern sind die negativen Folgen der Risiken sehr ausgeprägt, dagegen scheint ein größerer Teil der „leichten" Kinder besser mit Risikofaktoren zurecht zu kommen.

> **Nicht alle Kinder, die Risiken ausgesetzt sind, entwickeln Beeinträchtigungen oder Störungen.**

Was sich schon beim Ein-Ursache-Modell andeutete, wurde durch die Längsschnittuntersuchungen im Rahmen des Risikomodells noch offensichtlicher. Es gibt immer einen bestimmten Prozentsatz von Kindern, die auch auf lange Sicht keine Beeinträchtigungen oder Störungen entwickeln, obwohl sie eine hohe Zahl an Risiken erleben. Der Prozentsatz dieser Kinder liegt in der Regel zwischen zwanzig und dreißig Prozent (Laucht 2012).

Damit ergaben sich neue Fragestellungen. Man begann sich dafür zu interessieren, unter welchen Bedingungen sich Kinder und Jugendliche *trotz* vorhandener Risiken *günstig* entwickeln. Man spricht in diesem Zusammenhang von *Resilienz*.

13.2 Ressourcenorientierte Sichtweise: Resilienzforschung

Die Resilienzforschung untersucht die Frage warum und unter welchen Bedingungen Menschen sich trotz vorhandener Risiken wohlfühlen und keine psychischen Probleme entwickeln.

> **Resilienz bezeichnet die positive Entwicklung von Individuen trotz widriger Umstände (Ungar u.a. 2013).**

Die Kauai-Studie. Als ein „Klassiker" der Resilienzforschung gilt die berühmte Kauai-Studie von Emmy Werner (1987; 1996) (Abb. 138).

Kapitel 13: Die Fähigkeit mit schwierigen Lebensbedingungen fertig zu werden

Emmy Werner gilt als eine der Begründerinnen der Resilienzforschung. Sie begleitete in einer interdisziplinären Längsschnittstudie den gesamten Geburtsjahrgang des Jahres 1955 der Hawai-Insel Kauai bis zum Alter von vierzig Jahren. Die Studie begann bereits vor der Geburt der Kinder mit medizinischen Untersuchungen zur Schwangerschaft, es folgten medizinische und psychologische Untersuchungen zum Zeitpunkt der Geburt, im Alter von einem, zehn, achtzehn, zweiunddreißig und vierzig Jahren. Es wurden zahlreiche kognitive und Persönlichkeitsmerkmale bei den Kindern erhoben (z.b. soziale Kompetenz, Temperament, Selbstwirksamkeit, Schulleistungen, Attributionen), außerdem Merkmale ihres sozialen Umfelds (z.B. Freunde, Bezugspersonen) und Risikofaktoren (z.B. Armut, psychische Erkrankung eines Elternteils, Trennung von Eltern). Im Alter von 2 Jahren umfasste die Stichprobe 865 Kinder. Eine Gruppe von 276 Kindern erlebte in der Kindheit vier oder mehr Risiken (Komplikationen um die Geburt herum, Armut, psychische Krankheit der Eltern, „broken home" etc.). 204 Kinder aus dieser Gruppe entwickelten bis zum Alter von 18 Jahren psychische und/oder soziale und/oder schulische Probleme. 72 Kinder entwickelten keine Probleme. Werner nennt diese Kinder „resilient". Diese Entwicklung setzte sich bis ins Erwachsenenalter fort. Werner nahm systematische Vergleiche der beiden Risikokindergruppen (Kinder mit Problemen vs. resiliente Kinder) vor. Die wichtigsten Unterschiede zwischen resilienten Kindern und Kindern mit Problemen lassen sich folgendermaßen beschreiben.

Persönlichkeit. Resiliente Kinder waren im Alter von 2 Jahren leichter zu betreuen, aufgeweckter und autonomer als die Vergleichsgruppe; mit 8 Jahren orientierten sie sich in ihrem Verhalten weniger an Geschlechtsrollenstereotypen; mit 18 Jahren hatten sie ein positiveres Selbstkonzept, attribuierten stärker internal und waren unabhängiger; mit 32 Jahren waren sie mit ihrem Leben zufriedener.

Leistung. Im Alter von 2 Jahren war die Motorik der resilienten Kinder besser ausgeprägt; mit 8 Jahren nutzten sie ihre intellektuelle Kapazität besser aus als die Kinder der Vergleichsgruppe und sie verfügten über ausgeprägte Interessen; mit 32 Jahren waren sie leistungsorientierter, hatten eine bessere Ausbildung und alle resilienten Personen waren vollbeschäftigt.

Sozialverhalten. Resiliente Kinder reagierten im Alter von 2 Jahren positiver auf ihre soziale Umwelt; die Betreuungspersonen bescheinigten ihnen häufiger gute Kommunikationsfähigkeit; die Mädchen waren selbständiger; als 8-Jährige hatten die Kinder guten Kontakt zu Klassenkameraden, sie verfügten über mindestens einen besten Freund und waren mit Aufgaben betraut, die die Sorge für andere beinhalteten (die Jungen trugen z.B. durch Jobs zum Einkommen der Familie bei, die Mädchen waren in die Sorge und Pflege von Angehörigen oder Bekannten eingebunden); mit 18 Jahren hatten sie enge Freunde, sie waren aktiv außerhalb der Schule und sehr fürsorglich anderen gegenüber.

Familie, soziales Umfeld. Die resilienten Kinder erlebten weniger dauerhafte Trennungen von Bezugspersonen im ersten Lebensjahr; sie hatten eine enge Beziehung zu mindestens einer Betreuungsperson (dies waren oft Großeltern, ältere Geschwister oder Freunde der Familie); es gab weitere regelmäßig zur Verfügung stehende Bezugspersonen wie Nachbarn, Lehrer, Trainer im Sportverein und ein gutes soziales Netz, das aus unterschiedlichen Personen bestand; für die Mädchen war es hilfreich, wenn die Mutter regelmäßig arbeitete; resiliente Jungen hatten öfter als die Vergleichsgruppe eine männliche Bezugsperson (die nicht der leibliche Vater sein musste) und in der Familie gab es feste Regeln. (Werner 1987; 1996)

Werner betont, dass die resilienten Kinder nicht passiv darauf warteten, dass die Umwelt förderliche Bedingungen bereitstellte, sondern selbst diese Bedingungen aktiv aufsuchten. Sie nahmen z.B. aktiv Kontakt zu „Ersatzbezugspersonen" auf, wenn ihre eigenen Eltern nicht fähig waren, sie angemessen zu betreuen (Werner 1987).

Abbildung 138: Die Kauai-Studie (Werner 1987; 1996)

13.2 Ressourcenorientierte Sichtweise: Resilienzforschung

13.2.1 Begriffe und Konstrukte.
Die Kauai-Studie veranschaulicht die veränderte Sichtweise der Resilienzforschung bei der Frage nach den Einflussfaktoren für eine positive bzw. negative Entwicklung. Im Unterschied zur Risikoforschung interessiert sich die Resilienzforschung nicht nur für die negativen Auswirkungen der Risikofaktoren, denen Personen ausgesetzt sind, sondern auch für die Frage, welche Faktoren dazu beitragen, dass Personen trotz vorhandener Risiken eine positive Entwicklung nehmen. Dies hat zur Folge, dass man die Einflussfaktoren denen Menschen sowohl im Verlauf ihres Lebens als auch zu jedem einzelnen Zeitpunkt ausgesetzt sind, differenziert betrachten muss. Bis heute werden Begriffe und Konstrukte in der Resilienzforschung nicht ganz einheitlich benutzt. Es gibt aber einige Grundannahmen und Begriffe, hinsichtlich derer sich die Mehrzahl der Forscher einig ist (vgl. Noeker & Petermann 2008; vgl. Abb. 139).

Aus der Sicht der Resilienzforschung gibt es einerseits *potentiell schädigende* Faktoren in der Person und in ihrem Umfeld, andererseits lassen sich angesichts *schädigender Bedingungen schützende* Faktoren ausmachen.

> *Risikofaktoren* sind Merkmale in der Person oder der Umgebung, die einen negativen Entwicklungsausgang wahrscheinlich machen (z.B. extreme Frühgeburt, Scheidung, psychische Störung der Eltern etc.).

> *Schutz- oder protektive Faktoren* sind Merkmale der Person oder der Umgebung, die unter Risikobedingungen eine günstige Entwicklung vorhersagen (z.B. günstiges Temperament, gutes soziales Netz).

Für die Forschung, aber auch für die Praxis ist es wichtig, Schutzfaktoren präzise zu bestimmen. Sie sind nicht einfach das Gegenteil eines Risikofaktors (z.B. statt Streit und Vernachlässigung durch die Mutter liebevolles Elternverhalten), sondern *zusätzliche* Einflussgrößen, die die die Wirkung des Risikofaktors abpuffern (z.B. mit der Mutter gibt es Streit und sie vernachlässigt das Kind, aber es gibt eine erwachsene Person im Umfeld, die regelmäßig ansprechbar ist und zu der das Kind eine verlässliche positive Beziehung hat).
Schädigende und schützende Faktoren können danach unterschieden werden, ob sie *in der* betroffenen Person liegen oder *außerhalb* der Person in der Familie bzw. der weiteren Umgebung.

> *Vulnerabilität* bezeichnet Faktoren in der Person, die einen ungünstigen Entwicklungsausgang wahrscheinlich machen (z.B. chronische Krankheit, schwieriges Temperament).

Kapitel 13: Die Fähigkeit mit schwierigen Lebensbedingungen fertig zu werden

Adversität bezeichnet widrige Bedingungen in Familie und sozialem Umfeld, die einen ungünstigen Entwicklungsausgang wahrscheinlich machen (z.B. Armut, Misshandlung, Kriminalität).

Widerstandsfähigkeit bezeichnet persönliche Merkmale, die angesichts von Risiken eine günstige Entwicklung wahrscheinlich machen (z.B. aktive Bewältigungsstrategien angesichts hoher Lebensbelastungen).

Protektive Umgebungsbedingungen sind Merkmale in der Umgebung, die unter Risikobedingungen eine günstige Entwicklung vorhersagen (z.B. ein gut funktionierendes soziales Netz bei einer alleinerziehenden Mutter mit sehr geringem Einkommen).

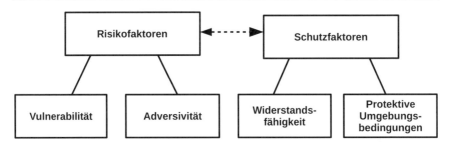

Abbildung 139: Risiko- und Schutzfaktoren

Die Kauai-Studie hat die Resilienzforschung nachhaltig beeinflusst. Es folgten weitere Längsschnittstudien. Sie gingen methodisch ähnlich vor wie Emmy Werner. Man verglich nicht nur wenig belastete mit hoch Risiko-belasteten Kindern, sondern nahm vor allem Vergleiche *innerhalb* der mit hohen Risiken belasteten Gruppe vor zwischen den Kindern, die Schwierigkeiten und Probleme entwickelten und denjenigen, die keine Probleme hatten und sich wohlfühlten (Bengel & Lyssenko 2012; Bengel u.a. 2009 ; vgl. Abb. 140).

13.2 Ressourcenorientierte Sichtweise: Resilienzforschung

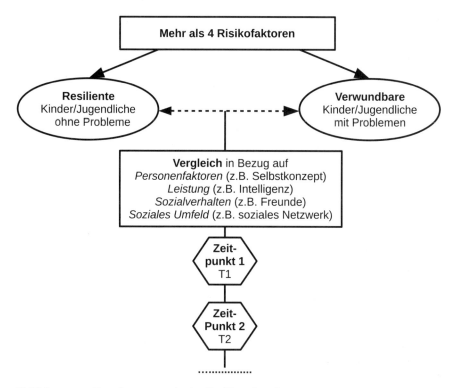

Abbildung 140: Forschungsansatz der Resilienzforschung

Bald erweiterte man den Forschungsansatz auch auf die Gruppe der Erwachsenen. Hier interessierte man sich für ein breites Spektrum von Risikofaktoren, z.B. chronische Belastungen wie Krankheit oder Armut, kritische Lebensereignisse wie der Tod naher Angehöriger und Traumata wie Unfälle oder Gewalterfahrungen. Da die Risikoforschung nichts über die Faktoren aussagt, die zu einer günstigen Entwicklung unter belastenden Umständen beitragen, hatte man das Ziel, wirkungsvolle resilienzfördernde Faktoren zu identifizieren.

13.2.2 Resilienzfördernde Faktoren bei Kindern

In zahlreichen Untersuchungen prüfte man bei Kindern in unterschiedlichen Risikosituationen die Wirkung in der Person liegender Faktoren wie Temperament oder soziale Kompetenz, familiärer Bedingungen wie Erzieherverhalten und Faktoren im sozialen Umfeld wie soziales Netzwerk, soziale Unterstützung oder Beziehung zu Freunden. Zu einer Reihe von Faktoren gab es weitgehend übereinstimmende Befunde.

Günstige Merkmale in der Person. Eine günstige *Temperamentsausprägung* erwies sich bei Kindern, die unter Risikobedingungen aufwachsen als bedeutsamer Schutzfaktor. So fand man in der Mannheimer Risikokinderstudie, dass Säuglinge mit „leichtem" Temperament im Alter von 11 Jahren signifikant weniger Verhaltensprobleme hatten als diejenigen mit einem schwierigen Temperament. Dieser Vorteil für Kinder mit einem leichten Temperament galt aber nur, wenn die Kinder in risikobelasteten Familien aufwuchsen. In unbelasteten Familien gab es keinen Unterschied in der Entwicklung von Kindern mit leichten oder schwierigem Temperament (Bengel u.a. 2009). Auch in anderen Studien, die die Wirkung unterschiedlicher Formen der Trennung von der Herkunftsfamilie erforschten, ergaben sich Vorteile für Kinder mit einem günstigen Temperament. Ein günstiges Temperament scheint auch die Auswirkung körperlich-geistiger Behinderung bis zu einem gewissen Ausmaß abpuffern zu können (Bengel u.a. 2009). Eine hohe *Selbstachtung* der Kinder stellt ebenfalls einen bedeutsamen Schutzfaktor dar. Ihre Wirkung konnte bei unterschiedlichen Risikobedingungen wie Migration, Heimaufenthalt, körperliche Misshandlung, psychische Erkrankung bei einem Elternteil und hohe Stressbelastung nachgewiesen werden (Bengel u.a. 2009). Schon bei Werner zeichneten sich die resilienten Kinder verglichen mit den problembehafteten Kindern durch eine größere Zuversicht aus, dass sich die Dinge positiv entwickeln werden und eine größere Fähigkeit, im Leben einen Sinn zu sehen. Nachfolgende Studien kamen zu gleichen Ergebnissen. Auch die bereits von Werner gefundene schützende Wirkung der Fähigkeit, die eigenen kognitiven Fähigkeiten gut zu nutzen, konnte in weiteren Studien bestätigt werden. Das gleiche gilt für die schützende Funktion einer hohen *Selbstwirksamkeitserwartung*, realistischer Selbsteinschätzung und guter Zielorientierung (Bengel u.a. 2009). Verschiedene Studien zeigten außerdem, dass gute *soziale Kompetenzen* Kinder unter schwierigen Lebensbedingungen schützen.

Günstige Merkmale in der Familie. Unter ansonsten schwierigen Bedingungen scheint es sich für die Entwicklung der Kinder positiv auszuwirken, wenn das Familienleben *strukturiert* ist, z.B. der Tagesablauf geregelt ist, gemeinsame Rituale existieren, gemeinsame Aktivitäten unternommen werden etc. Die galt beispielsweise für Familien, die auf psychologische Hilfen angewiesen waren, Familien mit depressiven Eltern und Familien mit behinderten Kindern. Wichtig war weiterhin, dass eine *enge Beziehung* zu mindestens einer erwachsenen Bezugsperson (dies müssen nicht unbedingt die Eltern sein) bestand. Bei biologischen und sozialen Risiken (außerhalb der Familie) erwies sich die positive Beziehung zu mindestens einem Elternteil als schützend (Bengel u.a. 2009).

Günstige Merkmale im sozialen Umfeld. *Soziale Unterstützung* aus dem sozialen Umfeld und die Integration in ein soziales Netzwerk sind ein wirksamer Schutzfaktor. Neben engen emotionalen Beziehungen zu erwachsenen Bezugspersonen üben auch Erwachsene als Rollenmodelle einen positiven Einfluss auf die Entwicklung risikobelasteter Kinder aus. Die Beziehung zu *Gleichaltrigen* ist ebenfalls von großer Bedeutung. Freundschaften zu prosozialen Gleichaltrigen können Tendenzen zu aggressivem Verhalten abmildern. Sie wirkten sich schützend bei misshandelten Kindern aus und verringerten bei Schulabbrechern das Risiko, Drogen zu konsumieren. Die Akzeptanz von Gleichaltrigen schützte Kinder mit mehrfachen Risikobelastungen vor der Entwicklung externaler Probleme. Freundschaften schützten Kinder außerdem vor den Auswirkungen einer harten und feindseligen Erziehung (Bengel u.a. 2009).

13.2.3 Resilienzfördernde Faktoren bei Erwachsenen

In der Forschung zu resilienzfördernden Faktoren bei Kindern und Jugendlichen scheint man sich weitgehend einig zu sein, welche Faktoren als Risikofaktoren zu betrachten sind und was als günstige bzw. als ungünstige Entwicklung gilt. Im Unterschied dazu ist die Forschung zu resilienzfördernden Faktoren im Erwachsenenalter sehr viel heterogener. Man untersucht ein breites Spektrum von Risiken, angefangen bei chronisch widrigen Bedingungen wie z.B. sozioökonomische Benachteiligung, Migrantenstatus, oder chronischer Verlust von Fähigkeiten im Alter über kritische Lebensereignisse wie den Tod von Angehörigen bis hin zu traumatischen Ereignissen. Als Indikatoren für Resilienz werden die unterschiedlichsten Maße der psychischen und körperlichen Gesundheit verwendet (Bengel & Lyssenko 2012) (s. Abb. 141).

Kapitel 13: Die Fähigkeit mit schwierigen Lebensbedingungen fertig zu werden

Risikofaktoren	Schutzfaktoren	Indikatoren einer erfolgreichen Bewältigung
Alltagsstressoren und/oder chronische Belastungen • sozioökonomische Benachteiligung • chronischer Stress • berufliche Stressoren	• Personale Schutzfaktoren • Soziale Schutzfaktoren • Soziokulturelle Schutzfaktoren	*Maße psychopathologischer Symptomatik, z.B.* • Posttraumatische Belastungsstörung • Depression • Angst
Kritische Lebensereignisse und/oder chronische Erkrankungen • chronische Erkrankungen und Behinderungen • Psychische Erkrankungen • Tod einer nahestehenden Person • Migration/Flucht		*Maße psychischer Gesundheit, z.B.* • Lebensqualität • Lebenszufriedenheit • Wohlbefinden
Potentiell traumatische Ereignisse • Missbrauch/Misshandlung • Naturkatastrophen • Krieg • Terrorismus		

Abbildung 141: Resilienzforschung bei Erwachsenen (in Anlehnung an Bengel & Lyssenko 2012)

Günstige Merkmale in der Person. Die Resilienzforschung bei Erwachsenen richtet sehr viel mehr Aufmerksamkeit als die Resilienzforschung bei Kindern auf Merkmale der Person, die eine erfolgreiche Entwicklung trotz vorhandener Risiken ermöglichen. Entsprechend zahlreich sind die einschlägigen Studien. Die wichtigsten der erforschten Merkmale zeigt Abb. 142.

13.2 Ressourcenorientierte Sichtweise: Resilienzforschung

Positive Emotionen
Optimismus
Hoffnung
Selbstwirksamkeitserwartungen
Selbstwertgefühl
Kontrollüberzeugungen
Kohärenzgefühl
Hardiness
Religiosität und Spiritualität
Bewältigung (Coping)

Abbildung 142: In der Resilienzforschung bei Erwachsenen untersuchte personale Schutzfaktoren (in Anlehnung an Bengel & Lyssenko 2012)

Die empirischen Ergebnisse zur schützenden Wirkung dieser Merkmale sind unterschiedlich. *Positive Emotionen* scheinen eine schützende Wirkung angesichts widriger Lebensumstände auszuüben. Dabei kommt es aber nicht darauf an, dass die Person nur oder besonders viele positive Emotionen hat. Während Menschen im Alltag in der Regel gleichzeitig positive und negative Gefühle erleben (z.B. sich über einen Besuch freuen und sich gleichzeitig über die das schlechte Wetter ärgern), verdrängen bei vielen Personen unter sehr hohen Belastungen die negativen Gefühle vollständig alle positiven Gefühle. Untersuchungen bei Personen, die kritische Lebensereignisse oder Traumata erlebt hatten, zeigten, dass diejenigen, die auch unter sehr hoher Belastung gleichzeitig positive *und* negative Gefühle erleben konnten, ohne Beeinträchtigung aus diesen Belastungen hervorgingen. Auch bei Patienten mit chronischen Schmerzen und alten Menschen, die viele alltägliche Belastungen erlebten, zeigte sich dieser Effekt (Bengel & Lyssenko 2012). Die schützende Wirkung von *Optimismus* (verstanden als Zuversicht oder Erwartung, das eine Situation positiv enden werde) konnte zuverlässig nachgewiesen werden. Optimistische Personen mit chronischen oder lebensbedrohlichen Krankheiten waren z.B. psychisch gesünder und hatten bessere soziale Beziehungen als Vergleichspersonen in der gleichen Lebenssituation mit einer gering ausgeprägten optimistischen Haltung und Studien bei Erdbebenopfern ergaben, dass optimistische Personen weniger Belastungssymptome ausbildeten (Bengel & Lyssenko 2012). *Hoffnung* wird in der Resilienzforschung anders konzipiert als im Alltag: Die Forscher, die sich mit ihrer Wirkung beschäftigen, verstehen darunter die *Fähigkeit, Ziele zu definieren und aktiv zu verfolgen* (Bengel & Lyssenko 2012). Man hat die Wirkung so verstandener Hoffnung vor allem bei Personen mit stark einschränkenden chronischen Krankheiten untersucht und fand, dass diejenigen mit hohen Hoffnungswerten vor der Entwicklung psychischer Störungen und von Krankheitsfolgesymptomen stärker geschützt waren als Personen mit geringer Hoffnung. Hohe *Selbstwirksamkeitserwartungen* (d.h. die Erwartung, nicht nur zu wissen, was man in einer problematischen Situation tun kann, sondern auch über die erforderlichen Kompetenzen dafür zu verfügen) gehören neben der sozialen Unterstützung (s.u.) zu den empirisch am besten belegten Schutzfaktoren. Ihre Wirkung konnte in einer Vielzahl von Studien bei sehr unterschiedlichen Belastungssituationen nachgewiesen werden, so bei unterschiedlichen Arten von Traumata, chronischen Krankheiten, familiärer Gewalt etc. Dagegen sind die Befunde, was die schützende Wirkung der übrigen personalen Faktoren angeht, nicht eindeutig. Dies gilt für hohes Selbstwertgefühl, internale Kontrollüberzeugung und Kohärenzgefühl (eine grundlegende Lebensorientierung, bei der die Person erwartet, dass Ereignisse im Leben strukturiert und vorhersehbar, bewältigbar und sinnhaft sind) und Hardiness (eine Kombination aus Engagement, dem Gefühl der Kontrolle und der Herausforderung schwierigen Situationen gegenüber). Religiosität und Spiritualität entfalten ihre schützende Wirkung vermutlich eher auf indirektem Wege, da sie oft mit einer besseren sozialen Einbindung verbunden sind. Bei der Prüfung der Wirkung unterschiedlicher Bewältigungsstrategien angesichts schwieriger Lebenssituationen stellte sich heraus, dass es nicht möglich war, diese eindeutig in schützende und schädigende Strategien einzuteilen. (Bengel & Lyssenko 2012)

Günstige Merkmale im sozialen Umfeld. *Soziale Unterstützung ist der am meisten untersuchte Schutzfaktor.* In Kapitel 8 wurde bereits über die positive Wirkung subjektiv wahrgenommener sozialer Unterstützung bei alltäglichen Belastungen und kritischen Lebensereignissen berichtet. Studien mit traumatisierten Personen wie Kriegsveteranen, missbrauchten und vergewaltigten Frauen, Helfern bei Terroranschlägen fanden ein schützende Wirkung sozialer Unterstützung. Genauere Analysen ergaben allerdings, dass nicht alle Traumaopfer positive Reaktionen des sozialen Umfelds erfuhren und soziale Unterstützung die schädigende Auswirkung negativer Reaktionen nicht kompensieren kann. Auch scheint nicht jede Art sozialer Unterstützung schützend zu wirken. Vor allem instrumentelle Unterstützung und neutrale Interaktionen mit nahe stehenden Personen wirkten sich bei Personen, die potentiell traumatisierenden Situationen ausgesetzt waren, positiv aus. (Bengel & Lysenko 2012)

13.3 Mechanismen

Bald ging man über die Identifizierung resilienzfördernder Faktoren hinaus. Man interessierte sich für die Mechanismen, durch die die Faktoren, die man gefunden hatte, ihre schützende Wirkung entfalten. Es gibt bis heute keine umfassende Theorie der Resilienz, aber die Forschung erbrachte differenziertere Vorstellungen über die Prozesse, die zu Resilienz führen.

Resilienz resultiert aus der Wechselwirkung Person-Umwelt. Resilienz ist keine Persönlichkeitseigenschaft. Ihre Ursache sind nicht allein Merkmale und Prozesse *in* der Person (ihre Widerstandsfähigkeit) sondern komplexe Wechselwirkungsprozesse zwischen einer Person und ihrer Umwelt (Ungar u.a. 2013). Würde man nur auf die von Risiken betroffene Person setzen („die Betroffenen stärken"), würde man wesentliche Einflussfaktoren für resiliente Entwicklungen außer Acht lassen.

Resilienz ist variabel. Resilienz ist kein einmal feststehendes Ereignis. Menschen können zu einem bestimmten Zeitpunkt ihres Lebens widrige Lebensbedingungen gut überstehen und zu anderen Zeitpunkten in Schwierigkeiten geraten. Auch die Art der Bedingungen, denen die Person ausgesetzt ist, bestimmt das Ausmaß ihrer Resilienz. So kann z.b. jemand mit einem einmaligen Trauma (z.b. einem Verkehrsunfall) gut zurechtkommen, dagegen mit chronischen Belastungen (z.b. einer chronischen Krankheit) Schwierigkeiten haben. Ausschlaggebend für die negative Wirkung eines Risikos ist nicht dessen objektive Stärke, sondern die subjektive Wahrnehmung der Bedrohung und Beeinträchtigung durch das Risiko.

Resilienz ist multidimensional. Personen können in unterschiedlichen Lebensbereichen angesichts bestehender Risikofaktoren unterschiedlich resilient sein. So kann eine risikobelastete Person zwar gute intellektuelle Leistungen zeigen, aber gleichzeitig Probleme im sozialen Umgang haben.

Umwelt sticht Anlage. Resilienz entsteht insbesondere bei Kindern am ehesten dann, „wenn die Umgebung auf die Bedürfnisse der Kinder eingeht, die Entfaltung von bereits vorhandenen Kompetenzen auslöst oder aber Gelegenheit bietet, neue Kompetenzen zu entwickeln" (Ungar u.a. 2013, S. 6). In allen Untersuchungen zur Resilienz von Kindern erweisen sich mindestens eine erwachsene Person, zu der eine enge emotionale Beziehung besteht, gute Freunde, ein vielfältiges soziales Netzwerk und soziale Unterstützung als wichtige Einflussfaktoren. Der resilienzfördernde Interaktionsprozess des einzelnen Kindes mit seiner Umwelt kann innerhalb dieses Rahmens unterschiedlich aussehen.

Resilienzbezogene Prozesse wirken differenziell. Viele Schutzfaktoren wirken nicht generell förderlich, sondern nur im Zusammenwirken mit bestimmten Risiken. McMohan & Luthar (2007 zit. nach Ungar u.a. 2013) untersuchten beispielsweise Mutter-Kind-Paare, bei denen die Mütter wegen Drogenmissbrauchs in Therapie waren und betreut wurden. Es zeigte sich, dass diese Kinder sich weniger belastet fühlten, die Mutter Kind-Beziehung besser war und die Kinder sich weniger von der Schule distanzierten, wenn sie ein mittleres Ausmaß an Pflichten und Verantwortung in der Familie übernehmen mussten (z.B. um die Mutter kümmern, Haushalt führen). Hatten sie keine Pflichten oder mussten sie ein extrem hohes Maß an Pflichten übernehmen, fühlten sich die Kinder stärker belastet und wandten sich von der Schule ab. Bei Kindern, die *keinen* Risiken ausgesetzt waren, führte die Übernahme von Verantwortung in der oben beschriebenen Form zu psychischen Störungen. Andererseits können Ereignisse, die für die Mehrzahl der Personen eine Belastungen darstellen, für eine Risikogruppe ein protektiver Faktor sein. So stellen Scheidungen für die Mehrzahl der Kinder zumindest kurzfristig eine Belastungssituation dar. Für Kinder, die in der Familie misshandelt oder missbraucht wurden, kann die Scheidung möglicherweise den Übergang in ein Leben ohne diese Belastungen, also ein protektives Ereignis, bedeuten.

Kontext und Kultur bestimmen, welche protektiven Prozesse am wichtigsten sind. Familien, Gemeinschaften oder die umgebende Kultur legen durch ihre Werte fest, welches Verhalten erwartet wird und stellen Ressourcen bereit, um dies zu unterstützen. Unterschiedliche Personengruppen haben ihre jeweils spezifischen kulturellen Kontexte, die bestimmen, welche Ressourcen sich protektiv auswirken. Auf diese Weise erklärt sich, dass bei vielen Risikokonstellationen für weibliche und männliche Personen unterschiedliche Schutzfaktoren wirksam sind. Ein Wechsel des kulturellen Kontexts kann unter bestimmten Bedingungen als Schutzfaktor dienen. So erwies sich der Militärdienst in den Vereinigten Staaten als protektiver Faktor bei jungen Männern, die mit dem Gesetz in Konflikt gekommen waren (Ungar u.a. 2013). Eine Studie mit risikobelasteten afroamerikanischen Erwachsenen, die studiert hatten und sich in Bezug auf Bildung resilient gezeigt hatten, ergab, dass die Mehrzahl von ihnen, unterstützt durch einen familienexternen Mentor aus der Mittelschicht, von der öffentlichen Schule in eine Bildungsumgebung mit besseren Ressourcen gelangt war. Sie entwickelten neue Werte und Erwartungen und bekamen die notwendige praktische und psychologische Unterstützung. Alle berichteten, dass dieser Wechsel dramatische Auswirkungen auf ihre Berufspläne hatte und die Vorstellungen, was man erreichen kann (Ungar 2013).

Einfluss der Resilienzforschung auf Interventionen. In den letzten Jahren diskutiert man zunehmend, durch welche Maßnahmen oder Interventionen Resilienz gefördert werden könne (z.B. Steinebach & Gharabaghi 2013). Bedenkt man das Fehlen einer Theorie der Resilienz und die oben beschriebene Komplexität von Resilienzprozessen, ist es verständlich dass hier Nachholbedarf besteht. Bei den meisten der beschriebenen Maßnahmen handelt es sich eher um die Förderung von Ressourcen, nicht aber um die spezifische Unterstützung von Resilienzprozessen. Die Resilienzforschung hat aber immerhin die Blickrichtung bei der Planung sozialpädagogischer Interventionen beeinflusst und zu einer stärkeren Betonung der Ressourcen der Klientel geführt.

13.4 Zusammenfassung

Abb. 143 zeigt noch einmal die Inhalte dieses Kapitels

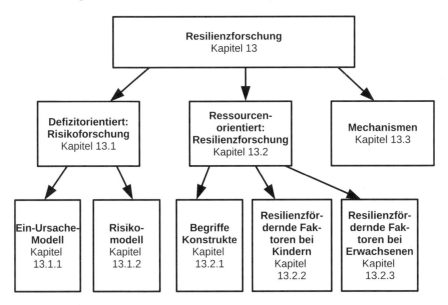

Abbildung 143: Inhalte von Kapitel 13

Fragen

Lesen Sie bitte noch einmal die Fallbeschreibungen vom Anfang dieses Kapitels und die untenstehenden „Fortsetzungen" (vgl. Ungar u.a. 2013) und beantworten Sie die Fragen.
1. Während die Eltern allein in Peking lebten, besuchte Yang sie regelmäßig. Dabei wurde sie von ihren Onkeln begleitet. Seitdem sie in Peking ist, hat sie regelmäßig Kontakt zu ihren Eltern und ihrer älteren Schwester. Sie sagt, dass sie immer von ihnen, aber auch von anderen Verwandten, Hilfe und Unterstützung bekommt, wenn sie es benötigt. In Yangs Klasse sind 50 Schüler. Sie ist nur eins von vier Mädchen. Yang sagt, dass hart arbeiten kann und fleißig ist. Yang betreibt Kampfsport und arbeitet in einem Rundfunksender für Jugendliche mit. Wie wird sie sich entwickeln?
    a) Yang verfügt über mehrere Schutzfaktoren: Bezugspersonen, ein gutes soziales Netz, soziale Unterstützung durch mehrere Personen, Ausnutzen der eigenen Kapazitäten, außerschulische Aktivitäten. Dies spricht für eine günstige Entwicklung.

Kapitel 13: Die Fähigkeit mit schwierigen Lebensbedingungen fertig zu werden

    b) Die Risikofaktoren für Yang sind beseitigt: Sie besucht eine neue Schule und ist wieder bei ihren Eltern. Dies spricht für eine günstige Entwicklung.
    c) Yang überfordert sich. Sie arbeitet sehr hart und ist zusätzlich noch außerhalb der Schule aktiv. Die Gefahr ist groß, dass sie das auf Dauer nicht durchhält.
    d) Yang hat gute Entwicklungschancen, weil sie in einer vollständigen Familie aufwächst.

2. Darlene „entkam" (so drückt sie es aus) mit 16 Jahren dem staatlichen Betreuungssystem. Sie hat inzwischen zwei Kinder, arbeitet Teilzeit und versteht sich als „Vollzeitmutter". Ihr Leben ist davon bestimmt, dass sie ihren Kindern ein besseres Leben ermöglichen will. Sie sollen die Geborgenheit und die materielle Sicherheit erfahren, die sie als Kind nie hatte. Darlene will zwar anders leben als ihre Eltern, aber sie steht loyal zu ihnen. Sie besucht sie regelmäßig und hilft, wo sie kann, indem sie z.B. kocht oder die Mutter zu Arztterminen bringt. Während der Zeit in der Betreuung wurde Darlene von den Familien der Ureinwohner in der Nachbarschaft wie ein Familienmitglied behandelt. Hier erhielt sie Zuwendung und konnte sich vom strengen Heimalltag erholen. Als Jugendliche erhielt sie Unterstützung von der örtlichen Jugendhilfeeinrichtung. Es gab tägliche Mahlzeiten und sie konnte dort Gleichaltrige treffen oder Sport treiben. Die Sozialarbeiter halfen ihr bei Fragen des Einkommens, der Schulbildung und der ersten Wohnung. Ihre Freundinnen und sie kümmerten sich umeinander und tauschten Kleidung, Essen, Geld, Babysitter und Informationen über soziale Dienste. Auch gab es immer Erwachsene, die an ihrem Wohlergehen interessiert waren: Lehrer, Betreuungspersonen etc. Darlene glaubt auch, dass ihr ihre Neigung zu Ärger und Widerstand geholfen haben. (vgl. Ungar u.a. 2013) Wie wird sich Darlene weiter entwickeln?

    a) Darlene verfügt zwar über einige Schutzfaktoren wie soziale Unterstützung und gutes soziales Netz. Aber ihre schwere Kindheit, der weitere Kontakt zu den Eltern und die Belastung, in so jungen Jahren für zwei Kinder verantwortlich zu sein, lassen Zweifel an ihrer weiteren Entwicklung aufkommen. Hinzukommt, dass sie eine Persönlichkeit hat, mit der sie immer wieder anecken wird.
    b) Darlene hat in ihrer frühen Kindheit und in der Zeit im Heim so viele Schäden erlitten, dass man kaum an eine positive Entwicklung glauben mag. Die Tatsache, dass sie jetzt schon zwei Kinder hat und immer noch Kontakt zu ihrer Familie pflegt, lässt nichts Gutes erwarten.
    c) Darlene wird es wahrscheinlich im Leben nicht leicht haben. Ihre Entwicklung bis zum aktuellen Zeitpunkt deutet aber darauf hin, dass sie es schaffen kann. Darlene hat in der Vergangenheit über eine Reihe von Schutzfaktoren verfügt und nutzte diese auch. Die Beziehung zu den Ureinwohnerfamilien gab ihr nicht nur Geborgenheit, sondern unterstützte

auch ihr Identitätsgefühl. Sie hatte und hat ein gut funktionierendes soziales Netz, welches ihr vielfältige soziale Unterstützung bietet. Sie arbeitet regelmäßig und strukturiert damit ihren Tag. Die Sorge für ihre Kinder gibt ihrem Leben Sinn, Ähnliches gilt für die Sorge für ihre Eltern. Mit ihrer Neigung zu Ärger und Widerstand konnte sie unter destruktiven Lebensbedingungen ihr Selbstwertgefühl schützen. Als sie die schädliche Umgebung verließ, wandelte sie diese Neigung in eine hohe Selbstwirksamkeitsüberzeugung.

3. Eltern und Lehrer haben alles getan, um Emilie eine Integration zu ermöglichen. Sie bekam computergestützte Lesegeräte und andere Hilfsmittel. Emilie tanzt in ihrer Freizeit und singt im Chor. Ihre Behinderung bewältigt sie mit einem gehörigen Schuss Selbstironie. Emilie akzeptiert ihre Behinderung und lebt damit, dass jeder Wechsel (z.b. der Schule) für sie aufwendiger ist als für andere. Emilie hat unproblematische Freunde. Sie ist sehr fürsorglich, sie hat sich z.B. freiwillig als Assistentin für die Tanzausbildung der Kindergartenkinder gemeldet und ist überzeugt, dass sie das gut kann. Sie blickt positiv in die Zukunft (vgl. Ungar u.a. 2013). Wie sieht diese Zukunft aus?

a) Emilie kommt aus einem intakten Elternhaus mit offensichtlich guten intellektuellen Kapazitäten. Die Schule tut alles, um ihr eine Integration zu ermöglichen. Sie hat damit optimale Voraussetzungen.

b) Indem Emilie ihre Behinderung akzeptiert, gleichzeitig aber auch ihre vorhandenen Möglichkeiten optimal nutzt, verfügt sie über gute personale Schutzfaktoren. Auch ihre Fürsorglichkeit und Hilfsbereitschaft dürften dazu beitragen. Emilie scheint über eine gute Selbstwirksamkeitserwartung zu verfügen. Die unproblematischen Freunde dürften sie ebenfalls schützen. Eltern und Schule versorgen sie mit den materiellen Schutzfaktoren, die sie in ihrer besonderen Situation benötigt. Insofern ist eine günstige Entwicklung zu erwarten.

Literatur

Bengel, J., Meinders-Lücking, F., & Rottmann, N. (2009). *Schutzfaktoren bei Kindern und Jugendlichen: Stand der Forschung zu psychosozialen Schutzfaktoren für Gesundheit.* **Forschung und Praxis der Gesundheitsförderung: Vol. 35.** Köln: Bundeszentrale für Gesundheitliche Aufklärung.

Bengel, J., & Lyssenko, L. (2012). *Resilienz und psychologische Schutzfaktoren im Erwachsenenalter.* **Forschung und Praxis der Gesundheitsförderung: Vol. 43.** Köln: Bundeszentrale für gesundheitliche Aufklärung.

Gavranidou, M., Niemiec, B., Magg, B., & Rosner, R. (2008). Traumatische Erfahrungen, aktuelle Lebensbedingungen im Exil und psychische Belastung junger Flüchtlinge. *Kindheit und Entwicklung, 17*(4), 224-231

Laucht, M., Schmidt, M. H., & Esser, G. (2002). Motorische, kognitive und sozial-emotionale Entwicklung von 11-Jährigen mit frühkindlichen Risikobelastungen: Späte Folgen. *Zeitschrift Für Kinder- und Jugendpsychiatrie und Psychotherapie, 30*(1), 5-19

Kapitel 13: Die Fähigkeit mit schwierigen Lebensbedingungen fertig zu werden

Laucht, M. (2012). Resilienz im Entwicklungsverlauf von der frühen Kindheit bis zum Erwachsenenalter - Ergebnisse der Mannheimer Risikokinderstudie. *Frühförderung Interdisziplinär*, (3), 111-119.

Lohaus, A., & Vierhaus, M. (2013). *Entwicklungspsychologie des Kindes-und Jugendalters für Bachelor*. (2., überarbeitete Auflage). Berlin, Heidelberg: Springer.

Meyer-Probst, B., & Reis, O. (1999). Von der Geburt bis 25. Rostocker Längsschnittstudie (ROLS). *Kindheit Und Entwicklung*, *8*(1), 59-68

Noeker, M., & Petermann, F. (2008). Resilienz: Funktionale Adaptation an widrige Umgebungsbedingungen. *Zeitschrift für Psychiatrie, Psychologie und Psychotherapie*, *56*(4), 255-263

Trautmann-Villalba, P., Gerhold, M., Polowczyk, M., Dinter-Jörg, M., Laucht, M., Esser, G., & Schmidt, M. H. (2001). Mutter-Kind-Interaktion und externalisierende Störungen bei Kindern im Grundschulalter. *Zeitschrift für Kinder- und Jugendpsychiatrie und Psychotherapie*, *29*(4), 263-273

Ungar, M., Bottrell, D., Tian, G. -X., Wang, X., Whittaker-Stemmler, J., Pfeiffer, J., & Stemmler, G. (2013). Resilienz: Stärken und Ressourcen im Jugendalter. In C. Steinebach & K. Gharabaghi (Hrsg.), *Resilienzförderung im Jugendalter* (S. 1-19). Berlin, Heidelberg: Springer.

Werner, E. E. (1987). Vulnerability and resiliency: A longitudinal study of asian americans from birth to age 30. *Paper Presented at the Biennial Meeting of the International Society for the Study of Behavioral Development. Tokyo, Japan*.

Werner, E. E. (1996). Vulnerable but invincible: High risk children from birth to adulthood. *European Child & Adolescent Psychiatry*, *5*, 47-51.

Steinebach & K. Gharabaghi (Hrsg.) (2013). *Resilienzförderung im Jugendalter*, **Berlin, Heidelberg: Springer.**

Winkler Metzke, C., & Steinhausen, H. -C. (1999). Risiko-, Protektions- und Vulnerabilitätsfaktoren für seelische Gesundheit und psychische Störungen im Jugendalter I: Die Bedeutung von Bewältigungsfertigkeiten und selbstbezogenen Kognitionen. *Zeitschrift für Klinische Psychologie*, *28*(1), 45-63

Zentner, M. (1999). Temperament und emotionale Entwicklung. In W. Friedlmeier & M. Holodynski (Hrsg.), *Emotionale Entwicklung. Funktion, Regulation und soziokultureller Kontext von Emotionen* (S. 156-175). Heidelberg Berlin: Spektrum Akademischer Verlag

Kapitel 14: Was ist eigentlich „normal"?

Sozialpädagogen haben es oft mit Menschen zu tun, deren Verhalten auffällt oder nicht den üblichen Vorstellungen entspricht. Bei der Entscheidung, ob diese Menschen Beratung oder Unterstützung benötigen, spielt oft die mehr oder weniger explizite Annahme eine Rolle, es sei notwendig, dass diese Personen ihr Verhalten in eine „normalere" Richtung ändern. In diesem Kapitel wird diskutiert, was „Normalität" aus psychologischer Sicht bedeutet.

1. Betritt man die Wohnung von Familie A., stolpert man bereits im Flur über herumliegendes Kinderspielzeug und einen Stapel von Mänteln und Schuhen. Die drei Kinder laufen barfuß in der Wohnung herum. Ihre Kleidung hat Flecken und beim Kleinsten hat die Hose an einem Knie einen Riss. Die Wohnung ist nicht verdreckt, aber auch nicht sonderlich sauber. Auf dem Tisch im Wohnzimmer stapeln sich ungeordnet Zeitschriften und Bücher. Auf dem Küchentisch stehen noch die Müslipackungen von Frühstück und auf der Spüle türmt sich das Geschirr. Die Eltern sitzen im Wohnzimmer und sind mit ihren Laptops beschäftigt, während die Kinder um sie herum spielen. Die Nachbarin Frau B. ruft beim Jugendamt an und bittet, „da mal jemand vorbeizuschicken". Sie sagt: „Die Kinder verwahrlosen ja. So kann man doch keine Kinder aufziehen!".

2. Der Installateurbetrieb X sucht händeringend nach Lehrlingen. Der Chef, Herr A. hat deswegen Kontakt zu einer Initiative aufgenommen, die arbeitslose Jugendliche betreut, weil er gehört hat, dass diese Jugendliche in Lehrstellen vermittelt. Nachdem er mit dem Leiter gesprochen hat, ist er enttäuscht. Die Jugendlichen, die von der Initiative betreut werden, haben einen normalen Hauptschulabschluss, manche einen Sonderschulabschluss. Herr A. sagt: „Mit denen kann ich nichts anfangen. In meinen Betrieb kommen nur Lehrlinge, die mindestens einen qualifizierten Hauptschulabschluss haben."

3. G., 14, fällt der Lehrerin auf, weil sie sich nie im Unterricht meldet. Wird sie aufgerufen, kann sie durchaus antworten. In den Pausen steht sie abseits. Sie geht nicht auf ihre Mitschüler zu und spricht sie nicht von sich aus an. Wird sie von diesen angesprochen oder in Gespräche einbezogen, reagiert sie zögerlich, aber durchaus freundlich. Die Lehrerin weiß, dass die Eltern geschieden sind und G. bei der Großmutter lebt. Ihre vier Geschwister sind auf Vater und Mutter „verteilt". Die Lehrerin überlegt zusammen mit der Schulsozialarbeiterin, ob man die Eltern zu einem Gespräch bitten soll.

4. Die Familie von Frau A. stammt aus Marokko. Frau A. ist verheiratet und hat zwei Kinder. Sie ist eine selbstbewusste junge Frau und arbeitet in der Verwaltung einer großen Firma. Sobald Frau A. das Haus verlässt, trägt sie ein Kopftuch. Darauf angesprochen, sagt sie: „Das machen in meiner Familie und Bekanntschaft alle Frauen. Ich fühle mich wohler so."

> 5. Frau M. ist 70 Jahre alt und lebt allein. Ihre beiden Kinder leben in der Nähe. Seit einiger Zeit ruft die Mutter mitten in der Nacht, oft gegen zwei oder drei Uhr bei der Tochter an, weil sie etwas nicht finden kann, sich unterhalten will oder Ähnliches. Es kann auch vorkommen, dass sie zweimal hintereinander anruft, weil sie vergessen hat, dass sie schon einmal angerufen hat. Frau M. bekommt Essen von einem Essensdienst, aber die Tochter hat den Eindruck, dass die Mutter manchmal vergisst, die fertige Mahlzeit warm zu machen und zu essen. Frau M. beklagt sich, dass ihre Kinder sie nie besuchen, obwohl Tochter oder Sohn mindestens jeden zweiten Tag bei ihr vorbeischauen. Neulich hat sich Frau M. auf dem Weg in die Stadt verlaufen und wurde von einer Bekannten nach Hause gebracht. Die Kinder überlegen, ob man etwas unternehmen muss.

Abbildung 144: Fallbeschreibung

Diskutieren Sie: Welche Vorstellungen von „normal" liegen den Beispielen zugrunde?

14.1 Normalität aus psychologischer Sicht

Sehr oft orientieren wir uns im Alltag, indem wir Ereignisse, Situation oder das Verhalten von Menschen als „normal" bzw. „üblich" und „nicht normal" bzw. „außergewöhnlich" einordnen. Diese Einordnung hilft uns bei der Entscheidung, wie wir handeln wollen, bei der Vermutung, was in Zukunft geschehen wird oder was von anderen Personen zu erwarten ist (Es macht beispielsweise einen Unterschied, ob ein Sozialpädagoge die Raufereien achtjähriger Jungen in der Tagesbetreuung als „normal" oder „sehr aggressiv", d. h. nicht mehr normal einordnet). Sucht man in der Psychologie nach Unterstützung bei dieser Einordnung, führt dies oft zu Verwirrung.

Psychologische Fragestellungen. Viele psychologische Untersuchungen interessieren sich nicht für die Bewertung und Einordnung eines Verhaltens (wie z.B. Prügeln). Andere Fragestellungen stehen im Vordergrund wie beispielsweise die *Unterschiede* zwischen Personengruppen (z.B. Jungen und Mädchen). Man sucht nach *verursachenden Faktoren* (z.B. Elternverhalten oder Lehrerverhalten) oder fragt nach den *Folgen* (z.B. die Akzeptanz durch Gleichaltrige). Man findet zwar auch Aussagen darüber, wie sich bestimmte Merkmale in einer Population verteilen, beispielsweise wie viele Jungen sich nie, selten manchmal, oft und sehr oft mit anderen prügeln. Solche Aussagen werden in der Regel aber nicht als allgemeingültige Aussagen formuliert, sondern eingeschränkt: Sie gelten nur für bestimmte Gruppen (z.B. Kinder bestimmter Altersgruppen; Kinder aus bestimmten Wohngegenden etc.), unter bestimmten Bedingungen (Prügeln in der Schule), das Ergebnis hängt von der Erhebungsmethode ab (z.B. Befragung der Jungen selbst) etc. Die Untersucher sind überwiegend an der *Verteilung der Merkmale* interessiert und man findet kaum Aussagen darüber, ob etwas „viel" oder „wenig" vorkommt, geschweige denn, ob ein bestimmtes Verhalten normal oder nicht normal ist.

Aussagen über Populationen, nicht über Einzelpersonen. Die Einordnung verursachender Faktoren (Lebensumstände, Ereignisse etc.) als „normal" oder „nicht normal" aufgrund psychologischer Forschung ist ebenfalls schwierig. Aussagen psychologischer Forschung beziehen sich nicht auf Einzelpersonen, sondern auf die Gesamtgruppe (Population), über die eine Aussage gemacht wird. Genauer gesagt: Psychologische Forschung beschreibt, wie die Population sich *im Durchschnitt* verhalten wird, welche Gefühle und Kognitionen sie haben wird, wie sie auf andere reagieren wird etc. In Kap. 2 wurde darauf hingewiesen, dass niemals alle Mitglieder einer Population identisches Verhalten und Erleben zeigen, sondern dass dieses sich um den Mittelwert in Form einer Normalverteilung verteilt. Ereignisse lassen sich daher auf der Grundlage ihrer Folgen nicht eindeutig nicht eindeutig als „normal" oder „nicht normal" einordnen. Wenn wir z.B. eine allgemeine Aussage über die Auswirkung bestimmter Lebensumstände (z.B. „Der Durchschnitt der Kinder hat in den ersten fünf Jahren nach einer Scheidung größere psychische Probleme als der Durchschnitt der Kinder, die keine Scheidung erlebt haben") machen, sagt die Kenntnis dieser Lebensumstände noch nichts über eine konkrete Einzelpersonen aus (Ein konkretes Kind könnte in der Normalverteilung der psychischen Situation der Nach-Scheidungskinder am extremen Ende mit „keine Probleme" angesiedelt sein).

Operationalisierung statt Bewertung. Selbst in der Klinischen Psychologie, die sich ja mit psychischen Störungen bei Menschen beschäftigt, steht die Bewertung des Verhaltens als „normal" bzw. „nicht normal" nicht im Vordergrund. Wie Kap. 10 zeigt, ist es aus der Sicht der Klinischen Psychologie wichtig, ob die konkreten Verhaltensstrategien, Denkmuster und Gefühle einer Person bestimmten konkreten Kriterien entsprechen und vor allem, ob die Person darunter leidet bzw. sich und/oder ihrer Umwelt damit schadet.

> All dies hat zur Folge, dass „Normalität" aus psychologischer Sicht ein relativer Begriff ist. Man kann das durchschnittliche Verhalten und Erleben von Menschen in einem bestimmten Lebensbereich in seiner Verteilung beschreiben und sein Zustandekommen erklären. Der Begriff „Normalverteilung" besagt aber schon, dass auch die extremen Formen des Verhaltens und Erlebens aus psychologischer Sicht zur Normalität gehören.

14.2 Normalität im Alltag

Für die Psychologie ist die Spannung zwischen allgemeiner Aussage über den Durchschnitt und konkreter Vielfalt kein Problem, weil sie nicht Einzelmenschen analysieren, sondern Menschen im Allgemeinen erforschen will. Im Alltag könnte die menschliche Vielfalt und Unterschiedlichkeit aber durchaus zu Problemen führen.

14.2.1 Normen im sozialen Miteinander

Wenn die Vielfalt von Menschen dazu führt, dass sie in sozialen Situationen individuell sehr unterschiedliche Ziele und Vorlieben haben, unterschiedliche Gefühle erleben und zu unterschiedlichem Verhalten neigen, wäre ein soziales Miteinander auf den ersten Blick sehr aufwendig. Sie müssten sich ständig mit ihren Interaktionspartnern verständigen, was erwartet wird, wie der andere die Situation erlebt und wie man sich verhalten soll. Damit sie stattdessen schnell und reibungslos in Gegenwart und mit anderen handeln können, verfügen Menschen über ein sehr wirksames Instrument: Soziale Normen.

> „Unter einer sozialen „Norm" versteht man eine von allen Mitgliedern einer Gruppe geteilte Erwartung, wie man sich in einer bestimmten Situation verhalten und wie man denken sollte" (Thomas 1991, S. 76).

Man ist sich nicht nur dieser Erwartung bewusst, sondern weiß auch, dass die die anderen Gruppenmitglieder ebenfalls um diese Erwartung wissen.

Bei genauerer Betrachtung kann man feststellen, dass das, was hier als Norm definiert wurde, durchaus heterogen ist. Zwei Merkmale helfen, verschiedene Ausprägungen normativer Erwartungen zu unterscheiden.

Externalität. Normen werden von Menschen in unterschiedlichem Maß als nicht von ihnen selbst erschaffen, sondern als von außen kommend erlebt.

Zwangscharakter. Normen üben in unterschiedlichem Maß einen Zwang auf das Denken und Handeln der Menschen aus, unabhängig davon, ob sie die Norm anerkennen oder nicht. Dieser Zwang geschieht über die Erwartung, inwieweit ein Verstoß gegen die Norm negative Folgen haben wird.

Normen unterscheiden sich danach, wie stark die Ausprägung dieser beiden Merkmale ist. Das Spektrum reicht von „Moden" über „Konventionen", den Bereich der Normen, wie er im Alltag verstanden wird bis zu Tabus (Thomas 1991; Abb. 145).

14.2 Normalität im Alltag

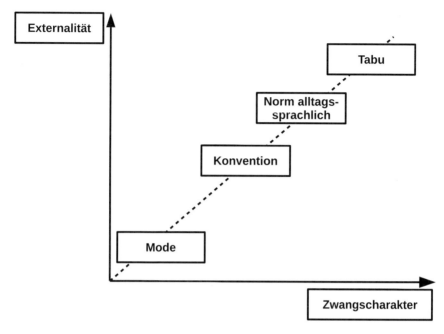

Abbildung 145: Unterschiedliche Formen normativer Festlegung (in Anlehnung an Thomas 1991).

Tabus. Tabus sind strikte Verbote für bestimmte Verhaltensweisen. Ein Verstoß gegen ein Tabu wird mit Strafe und gesellschaftlicher Ächtung sanktioniert. Ein Beispiel ist das Inzesttabu. Sowohl die Externalität als auch der Zwangscharakter sind extrem hoch.

Norm (alltagssprachlich). Im Alltag benutzen wir den Begriff „Norm" für Erwartungen an Verhalten und Erleben, die durch ein relativ hohes Maß an Externalität und Zwangscharakter gekennzeichnet sind. Verstößt man gegen diese Normen, muss man mit starkem sozialem Druck und negativen Folgen rechnen. Oft wird die Einhaltung bestimmter Normen durch Gesetze unterstützt. Es ist zum Beispiel in unserer Gesellschaft eine Norm, dass man das Eigentum anderer nicht wegnehmen darf.

Konvention. Konventionen sind Erwartungen und Regeln, die alltägliche Sitten und Gebräuche betreffen. Ein Verstoß gegen Konventionen wird registriert, oft missbilligt, nicht aber mit harten Sanktionen belegt. Ein Beispiel für eine Konvention ist das Verhalten während eines klassischen Konzerts (nicht reden, keine lauten Geräusche machen).

Mode. Der Begriff „Moden" wird für normative Erwartungen hinsichtlich der Art sich zu kleiden, Sprachgewohnheiten, Musikpräferenzen etc. verwendet.

Der Zwangscharakter von Moden ist gering, Verstöße werden in der Regel nicht geahndet. Auch ihre Externalität ist nicht sehr hoch. Manchmal werden in sozialen Gruppen Moden zur Norm. Die Mitglieder stärken damit ihr Wir-Gefühl.

Es gibt eine weitere Form der normativen Festlegung, die uns in der Regel nicht bewusst ist. Menschen orientieren sich an bestimmte Regeln und Erwartungen ohne dass ihnen dies bewusst ist. Sie sind subjektiv der Meinung, man könne sich gar nicht anders verhalten. Man nennt diesen Bereich auch **Selbstverständlichkeiten**.

Unsere Gesellschaft hat in den letzten hundert Jahren radikale Veränderungen erfahren, was die Regelung durch normative Festlegungen angeht.

Schnelle Veränderung von Normen. So wie sich die Gesellschaft insgesamt sehr schnell verändert, verändern sich auch heute Normen sehr viel schneller als früher. Die Generation der 65-70Jährigen hat beispielsweise noch erlebt, dass es als Norm galt, dass Paare mit Kindern verheiratet sind. Wie in Kap. 7 der Abschnitt über die Familie zeigt, haben sich die normativen Erwartungen in diesem Bereich innerhalb relativ kurzer Zeit deutlich geändert.

Heterogenität von Normen. Vor etwa hundert Jahren waren die normativen Erwartungen innerhalb einer Gesellschaft noch relativ einheitlich. Dagegen zeichnen sich moderne westliche Gesellschaften durch große innergesellschaftliche Unterschiede in den normativen Erwartungen aus. Man kann nur noch in sehr wenigen Bereichen von allgemeinverbindlichen Normen sprechen (z.B. wenn es um das Eigentum oder die körperliche Unversehrtheit anderer geht). Ansonsten unterscheiden sich Normen je nach gesellschaftlicher Subgruppe, Generation oder Lebensbereich. Solange sich Personen in ihrer jeweiligen Subgruppe oder Generation bewegen, ist dies unproblematisch. Wechselt eine Person die Bezugsgruppe und ist sich der unterschiedlichen Normen nicht bewusst, können Probleme entstehen, z.B. wenn Jugendliche nicht zwischen Normen des Umgangs in ihren Cliquen und am Arbeitsplatz unterscheiden können.

14.2.2 Normen bei der Einordnung und Bewertung von Personen

Menschen benutzen Normen nicht nur, um die Koordination und die Verständigung mit anderen zu erleichtern. Sie bewerten auch mit ihrer Hilfe das Verhalten von anderen, indem sie es als „normal", oder „nicht normal" einordnen.

Unterschiedliche Arten von Normen. Betrachtet man die Normen, die Menschen zur Orientierung und Beurteilung einer Situation oder des Verhaltens anderer Menschen verwenden genauer, so findet man unterschiedliche Vorgehensweisen (Rief & Stenzel 2012).

- Orientierung an einer *Idealnorm*. Man hat eine Vorstellung, wie man sich in einer bestimmten Situation idealerweise verhalten sollte und beurteilt andere Menschen danach. Der Installateur von Fall 2 in Abb. 144 orientiert sich möglicherweise an einer idealen Vorstellung, was ein geeigneter Lehrling sei.

14.2 Normalität im Alltag

Idealnormen taugen nicht zur Regelung des Alltags, weil sie von der Mehrzahl der Menschen niemals erreicht werden. Eine Verständigung zwischen Personen über die Berechtigung einer Idealnorm ist schwierig

- *Statistische Norm.* Merkmale und Verhaltensweisen von Menschen sind oft in Form einer Normalverteilung verteilt. Es gibt viele Menschen mit Merkmalen und Verhaltensweisen um den Durchschnittswert (die Spitze der Verteilung) herum und wenige an den Enden (s. Abb. 146). Als „nicht normal" wird das Verhalten von Personen bezeichnet, die sich an einem (oder beiden) Ende der Verteilung befinden. Wo der „Schnitt" gemacht wird, liegt beim Beurteiler. Die Lehrerin von G. in Fall drei hat höchstwahrscheinlich eine solche an der statistischen Norm orientierte Vorstellung, wie sich Kinder üblicherweise anderen gegenüber verhalten und empfindet das Verhalten von G. als stark von dieser Norm abweichend.

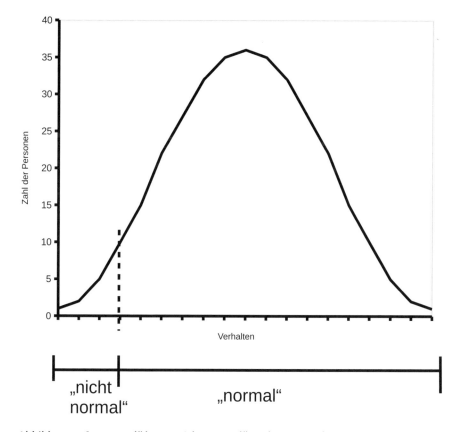

Abbildung 146: „normal" bzw. „nicht normal" nach statistischer Norm.

Auch die statistische Norm hat ihre Tücken. Je nach der Gruppe, auf die man sich bei der Berechnung der statistischen Norm bezieht, bekommt man unterschiedliche Ausprägungen von „Normalität". Wenn Menschen statistische Normen im Alltag intuitiv ohne Verwendung von Daten benutzen, besteht die Gefahr, dass sie sich verschätzen, was die Lage des Durchschnittswerts angeht. Sie würden dann möglicherweise Verhalten als nicht normal bewerten, welches noch nahe am Durchschnittswert liegt.

- *Soziale Norm im engeren Sinn.* Die akzeptablen Verhaltensweisen sind durch die Bezugsgruppe definiert. Frau A. in Fall vier in unserem Beispiel orientiert sich an einer solchen sozialen Norm. Soziale Normen sind stark Kultur- und subgruppenabhängig. Daher gibt es auf der Ebene der sozialen Normen im engeren Sinne in vielen Lebensbereichen je nach Bezugsgruppe verschiedene Formen von „normal" oder „nicht normal".

- *Subjektive Norm.* Die Person selbst legt fest, was sie als normal empfindet. Subjektive Normen sind den Beteiligten oft nicht bewusst und nehmen die Form von Selbstverständlichkeiten an. Die Personen sind der Meinung, man könne sich objektiv gesehen gar nicht anders als in der von der subjektiven Norm geforderten Weise verhalten, sonst sei man „nicht normal". Frau B. in Fall eins orientiert sich möglicherweise an einer solchen subjektiven Norm.

- *Funktionale Norm.* Bei einer funktionalen Norm wird das Verhalten einer Person dann als „nicht normal" bezeichnet, wenn es dazu führt, dass sie wichtige Funktionen nicht erfüllen kann. Dass Verhalten einer magersüchtigen Person führt z.B. dazu, dass sie nicht mehr ohne weiteres ihr Leben erhalten kann. Im Fall fünf unseres Beispiels ist durch das Verhalten von Frau M. ihre Möglichkeit gefährdet, ein selbständiges Leben zu führen. Mit dieser Form der Norm wird auch erfasst, wenn die Person ihr Zusammenleben mit den Personen ihres engeren Umfelds durch ihr Verhalten stark gefährdet, z.B. indem sie diesen massiv schadet. Mit Hilfe funktionaler Normen lassen sich zumindest extreme Fälle gut identifizieren. Trotzdem erfolgt auch bei dieser Form der normativen Orientierung die Bewertung und Einordnung von Personen nicht vollkommen objektiv. Man kann sich zwar leichter über die Vorstellung einigen, was wichtige Funktionen sind, trotzdem spielen auch hier gesellschaftliche, kulturelle und subgruppenspezifische Aspekte eine Rolle.

Aus guten Gründen bemüht man sich, professionelles Handeln an funktionalen Normen zu orientieren. Dies gilt nicht nur für Psychotherapeuten, sondern auch für Berater und Sozialpädagogen. Funktionale Normen bieten am ehesten die Grundlage für klare Kriterien an denen sich die Bewertung eines Verhaltens orientieren kann.

14.3 Zusammenfassung

Abb. 147 zeigt Ihnen noch einmal die Inhalte dieses Kapitels.

14.3 Zusammenfassung

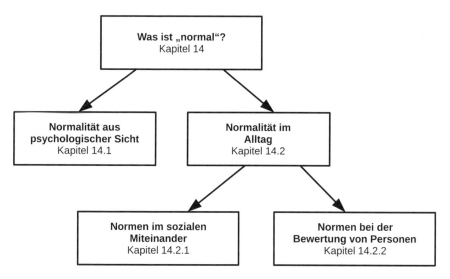

Abbildung 147: Inhalte des Kapitels 14

Fragen

Die letzte Frage ist eine persönliche Frage. Sie finden daher auch keine Auflösung in Kapitel 15.

Denken sie an Gelegenheiten, bei denen Sie das Verhalten einer (nicht nahestehenden) Person kritisiert, nicht akzeptiert oder missbilligt haben. An welchen der oben dargestellten Normen haben sie sich dabei bewusst oder unbewusst orientiert?

Literatur

Thomas, A. (1991). *Grundriss der Sozialpsychologie: Grundlegende Begriffe und Prozesse* (Band 1). Göttingen: Hogrefe Verlag

Rief, W., & Stenzel, N. (2012). Diagnostik und Klassifikation. In M. Berking & W. Rief (Hrsg.), *Klinische Psychologie und Psychotherapie für Bachelor* (Band I. Grundlagen und Störungswissen, S. 9-17). Berlin, Heidelberg: Springer. Abbildung 145: Unterschiedliche Formen normativer Festlegung (in Anlehnung an Thomas 1991).

Kapitel 15: Zusammenfassung

Dieses Kapitel gibt Ihnen Rückmeldung über die „richtigen" Antworten auf die Fragen am Ende jedes Kapitels.

> Vergleichen Sie Ihre „richtig" und „falsch"-Antworten zu den Fragen am Ende der Kapitel. Diskutieren Sie Ihre Lösungen und entscheiden Sie sich für eine gemeinsame Lösung. Schreiben Sie zu jeder Antwort ein paar Stichworte als Begründung.

Zum Vergleich finden Sie hier die Rückmeldung. Die richtigen Antworten sind fett gedruckt.

Kapitel 1: Womit beschäftigt sich die Psychologie?

Womit beschäftigen sich die psychologischem *Grundlagengebiete* und womit die psychologischen *Anwendungsgebiete*?

(a) Grundlagengebiete sind Allgemeine und Differentielle Psychologie, der Rest sind Anwendungsgebiete
(b) Psychologisches Grundlagenwissen hilft, Menschen zu durchschauen
(c) **Psychologisches Grundlagenwissen macht Aussagen über grundsätzliche Gesetzmäßigkeiten menschlichen Erlebens und Verhaltens. Es hat keinen unmittelbaren praktischen Nutzen**
(d) Psychologische Anwendungsgebiete liefern sozialpädagogische Handlungsmethoden
(e) Psychologisches Grundlagenwissen hat wenig mit sozialpädagogischen Handlungsfeldern zu tun
(f) Psychologisches Anwendungswissen gibt Anregungen für Problemlösungen
(g) **Psychologische Anwendungsgebiete nutzen Grundlagenwissen um Lösungen für praktische Probleme zu entwickeln**
(h) **Es ist Aufgabe psychologischer Anwendungsgebiete die Effektivität praktischer Problemlösungen zu überprüfen**

Kapitel 2: Psychologie als empirische Wissenschaft

1. Bei welchen Aussagen handelt es sich um die Vorhersage *empirisch beobachtbarer* Ereignisse?

   (a) Scheidungskinder haben mehr Probleme als Kinder aus intakten Familien.
   (b) **Wenn sozial ängstliche (gemessen mit einem Fragebogen) Männer und Frauen zwischen 20 und 50 Jahren ein 24-stündiges Training sozialer Kompetenzen der Art X erhalten, werden sie nach dem Training weniger soziale Angst haben als vorher. Bei einer vergleichbaren Gruppe Erwachsener ohne Training verändern sich die Angstwerte nicht.**

(c) Wenn Eltern ihre Kinder schlagen, werden die Kinder aggressiv.
(d) Alleinerziehende Frauen haben ein geringeres Einkommen als alleinerziehende Männer.
(e) Alleinerziehende Frauen im Alter zwischen 20 und 40 Jahren haben ein geringeres Einkommen als Männer, die sich hinsichtlich des Alters, der Kinderzahl und der Schul- und Berufsausbildung nicht von ihnen unterscheiden.
2. Hier wird über die Ergebnisse verschiedener Untersuchungen berichtet. Welches der Ergebnisse sagt aus, dass Mädchen ängstlicher sind als Jungen?
   (a) Unsere Untersuchung an den Eltern einer repräsentativen Stichprobe von Mädchen und Jungen ergab, dass die Eltern der Mädchen die Frage „Hat Ihr Kind oft Angst" signifikant häufiger mit „ja" beantworteten.
   (b) In unserer Untersuchung von 50 10-jährigen Mädchen und Jungen aus einer Kindertagesstätte zeigte sich, dass die Mädchen in einem Angstfragebogen signifikant höhere Werte hatten als die Jungen.
   (c) Wir fragten eine repräsentative Stichprobe von Kinderärzten mit Hilfe eines Fragebogens nach ihrer Einschätzung der Ängstlichkeit der von ihnen behandelten Kinder. Die Ärzte schätzten Mädchen signifikant häufiger als ängstlich ein als die Jungen.
   (d) Wir verteilten an eine repräsentative Stichprobe 8-14jähriger Kinder und Heranwachsender einen Angstfragebogen. Die Mädchen hatten signifikant höhere Angstwerte als die Jungen.

Kapitel 3: Behavioristische Lerntheorien

1. Von "*klassischem Konditionieren*" spricht man
   (a) Wenn ein Tier oder ein Mensch für ein Verhalten belohnt wird und es daraufhin öfter zeigt
   (b) Nur bei Tieren, bei Menschen gibt es so etwas nicht
   (c) Wenn eine Reaktion, die natürlicherweise auf einen bestimmten Reiz hin auftritt, an einen neuen Reiz gekoppelt wird
   (d) Wenn ein ursprünglich neutraler und ein unbedingter Reiz über eine gewisse Zeit gemeinsam dargeboten werden und danach der ursprünglich neutrale Reiz eine gleiche oder ähnliche Reaktion hervorruft wie der unbedingte Reiz
2. Was versteht die Psychologie unter *Lernen*?
   (a) Wenn Menschen ihr Wissen und ihre Kenntnisse erweitern
   (b) Die Veränderung von Verhalten und Erleben beim Menschen
   (c) Veränderungen bei Menschen und Tieren, die auf Erfahrung basieren und relativ überdauernd sind
   (d) Veränderungen des beobachtbaren Verhaltens bei Menschen und Tieren, die auf Erfahrung basieren und relativ überdauernd sind

3. Damit eine klassische Konditionierung besonders *erfolgreich* ist
   (a) reicht es aus, wenn unbedingter und ursprünglich neutraler Reiz möglichst oft gekoppelt werden (Kontiguität)
   (b) **sollte die Koppelung von ursprünglich neutralem Reiz und unbedingtem Reiz systematisch und vorhersehbar sein (kontingent)**
   (c) sollte die Reaktion auf den ursprünglich neutralen Reiz belohnt werden
   (d) **sollte der ursprünglich neutrale Reiz ein Reiz sein, der besonders auffällig oder intensiv ist**
4. Mutter und Tochter (4 Jahre) warten an der Supermarktkasse, bis sie an der Reihe sind. An der Seite befinden sich Körbe mit "Quengelware": Überraschungseier, kleine Schokoladentäfelchen, Schokoriegel etc. Die Tochter beginnt zu betteln, dass sie etwas Süßes möchte. Die Mutter lehnt ab. Die Tochter beginnt zu weinen und bekommt schließlich einen heftigen Wutanfall. Die Mutter schimpft und kauft ein Überraschungsei für die Tochter. Beim nächsten Supermarktbesuch geschieht das Gleiche. Wer hat hier was gelernt?
   (a) Nach dem Wutanfall bekam die Tochter ein Überraschungsei. Überraschungseier sind etwas Positives. Also wurde die Tochter für ihren Wutanfall verstärkt.
   (b) Die Mutter schimpft mit der Tochter (unangenehm). Daher wurde die Tochter bestraft.
   (c) **Auf das Verhalten der Tochter (Wutanfall) folgten zwei Konsequenzen: Schimpfen der Mutter und Überraschungsei. Da das Verhalten der Tochter zunahm (beim nächsten Supermarktbesuch gab es wieder Betteln und Wutanfall) ist es offensichtlich verstärkt worden. Das Überraschungsei war der Verstärker.**
   (d) Die Tochter denkt sich: "Wenn ich tobe, setze ich durch, dass ich etwas Süßes bekomme". Ihr Verhalten wurde also verstärkt.
   (e) **Die Mutter konnte durch das Kaufen des Überraschungseis einen für sie negativen Reiz (Wutanfall der Tochter) beseitigen. Ihr Verhalten wurde negativ verstärkt.**
   (f) Die Mutter wurde durch den Wutanfall der Tochter bestraft.

Kapitel 4: Kognitive Lerntheorien

1. Bei welcher der folgenden Verhaltensweisen handelt es sich um eine *kontrollierende Reaktion?*
   (a) Frau Müller möchte abnehmen. Ihr werden Pralinen angeboten. Sie isst sehr gerne Pralinen. Frau Müller lehnt die Pralinen ab.
   (b) Herr Meier ist Nichtraucher. Ihm wird eine Zigarette angeboten. Er lehnt die Zigarette ab.
   (c) Eigentlich würde Herr T. gerne seinen Feierabend genießen und sich ausruhen. Stattdessen putzt er die Wohnung.

(d) Peter würde gerne mit seinen Freunden Fußball spielen. Seine Mutter überredet ihn, erst die Hausaufgaben zu machen.
2. Betrachten Sie die Karikatur. Was sagt sie über *Modelllernen* aus?

(a) Sie hat mit Modelllernen nichts zu tun.
(b) Beim Modelllernen wird immer exakt das Verhalten des Modells nachgeahmt.
(c) **Beim Modelllernen wird das beobachtete Verhalten in die eigene kognitive Struktur integriert.**
(d) Modelllernen hat nichts mit Kognitionen zu tun.
(e) Beim Modelllernen muss immer auch eine Instruktion erfolgen.
3. Was versteht man unter *Selbstverbalisationen*?
(a) **Kurze Gedankenschnipsel, die oft nicht bewusst sind. Sie dienen als Selbstinstruktion, beinhalten Erwartungen und Bewertungen und beeinflussen die Gefühle einer Person.**
(b) Bewusste Instruktionen, die sich Personen geben, damit sie ein komplexes Verhalten besser durchführen können.
(c) Irrationale Annahmen, die zu negativen Gefühlen und psychischen Problemen führen.
(d) **Situationsbezogene Kognitionen zur Wahrnehmung und Antizipation des weiteren Verlaufs einer Situation.**

Kapitel 5: Entwicklung – Kinder

1. Womit beschäftigt sich die Entwicklungspsychologie?
 a) Mit allen Veränderungen im gesamten Lebenslauf
 b) Veränderungen im gesamten Lebenslauf, die überdauernd sind und nicht durch Krankheit etc. hervorgerufen werden

c) Nur mit der Entwicklung von Kindern
   d) Mit Veränderungen, die eine positive Entwicklung bedeuten
2. Welche der folgenden Annahmen und Aussagen werden von der Entwicklungspsychologie gemacht?
   a) Entwicklung hat nichts mit Vererbung zu tun
   b) Entwicklung verläuft ausschließlich in Stufen
   c) Einmal eingetroffene Veränderungen können nicht rückgängig gemacht werden
   d) **Es gibt sowohl quantitative als auch qualitative Veränderungen bei der Entwicklung**
3. Welche Aussagen sind richtig?
   a) Soziale Entwicklung bezieht sich ausschließlich auf die Veränderung des Verhaltens von Kindern.
   b) Babys können die Gefühle anderer Personen noch nicht erkennen.
   c) **Ab etwa vier Jahren können Kinder erkennen, dass andere Person eine Situation anders wahrnehmen als sie selbst.**
   d) Wenn Kinder sich aus sozialen Situationen zurückziehen, beruht dass ausschließlich auf Schüchternheit.
   e) Im Alter von etwa 10 Jahren ist die Zahl körperlicher Auseinandersetzungen höher als in allen anderen Altersstufen.
   f) Soziale Entwicklung ist ein sehr komplexer Vorgang. Gefühle, Kognitionen und Verhalten sind daran beteiligt.
   g) Unter sozialer Perspektivenübernahme versteht man die Fähigkeit, sich auf emotionaler oder kognitiver Ebene in die Situation einer anderen Person hinein zu versetzen.

Kapitel 6: Entwicklung – Jugendliche und Erwachsene

1. Welcher der Aussagen über Entwicklungsaufgaben sind richtig?
   a) Personen, die Entwicklungsaufgaben nicht erfolgreich bewältigen, entwickeln immer schwerwiegende psychische Störungen.
   b) Entwicklungsaufgaben sind besondere Anforderungen, die für eine bestimmte Altersphase spezifisch sind. Sie sind in allen Kulturen gleich.
   c) Entwicklungsaufgaben sind besondere Anforderungen, die für eine bestimmte Altersphase spezifisch sind. Werden die Entwicklungsaufgaben einer Altersphase erfolgreich bewältigt, beeinflusst dies die psychische Entwicklung positiv und erleichtert die Bewältigung weiterer Entwicklungsaufgaben.
   d) Das Konzept der Entwicklungsaufgaben macht deutlich, dass schwierige Situationen, „Sprünge" im Entwicklungsablauf etc. zur normalen Entwicklung gehören.

2. Sind die folgenden Aussagen über das Jugendalter zutreffend?
   a) **Sowohl Eltern als auch Gleichaltrige sind für Jugendliche wichtig. Sie erfüllen unterschiedliche Funktionen.**
   b) Im Jugendalter gibt es besonders viele Probleme. Man nennt es zu Recht eine Krisenzeit.
   c) Jugendliche interessieren sich ausschließlich für ihr eigenes Wohlergehen, Spaß und Freizeit.
   d) Jugendliche von heute sind verantwortungsloser als die Jugendlichen von früher.
   e) Betrachtet man die letzten 20-30 Jahre, kann man bei Jugendlichen eine Zunahme sozial orientierter Werte und Normen beobachten.
3. Was wissen Sie über die Bedeutung von Arbeit und Beruf im Erwachsenenalter?
   a) **Arbeit ist sehr wichtig für die psychische Gesundheit und das Wohlbefinden von Männern und Frauen.**
   b) **Männer und Frauen reagieren unterschiedlich auf Beschäftigungsprobleme (z.B. Arbeitslosigkeit, geringügige Beschäftigung).**
   c) Wenn es um die Work-Life-Balance geht, gibt es mittlerweile keinen Unterschied mehr zwischen Männern und Frauen.
   d) In heutigen Zeiten können die meisten Menschen ihre Berufswünsche nicht verwirklichen.
4. Was wissen Sie über die Situation alter Menschen?
   a) „Alte" Alte sind unzufriedener mit ihrem Leben, fühlen sich weniger wohl und haben mehr negative Gefühle als alle anderen Altersgruppen.
   b) **Im Alter differenzieren sich die Lebenswege noch einmal aus. Es gibt die große Gruppe derer, die die gut mit den Einschränkungen des Älterwerdens zurecht kommen und eine kleinere Gruppe, die sehr große Schwierigkeiten hat.**
   c) Die Mehrzahl der „alten" alten Menschen ist einsam.
   d) Jüngere Alte kommen mit dem Alter gut zurecht, wenn sie über viele Ressourcen verfügen, mit zunehmendem Alter werden psychologische Verarbeitungsprozesse wie Selbstwirksamkeit, Optimismus, Lebenssinn und Lebenswille immer wichtiger.

Kapitel 7: Familie und Erziehung

1. Was wissen Sie über die Familie?
   a) Die Familie hat für die Menschen heute keine große Bedeutung mehr.
   b) Die Sicht von Familie als System kann nur auf vollständige Familien angewendet werden.
   c) **Die Geburt des ersten Kindes stellt eine kritische Phase in der Entwicklung von Familien dar.**

Kapitel 15: Zusammenfassung

   d) Frauen in Familien, in denen sie den größeren Teil der Kinderbetreuung übernehmen, sind genauso zufrieden wie Frauen in Familien mit egalitärer Verteilung der Kinderbetreuung.
   e) Kinder und Jugendliche entwickeln sich am besten, wenn sie in einer vollständigen Familie aufwachsen.
2. Welche Bedeutung hat das Erzieherverhalten der Eltern?
   a) Autoritatives Erzieherverhalten wirkt sich positiv aus, weil die Eltern besonders zugewandt sind.
   b) Geringe Kontrolle durch die Eltern hat die gleichen negativen Auswirkungen wie stark kontrollierendes und strafendes Verhalten der Eltern.
   c) Man kann nichts Allgemeines über die Auswirkung des Erzieherverhaltens der Eltern sagen. Es kommt auf die Situation an.
   d) **Autoritatives Erzieherverhalten hat in unserer westlichen Kultur die günstigsten Auswirkungen.**
   e) Eltern sollten eine Autorität sein, sonst entwickeln sich die Kinder ungünstig.

Kapitel 8: Soziale Netzwerke und soziale Unterstützung

1. Was wissen Sie über soziale Netzwerke?
   a) **Unter sozialen Netzwerken versteht die Psychologie das Netz sozialer Beziehungen, in das eine Person eingebunden ist.**
   b) Das soziale Netzwerk einer Person umfasst nur Beziehungen die dauerhaft und eng sind.
   c) **Soziale Teilnetzwerke können sich hinsichtlich verschiedener Merkmale wie Größe, Kontakthäufigkeit und Funktionen unterscheiden.**
   d) Die Nachbarn im Haus haben nichts mit sozialen Netzwerken zu tun.
2. Wie wirkt soziale Unterstützung?
   a) Unter sozialer Unterstützung versteht man Dinge wie einer anderen Person in einer schwierigen Situation positive Gefühle zeigen, sie trösten und ermuntern. Sie hat immer positive Auswirkungen.
   b) **Soziale Unterstützung wirkt sich einerseits auf die Wahrnehmung von Belastungen aus, andererseits kann sie die Wirkung der Belastungen direkt vermindern.**
   c) **Die Wirkung sozialer Unterstützung hängt von der Situation, der Art der Unterstützung und der Person des Unterstützers ab.**
   d) **Es trägt zur Bewältigung von Problemen bei, wenn Personen lernen, das Potential ihrer bestehenden sozialen Netzwerke besser wahrzunehmen und zu nutzen.**

Kapitel 9: Gruppen

1. Wie funktionieren Gruppen?
   a) Es ist nicht unbedingt nötig, eine gemeinsame Identität zu schaffen, um Konflikte zwischen Gruppen zu überwinden.
   b) „Group Think" kommt nur in der Politik vor, nicht aber im normalen Leben.
   c) Eine Gruppe ist eine Ansammlung von maximal 20 Personen, die face to face Kontakt haben, gemeinsame Ziele, eine innere Struktur und Rollenverteilung, geteilte Normen und ein gemeinsames Zugehörigkeitsgefühl.
   d) Konflikte zwischen Gruppen entstehen vor allem, wenn Menschen große Vorurteile haben.
   e) Der Einfluss von Gruppen auf die Normen und Wahrnehmungen wurde nur experimentell bewiesen.
   f) Gruppen können die Wahrnehmung, die Normen und die Urteile von Personen besonders dann beeinflussen, wenn die Situation unklar ist, das Problem sehr komplex, Zeitdruck herrscht und die Gruppe einen hohen Zusammenhalt hat.
   g) Eine Gruppe ist das Gleiche wie ein soziales Netz.
   h) Konflikte zwischen Gruppen entstehen vor allem, wenn einerseits ein starkes Gefühl der Zugehörigkeit zur „Wir-Gruppe" besteht, andererseits „Wir-" und „Die-Gruppe" tatsächlich oder vermeintlich um Ressourcen konkurrieren.
   i) Bei Gruppenkonflikten werden den Angehörigen der „Die-Gruppe" in Abgrenzung zur eigenen Gruppe viele negative Merkmale unterstellt.

Kapitel 10: Psychische Störungen

1. Was wissen Sie über psychische Störungen?
   a) Zentrales Kriterium für die Diagnose einer psychischen Störung ist neben dem Vorhandensein entsprechender Symptomkombinationen die Schwere des subjektiven Leidens und/oder das Ausmaß der Beeinträchtigung, die die Personen der Umwelt durch die Person erleben.
   b) Unter einer psychischen Störung versteht man eine Abweichung vom Normalverhalten.
   c) Jede psychische Störung hat eindeutige Symptome.
   d) Es gibt eigentlich keine psychischen Störungen. Menschen werden von der Gesellschaft für psychisch gestört erklärt.
   e) Bei Kindern muss für die Diagnose einer psychischen Störung immer auch berücksichtigt werden, welches Verhalten und Erleben üblicherweise in der entsprechenden Altersphase auftritt.

f) Das Erkennen psychischer Störungen wird durch die Klassifikationssysteme sehr erleichtert. Mit ihrer Hilfe kann man auch als Sozialarbeiter/Sozialpädagoge erkennen, ob eine Person psychisch krank ist.
g) Personen, die eine psychische Störung haben, sollten auf keinen Fall Medikamente nehmen.
h) Psychische Störungen haben in den letzten Jahrzehnten deutlich zugenommen.
i) Für psychische Störungen bei Kindern gibt es keine Klassifikationssysteme.

Kapitel 11: Therapieverfahren

1. Eine Person hat psychische Störungen und benötigt eine Psychotherapie. An wen sollte sie sich wenden?
   a) An einen psychologischen oder ärztlichen Psychotherapeuten. Er hat eine entsprechende Ausbildung hinter sich.
   b) An einen Psychiater. Psychiater sind für psychische Krankheiten zuständig.
   c) An einen Psychoanalytiker. Psychoanalytiker sind Fachleute für Psychotherapie.
   d) An einen Psychologen. Psychologen sind für die Psyche von Personen zuständig.
   e) An einen Heilpraktiker für Psychotherapie. Das Gesundheitsamt hat seine Eignung geprüft.
   f) An einen Sozialpädagogen, Psychologen oder Pädagogen mit Ausbildung zum Kinder- und Jugendpsychotherapeuten. Er ist geeignet, wenn es sich um ein Kind oder einen Jugendlichen handelt.
2. Wie unterscheiden sich die verschiedenen Therapieformen?
   a) Verhaltenstherapie orientiert sich an lerntheoretischen und weiteren empirisch geprüften Ansätzen der Psychologie.
   b) Klassische Psychoanalyse ist für jedes Problem am besten geeignet. Sie geht am gründlichsten vor und berücksichtigt die Ursachen der Probleme.
   c) Die Gesprächspsychotherapie ist nur für alltägliche Schwierigkeiten geeignet.
   d) Systemisch orientierte Therapieansätze berücksichtigen besonders das Eingebundensein von Personen in ihre umgebenden sozialen Systeme.
3. Welche Kriterien sind bei der Entscheidung für eine Therapieform wichtig?
   a) Personen haben subjektive Vorlieben für bestimmte Vorgehensweisen und Erklärungsmodelle. Sie sollten bei der Entscheidung für ein Therapieverfahren berücksichtigt werden.
   b) Therapeut und Patient müssen miteinander zurechtkommen.

c) Die Entscheidung muss der behandelnde Arzt oder Therapeut treffen. Er weiß als Fachmann am besten, welches Verfahren das geeignete ist.
d) Man sollte Bekannte, Freunde oder Kollegen fragen, mit welchem Verfahren sie gute Erfahrungen gemacht haben.
e) Die verschiedenen Verfahren haben etwas unterschiedliche Schwerpunkte, was die Effektivität bei unterschiedlichen psychischen Störungen angeht. Dies sollte auf jeden Fall berücksichtigt werden.
f) Wenn die Kasse zahlen soll, hat man nur die Wahl zwischen psychodynamisch orientierten Verfahren und Verhaltenstherapie.
g) Als Sozialpädagoge ist man fachkundig genug, um sinnvolle Empfehlungen zu geben.

Kapitel 12: Beratung

1. Gibt es einen Unterschied zwischen Beratung und Therapie?
    a) Eigentlich gibt es keinen Unterschied. Es gibt die gleichen Hintergrundtheorien und es werden die gleichen Methoden angewendet. Es ist nur eine Frage der Wortwahl.
    b) **Beratung unterscheidet sich von Therapie in Hinsicht auf die Zielsetzung, die psychische Situation der Klientel, die Art der Probleme, meistens auch die Dauer und die Ausbildung der Beratung Ausübenden.**
    c) Beratung wird von Gesprächspsychotherapeuten als Ausdruck für Therapie benutzt, um die Klienten nicht zu stigmatisieren.
2. Was sind die Besonderheiten des ressourcenorientierten Beratungsansatzes?
    a) Es gibt keine. Der ressourcenorientierte Ansatz benutzt Methoden der Verhaltens- und der Gesprächspsychotherapie.
    b) **Der ressourcenorientierte Ansatz benutzt explizit ein empirisch geprüftes Ressourcenmodell als theoretische Grundlage und orientiert auch sein Vorgehen daran.**
    c) Im ressourcenorientierten Ansatz konzentriert man sich auf eine positive und optimistische Sichtweise.
    d) Der ressourcenorientierte Ansatz hat eine sehr differenzierte Sicht auf die Ressourcen einer Person.
    e) **Im ressourcenorientierten Ansatz geht es darum, vorhandene Ressourcen zu diagnostizieren, zu aktivieren und zu stabilisieren. Außerdem sollen neue Ressourcen hinzugewonnen werden.**
3. Schauen Sie sich bitte noch einmal die Beispiele vom Beginn des Kapitels an. Welche der Personen benötigt eine Beratung, welche eine Therapie?
    a) **Frau Schneider benötigt keine Therapie, sondern eine Beratung. Die augenblickliche Situation ist zwar sehr unangenehm für Frau Schneider, sie zeigt aber keine massiven psychischen Probleme. Eine Beratung könnte sie dabei unterstützen, Strategien des Umgangs mit der neuen Chefin zu entwickeln.**

b) Herr Schmidt benötigt ebenfalls keine Therapie. Es ist verständlich, dass er um seine Frau trauert.
c) Silkes Protestverhalten und ihre Aggressionen gehen weit über das in ihrem Alter Übliche hinaus. Es wäre sinnvoll, bei ihr eine genauere Diagnose durch einen Psychotherapeuten und ggf. eine Psychotherapie in die Wege zu leiten.
d) Klaus ist psychisch nicht sonderlich auffällig. Eine Beratung könnte ihn dabei unterstützen, Auswege aus seiner schwierigen Familiensituation zu finden.

Kapitel 13: Resilienz

Lesen Sie bitte noch einmal die Fallbeschreibungen vom Anfang dieses Kapitels und die untenstehenden „Fortsetzungen" durch (vgl. Umgar u.a. 2013) und beantworten Sie die Fragen.
1. Während die Eltern allein in Peking lebten, besuchte Yang sie regelmäßig. Dabei wurde sie von ihren Onkeln begleitet. Seitdem sie in Peking ist, hat sie regelmäßig Kontakt zu ihren Eltern und ihrer älteren Schwester. Sie sagt, dass sie immer von ihnen, aber auch von anderen Verwandten, Hilfe und Unterstützung bekommt, wenn sie es benötigt. In Yangs Klasse sind 50 Schüler. Sie ist nur eins von vier Mädchen. Yang sagt, dass hart arbeiten kann und fleißig ist. Yang betreibt Kampfsport und arbeitet in einem Rundfunksender für Jugendliche mit. Wie wird sie sich entwickeln?
   a) Yang verfügt über mehrere Schutzfaktoren: Bezugspersonen, ein gutes soziales Netz, soziale Unterstützung durch mehrere Personen, Ausnutzen der eigenen Kapazitäten, außerschulische Aktivitäten. Dies spricht für eine günstige Entwicklung.
   b) Die Risikofaktoren für Yang sind beseitigt: Sie besucht eine neue Schule und ist wieder bei ihren Eltern. Dies spricht für eine günstige Entwicklung.
   c) Yang überfordert sich. Sie arbeitet sehr hart und ist zusätzlich noch außerhalb der Schule aktiv. Die Gefahr ist groß, dass sie das auf Dauer nicht durchhält.
   d) Yang hat gute Entwicklungschancen, weil sie in einer vollständigen Familie aufwächst.
2. Darlene „entkam" (so drückt sie es aus) mit 16 Jahren dem staatlichen Betreuungssystem. Sie hat inzwischen zwei Kinder, arbeitet Teilzeit und versteht sich als „Vollzeitmutter". Ihr Leben ist davon bestimmt, dass sie ihren Kindern ein besseres Leben ermöglichen will. Sie sollen die Geborgenheit und die materielle Sicherheit erfahren, die sie als Kind nie hatte. Darlene will zwar anders leben als ihre Eltern, aber sie steht loyal zu ihnen. Sie besucht sie regelmäßig und hilft, wo sie kann, indem sie z.B. kocht oder die Mutter zu Arztterminen bringt. Während der Zeit in der Betreuung wurde Darlene

von den Familien der Ureinwohner in der Nachbarschaft wie ein Familienmitglied behandelt. Hier erhielt sie Zuwendung und konnte sich von strengen Heimalltag erholen. Als Jugendliche erhielt sie Unterstützung von der örtlichen Jugendhilfeeinrichtung. Es gab tägliche Mahlzeiten und sie konnte dort Gleichaltrige treffen oder Sport treiben. Die Sozialarbeiter halfen ihr bei Fragen des Einkommens, der Schulbildung und der ersten Wohnung. Ihre Freundinnen und sie kümmerten sich umeinander und tauschten Kleidung, Essen, Geld, Babysitter und Informationen über soziale Dienste. Auch gab es immer Erwachsene, die an ihrem Wohlergehen interessiert waren: Lehrer, Betreuungspersonen etc. Darlene glaubt auch, dass ihr ihre Neigung zu Ärger und Widerstand über die schwere Zeit geholfen haben. Wie wird sich Darlene weiter entwickeln?

a) Darlene verfügt zwar über einige Schutzfaktoren wie soziale Unterstützung und gutes soziales Netz. Aber ihre schwere Kindheit, der weitere Kontakt zu den Eltern und die Belastung, in so jungen Jahren für zwei Kinder verantwortlich zu sein, lassen Zweifel an ihrer weiteren Entwicklung aufkommen. Hinzu kommt, dass sie eine Persönlichkeit hat, mit der sie immer wieder anecken wird.

b) Darlene hat in ihrer frühen Kindheit und in der Zeit im Heim so viele Schäden erlitten, dass man kaum an eine positive Entwicklung glauben mag. Die Tatsache, dass sie jetzt schon zwei Kinder hat und immer noch Kontakt zu ihrer Familie pflegt, lässt nicht Gutes erwarten.

c) Darlene wird es wahrscheinlich im Leben nicht leicht haben. Ihre Entwicklung bis zum aktuellen Zeitpunkt deutet aber darauf hin, dass sie es schaffen kann. Darlene hat in der Vergangenheit über eine Reihe von Schutzfaktoren verfügt und nutzte diese auch. Die Beziehung zu den Ureinwohnerfamilien gab ihr nicht nur Geborgenheit, sondern unterstützte auch ihr Identitätsgefühl. Sie hatte und hat ein gut funktionierendes soziales Netz, welches ihr vielfältige soziale Unterstützung bietet. Sie arbeitet regelmäßig und strukturiert damit ihren Tag. Die Sorge für ihre Kinder gibt ihrem Leben Sinn, Ähnliches gilt für die Sorge für ihre Eltern. Mit ihrer Neigung zu Ärger und Widerstand konnte sie unter destruktiven Lebensbedingungen ihr Selbstwertgefühl schützen. Als sie die schädliche Umgebung verließ, wandelte sie diese Neigung in eine hohe Selbstwirksamkeitsüberzeugung.

3. Eltern und Lehrer haben alles getan, um Emilie eine Integration zu ermöglichen. Sie bekam computergestützte Lesegeräte und andere Hilfsmittel. Emilie tanzt in ihrer Freizeit und singt im Chor. Ihre Behinderung bewältigt sie mit einem gehörigen Schuss Selbstironie. Emilie akzeptiert ihre Behinderung und lebt damit, dass jeder Wechsel (z.B. der Schule) für sie aufwendiger ist als für andere. Emilie hat unproblematische Freunde. Sie ist sehr fürsorglich, sie hat sich z.B. freiwillig als Assistentin für die Tanzausbildung der Kinder-

gartenkinder gemeldet und ist überzeugt, dass sie das gut kann. Sie blickt positiv in die Zukunft. Wie sieht diese Zukunft aus?

a) Emilie kommt aus einem intakten Elternhaus mit offensichtlich guten intellektuellen Kapazitäten. Die Schule tut alles, um ihr eine Integration zu ermöglichen. Sie hat damit optimale Voraussetzungen.

b) Indem Emilie ihre Behinderung akzeptiert, gleichzeitig aber auch ihre vorhandenen Möglichkeiten optimal nutzt, verfügt sie über gute personale Schutzfaktoren. Auch ihre Fürsorglichkeit und Hilfsbereitschaft dürften dazu beitragen. Emilie scheint über eine gute Selbstwirksamkeitserwartung zu verfügen. Die unproblematischen Freunde dürften sie ebenfalls schützen. Eltern und Schule versorgen sie mit den materiellen Schutzfaktoren, die sie in ihrer besonderen Situation benötigt. Insofern ist eine günstige Entwicklung zu erwarten.